普通高等教育"十三五"规划教材·公共基础课系列

U0731640

赢在校园

大学生就业指导实用教程

YING ZAI XIAOYUAN
DA XUESHENG JIUYE ZHIDAO
SHIYONG JIAOCHENG

主　编　傅　赟
副主编　丁　慧
主　审　罗共和　黄元文

重庆大学出版社

图书在版编目（CIP）数据

赢在校园：大学生就业指导实用教程 / 傅赟主编

. -- 重庆：重庆大学出版社，2018.10（2019.8重印）

ISBN 978-7-5689-1383-6

Ⅰ.①赢…　Ⅱ.①傅…　Ⅲ.①大学生—职业选择—高

等学校—教材　Ⅳ.①G647.38

中国版本图书馆CIP数据核字（2018）第226800号

赢在校园——大学生就业指导实用教程

主　编　傅　赟

责任编辑：陈　力　赵　贞　版式设计：陈　力
责任校对：张红梅　　　　　　责任印制：邱　瑶

*

重庆大学出版社出版发行

出版人：饶帮华

社址：重庆市沙坪坝区大学城西路21号

邮编：401331

电话：（023）88617190　88617185（中小学）

传真：（023）88617186　88617166

网址：http://www.cqup.com.cn

邮箱：fxk@cqup.com.cn（营销中心）

全国新华书店经销

重庆市国丰印务有限责任公司印刷

*

开本：787mm×1092mm　1/16　印张：17.75　字数：290 千

2018年10月第1版　2019年8月第3次印刷

ISBN 978-7-5689-1383-6　定价：48.00元

PREFACE / 前言

本教材主要针对当前大学毕业生的就业问题，在教学中以项目为导向，将每一项目分解为各个相关任务，并结合对当前就业形势、就业环境以及就业制度的分析，为毕业生求职择业提供必要依据。本教材根据大学毕业生群体的特点和社会需求，坚持"以素质为基础、以能力为本位、以就业为导向"的理念，从基本理论知识到实际应用方面引导大学毕业生正确了解就业形势和就业环境；从工作态度方面帮助大学毕业生树立正确的就业观念；从专业能力方面提高大学毕业生自身的就业素质、培养必备的就业技能、提升就业竞争力，使大学生能够根据自己的实力确定择业标准，做一个真正有用的社会人。

本教材在编写过程中突出了以下几个特点。一是体系创新化。根据大学生就业的现实需要和高校课程的设置及教学规律，采用项目式教学，引入政策链接和有关案例，将理论与实践有机结合，从而提高学生的就业能力。二是内容全程化。根据教学大纲，整合各年级培养目标，主要内容为：当前就业形势与政策的分析（第一章）、指导学生树立正确的就业观念（第二章）、强调就业素质与就业能力的重要性（第三章）、阐述专业知识结构在择业中的作用（第四章）以及有效地收集就业信息的方法和应试技巧（第五章）。三是形式多样化。在保证教材系统、专业、实用的基础上，穿插"政策链接""案例导入"等模块，突出了思想性、时效性、示范性。附录中附有"就业常识问答（十六问）"和"面试常见问题及答题思路（十七则）"，以增强教材的可读性和实践性。

本教材可作为高校大学生就业指导课程的教材和就业指导老师的阅读参考资料，也可以作为大学生自我学习、提升就业能力的参考用书。

在本教材的编写过程中，我们借鉴了相关专家、学者的成果，并引用了相关的报纸杂志、网上资料等的研究数据和成果，在此谨向本教材所有参考文献的原作者表示诚挚的谢意。

编　者
2018 年 5 月

CONTENTS / 目录

第一章　解读就业形势　掌握就业政策

第一节　解读就业制度和就业形势 ·················· 2

　　[思考题] ·················· 13

第二节　掌握就业政策和就业环境 ·················· 13

　　[思考题] ·················· 25

第三节　熟悉就业市场和就业途径 ·················· 25

　　[思考题] ·················· 40

第二章　树立正确的就业观念　合理规划职业生涯

第一节　树立正确的求职就业观 ·················· 44

　　[思考题] ·················· 54

第二节　适应职场的角色转换 ·················· 55

　　[思考题] ·················· 70

第三节　调适心理状态，合理规划职业生涯 ·················· 70

　　[思考题] ·················· 99

第三章　培养职业素质　提高就业能力

第一节　培养自身的就业素质 ·················· 106

　　[思考题] ·················· 131

第二节　掌握必备的就业能力 ·················· 131

　　[思考题] ·················· 141

第三节　做好充分的就业准备 ······················· 141

　　［思考题］ ··· 161

第四章　储备专业技术知识　探索个性特征

第一节　积累专业知识和技术知识 ················· 166

　　［思考题］ ··· 181

第二节　根据个性特征择业定位 ····················· 182

　　［思考题］ ··· 190

第三节　具备良好的就业创业心理潜质 ··········· 190

　　［思考题］ ··· 201

第五章　收集求职信息　通晓应试技巧

第一节　收集整理有效的就业信息 ················· 209

　　［思考题］ ··· 218

第二节　了解求职自荐的种类、技巧和礼仪 ····· 218

　　［思考题］ ··· 226

第三节　应聘时的技巧 ································· 226

　　［思考题］ ··· 246

附　录

附录1　就业常识问答（十六问） ················· 253

附录2　面试常见问题及答题思路（十七则） ··· 260

参考文献 ·· 265

第一章　解读就业形势　掌握就业政策

　　要使大学毕业生顺利地实现求职就业，就必须正确地解读当前的就业形势、及时准确地掌握就业信息，深入了解国家和相关主管部门制定的有关高校毕业生就业的方针政策和制度，全面把握就业市场的规律和特点，熟悉就业的程序和方式，知晓就业和自主择业的途径。

　　本章将从目前我国大学生的就业形势展开叙述，具体分解为就业的制度与形势、就业的政策与环境、就业市场的特点和就业途径三个内容。

政策链接

习近平：党和国家要实施积极的就业政策
（来源：新华网）

习近平在庆祝"五一"国际劳动节暨表彰全国劳动模范和先进工作者大会上的讲话（节选）

　　党和国家要实施积极的就业政策，创造更多就业岗位，改善就业环境，提高就业质量，不断增加劳动者特别是一线劳动者劳动报酬。要建立健全党和政府主导的维护群众权益机制，抓住劳动就业、技能培训、收入分配、社会保障、安全卫生等问题，关注一线职工、农民工、困难职工等群体，完善制度，排除阻碍劳动者参与发展、分享发展成果的障碍，努力让劳动者实现体面劳动、全面发展。要面对面、心贴心、实打实做好群众工作，把人民群众安危冷暖放在心上，雪中送炭，纾难解困，扎扎实实解决好群众最关心最直接最现实的利益问题、最困难最忧虑最急迫的实际问题。

　　劳动关系是最基本的社会关系之一。要最大限度增加和谐因素、最大限度减少不和谐因素，构建和发展和谐劳动关系，促进社会和谐。要依法保障职工基本权益,健全劳动关系协调机制,及时正确处理劳动关系矛盾纠纷。我国工人阶级和广大劳动群众要发扬识大体、顾大局的光荣传统,正确认识和对待改革发展过程中利益关系和利益格局的调整,正确处理个人利益和集体利益、局部利益和全局利益、眼前利益和长远利益的关系,树立法治观念,增强法律意识,自觉维护社会和谐稳定。

——在前进道路上,我们要始终高度重视提高劳动者素质,培养宏大的高素质劳动者大军。劳动者素质对一个国家、一个民族发展至关重要。劳动者的知识和才能积累越多,创造能力就越大。提高包括广大劳动者在内的全民族文明素质,是民族发展的长远大计。面对日趋激烈的国际竞争,一个国家发展能否抢占先机、赢得主动,越来越取决于国民素质特别是广大劳动者素质。要实施职工素质建设工程,推动建设宏大的知识型、技术型、创新型劳动者大军。

三百六十行,行行出状元。任何一名劳动者,要想在百舸争流、千帆竞发的洪流中勇立潮头,在不进则退、不强则弱的竞争中赢得优势,在报效祖国、服务人民的人生中有所作为,就要孜孜不倦学习、勤勉奋发干事。一切劳动者,只要肯学肯干肯钻研,练就一身真本领,掌握一手好技术,就能立足岗位成长成才,就都能在劳动中发现广阔的天地,在劳动中体现价值、展现风采、感受快乐。

同志们!伟大的事业呼唤着我们,庄严的使命激励着我们。我国工人阶级和广大劳动群众要更加紧密地团结在党中央周围,勤奋劳动、扎实工作,锐意进取、勇于创造,在实现"两个一百年"奋斗目标的伟大征程上再创新的业绩,以劳动托起中国梦!

第一节　解读就业制度和就业形势

案例导入

就业蓝皮书:《2016 年中国大学生就业报告》
(来源:中国皮书网)

2016 年 6 月 12 日,麦可思研究院、社会科学文献出版社在北京梅地亚中心举行了"2016年中国大学生就业报告发布暨研讨会"。本报告基于麦可思公司2016年度的大学毕业生跟踪数据而撰写，反映了社会第三方专业机构对大学生就业信息的跟踪评价和公开发布。麦可思研究院自2007年以来，每年对大学生毕业半年后的就业状态和工作能力进行全国性研究，从2010年开始，连续7年对之前跟踪过的全国2006—2012届大学毕业生进行毕业三年后的职业发展跟踪。

（一）2015届大学生就业率总体稳定，创业与深造是稳定大学生就业的主要因素

2015届大学生毕业半年后的就业率为91.7%，与2014届（92.1%）和2013届（91.4%）基本持平。

注意点：虽然去年与今年经济下行，但2015届大学生毕业半年后就业基本稳定，是因为大学毕业生的创业和深造比例上升，减少了需就业的基数。另一因素是信息、教育、医疗等知识密集型产业近年来增长较快，大学毕业生在经济结构变化中的就业适应性更好，从而就业受传统经济的影响较其他人群小。

其中，在2015届大学生未就业人群中，52%的人处于求职状态，31%准备国内外考研、考公务员、创业和参加职业培训，17%不求职也无其他计划。

（二）大学毕业生就业重心发生变化，民企、中小微企业、地级市及以下地区等成为主要就业去向

大学毕业生在民营企业就业的比例从2013届的54%上升为2015届的59%，与此同时，在国有企业就业的比例从2013届的22%下降到2015届的18%，在中外合资／外资／独资企业就业的比例从2013届的11%下降到2015届的9%。

注意点：这些变化反映出国企正在经历新一轮的产能调整，外资企业也受劳动力成本上升等因素的影响，而民营企业对大学毕业生就业的支撑也日显重要。

（三）连续三届大学毕业生就业反映了产业结构变化趋势

在排前十位的就业行业中，信息、教育、医疗等知识密集型产业雇用大学毕业生比例快速增加，建筑、制造等劳动密集型产业雇用大学毕业生的比例下降。

注意点：知识与服务密集型的现代产业（信息技术、教育和医疗等）发展强劲，而劳动密集型的传统产业（制造、建筑等）面临挑战。需要注意的是，少数行业（如金融）因受证券业等的影响而产生人才需求的波动。

（四）大学毕业生的薪资涨幅超社会平均水平，高等教育的中期回报明显

2012届大学生毕业三年后平均月收入为5696元（本科为6371元，高职高专5020元），与其毕业时相比，涨幅比例为87%。其中，本科涨幅比例为89%，高职高专涨幅比例为84%。

（五）2015届大学生中自主创业者超过20万人，自主创业比例呈上升趋势

自2010年《教育部关于大力推进高等学校创新创业教育和大学生自主创业工作的意见》发布之后，大学毕业生创业比例年年稳步提升。2015届的自主创业比例是3.0%，比2014届（2.9%）高出0.1%，比文件发布之前的2009届（1.2%）高出1.8%。

注意点：大学毕业生选择自主创业比例上升，大多数为机会型创业。

（六）大学生自主创业三年存活率近一半，大多是就业后再创业，大学生创业教育是终身受益的

2012届大学生毕业时创业的比例为2%。毕业三年后创业比例增长5.7%，其中毕业时创业三年后还存活的约为1%，就业后再创业的约为4.7%，大学毕业生创业群体中大部分是先就业后创业。大学毕业生创业存活的比例在上升，2010届创业的大学毕业生，三年后还在创业的比例为42.2%，2012届大学生创业三年存活率增为47.8%。大学毕业生创业质量在提高。

（七）大学生自主创业资金主要来自父母/亲友投资或个人积蓄

2015届毕业生自主创业的资金主要来自父母/亲友投资或借贷和个人积蓄（本科78%，高职高专75%），而来自商业性风险投资（均为3%）、

政府资助（本科4%，高职高专3%）的比例均较小。

注意点：需要加大非家庭资金参与大学毕业生创业（非家庭资金扶持非常重要）。

（八）就业的绿牌专业与红牌专业

2016年本科就业绿牌专业（绿牌专业指的是失业量较小，就业率、薪资和就业满意度综合较高的专业，为需求增长型专业）包括软件工程、网络工程、通信工程、物联网工程、电气工程及其自动化、审计学、广告学、车辆工程。其中，软件工程、网络工程、通信工程、车辆工程等专业上届也是绿牌专业。

2016年本科就业红牌专业（红牌专业指的是失业量较大，就业率、薪资和就业满意度综合较低的专业。各省区、各高校情况可能会有差别）包括应用心理学、化学、生物技术、生物科学、美术学、音乐表演。其中应用心理学、生物科学、美术学、音乐表演等专业上届也是红牌专业，美术学专业连续三届是红牌专业。

注意点：本科的美术学专业，高职高专的法律事务专业、语文教育专业连续三届是红牌专业。

（九）就业率最高和最低的主要专业

2015届本科毕业生半年后就业率最高的学科门类是管理学（94.0%），最低的是历史学（86.4%），其次是法学（86.9%）。就业率最高的专业类是护理学类（95.5%），最低的是物理学类（86.8%）。就业率前三位的专业是物流管理（96.6%）、电气工程及其自动化（96.4%）、软件工程（96.2%）。

注意点：从三届的就业率变化趋势可以看出，本科学科门类中的工学、农学、理学半年后就业率持续上升。高职高专专业大类中的生化与药品大类、交通运输大类、文化教育大类、艺术设计传媒大类半年后就业率持续上升。

（十）"十二五"期间大学毕业生对大学的满意度持续上升

2011—2015届大学毕业生对母校的总体满意度从82%上升为89%，本科毕业生这一比例从84%上升为91%，高职高专从80%上升为88%。

注意：从近五届的趋势可以看出，应届大学毕业生对母校的总体满意度呈持续上升趋势。

图1　2001—2016年全国高校毕业生人数（单位：万人）

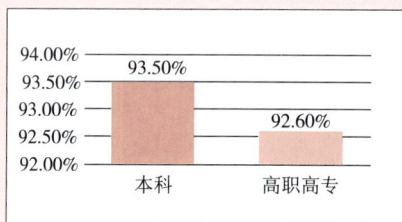

（a）毕业半年后的就业率

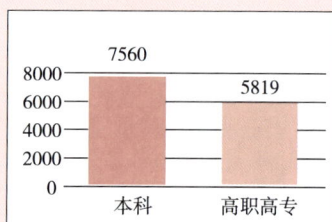

（b）毕业三年后平均月收入/元

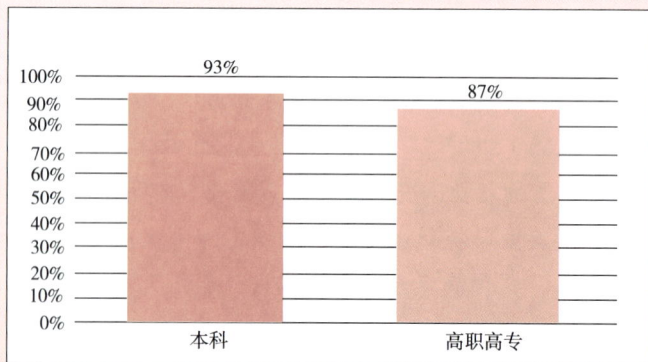

（c）毕业三年后平均月收入涨幅

图2　大学生毕业后就业率及收入情况

连续两届为绿牌专业		连续两届 / 三届为红牌专业	
本科	高职高专	本科	高职高专
软件工程	铁道工程技术	应用心理学	法律实务（三届）
网络工程		生物科学	
物联网工程	电力系统自动化技术	美术学（三届）	语文教育（三届）
通信工程		音乐表演	

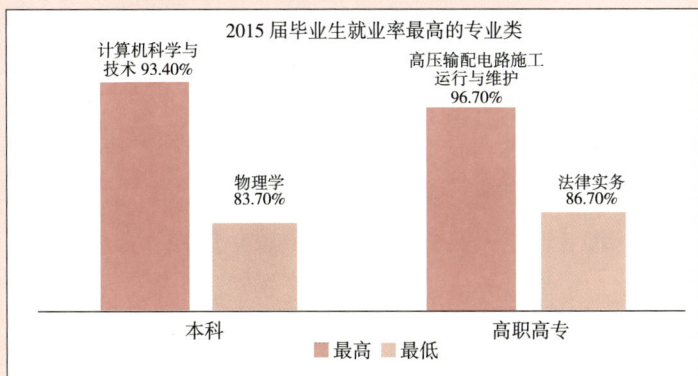

2015届毕业生就业率最高的专业类

计算机科学与技术 93.40%
物理学 83.70%
高压输配电路施工运行与维护 96.70%
法律实务 86.70%

本科　　　　高职高专
■ 最高　■ 最低

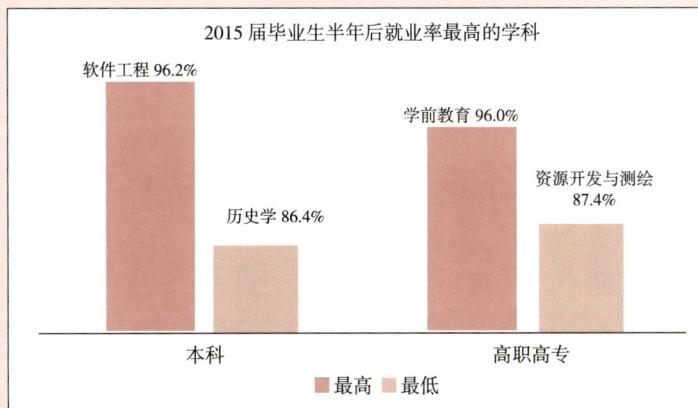

2015届毕业生半年后就业率最高的学科

软件工程 96.2%
历史学 86.4%
学前教育 96.0%
资源开发与测绘 87.4%

本科　　　　高职高专
■ 最高　■ 最低

图3　有关学科、专业的就业状况

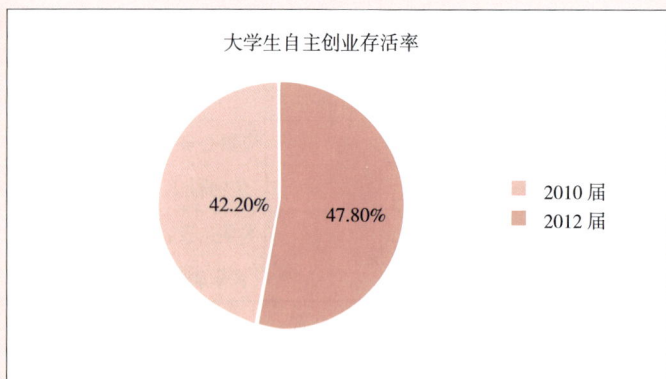

大学生自主创业存活率

42.20%　47.80%

2010 届
2012 届

图4　2010届、2012届毕业生自主创业存活率

[评析]《中国大学生就业报告》自2009年第一次发布，到2016年已经连续8年对中国大学生的就业状态和工作能力进行了追踪研究，由于研究调查规模大、覆盖面广，数据真实可靠，该年度报告已经成为中国各级教育行政主管部门、各级人力资源行政主管部门、各级各类高校、各企事业单位、各级各类学术研究机构以及广大大学毕业生和高考生等机构和个人选择人才、职业和专业的重要参考标准。

据麦可思创始人王伯庆说，麦可思作为社会公认的高校培养与社会需求的第三方权威数据机构，自2006年以来，其发布的《中国大学生就业报告》为高校的学生培养、成长和就业提供了基于实证的评价。麦可思具有10年的教育数据挖掘经验，是中国高校管理数据与咨询产业的开创者与领军者。58集团副总裁、中华英才网刘扬也对该报告作出了比较中肯的评价，并表示愿意以中华英才网对毕业生的社会需求的深刻理解与麦可思合作，结合各自的优势，为企业—高校建立更立体的服务机制，让高校培养出来的人才更符合社会发展需求，让企业找到与工作岗位更匹配的员工，让毕业生的职业发展充满生命力。

一、我国高校毕业生就业制度的发展阶段

从《2016年中国大学生就业报告》可以看出，目前的大学毕业生可以自主

选择就业，也可以选择创业。但是，我国高校毕业生曾经没有自主选择的权利，我国高校毕业生的就业制度经历了一个从国家包分配到双向选择、自主择业的发展过程。

我国高等学校毕业生的就业制度在中华人民共和国成立后经历了几个不同的发展阶段。在中华人民共和国成立之初，由于当时我国各地区高等教育发展不平衡、科技型人才高度缺乏，高校毕业生作为我国经济建设的生力军，其工作由政府根据需要对大学生进行集中调配，把他们放在国家最需要的领域及行业。1951年发布的《关于改革学制的决定》明确规定"高等学校毕业生的工作由政府分配"，这一时期毕业生工作分配的基本方针是"集中使用、保证重点、照顾一般"，初步形成了由国家负责按计划分配的制度。

自1963年起，全国高校毕业生分配实行统筹安排，由毕业生分配部门在有计划、有重点地了解用人部门的需求和毕业生实际情况的基础上，提前编制分配计划。

1972—1979年的毕业生是"文化大革命"期间推荐入学的学生，根据中共中央、国务院的有关规定，基本上是根据毕业生的来源安排工作，称为"社来社去"（指农村人民公社推荐的学生，毕业后回到推荐他的人民公社），国家只作少量调剂。

1977年恢复全国统一考试制度后，又重新施行统一分配制度。1981年国务院批准了国家计委、教育部、国家人事局《关于改进1981年普通高等学校毕业生分配工作的报告》，对毕业生的分配实行"抽成调剂、分级安排"的办法。

1985年，中共中央颁布《关于改革教育体制的决定》，提出了改革大学招生的计划制度和毕业生分配制度的要求：1986年的国家教委直属院校80%的毕业生由国家教委提出学校分给部门、分给地区的毕业生人数（即"切块计划"），通过"供需见面"方式，落实分专业、分用人单位的调配方案。其余20%的毕业生，也由学校根据社会需求提出建议分配计划，形成了"八二分配"形式。

从1986年起，由国家教委主管编制毕业生分配计划的工作，促进了毕业生分配工作的进一步改革，国家教委逐步提出了《高等学校毕业生分配制度改革方案》，并于1989年予以实施，方案中提出高等学校毕业生分配制度改革的目标是在国家就业方针政策指导下，逐步实行毕业生自主择业、用人单位择优录用的"双向选择"制度，逐步把竞争机制引向高等学校。

1993 年，中共中央、国务院颁布了《中国教育改革和发展纲要》，以此确定的毕业生就业制度改革的目标是改革高等学校毕业生"统包统分"和"包当干部"的就业制度，实行少数毕业生由国家安排就业，多数由学生"自主择业"的就业制度。高等学校作为就业工作的中介，主要为"自主择业"的毕业生提供服务。尤其是自 1999 年高校大扩招以来，毕业生数量从 1996 年的 83.9 万人增至 2006 年的 413 万人，10 年间增加了近 4 倍。政府在大学毕业生的就业问题上给予了高度重视，国务院及各部委出台了多项针对大学生就业的政策，采取了一系列措施，从多个方面缓解了大学生就业难题。

上述就业制度大致可分为"统包统分""供需见面""双向选择，自主择业"三个阶段。

第一阶段：计划经济时期的"统包统分"阶段（从中华人民共和国成立初期到 20 世纪 80 年代初期）

在计划经济模式下，作为经济建设的新生力量——大学毕业生，由国家集中调配，用于国家最需要发展的工业领域及其他行业。因此，从中华人民共和国初期到 20 世纪 80 年代初，大学毕业生的就业政策基本上是实行有计划的统筹安排。尽管其中经历了几次变革，但始终没有离开以"统"和"包"为特征的由国家负责、按计划分配的就业制度。这种"统包统分"的就业制度在特定历史条件下是有其积极意义的。在中华人民共和国成立初期，由于国家的各个部门都缺乏高素质人才，高等学校培养出来的毕业生供不应求，国家统一分配，能够将有限的人才集中到国家最需要的地区和部门。但这种就业制度也存在诸多隐患，如专业不对口、高校培养的人才地方上不需要等，另外，"一分定终生"，人才不能流动，可能会造成人才的极大浪费。随着社会的发展，这种就业制度的局限性逐渐大于其积极意义，需要进行改革。

第二阶段：计划指导下的"供需见面"阶段（20 世纪 80 年代到 90 年代）

1985 年，中共中央颁布了《关于改革教育体制的决定》以下简称《决定》。该《决定》提出了改革大学的招生计划制度和毕业生分配制度。从 1986 年起，将由国家教委主管编制毕业生分配计划的工作，解决了长期以来存在的招生和分配脱节、工作效率不高的问题，促进了毕业生分配工作的进一步改革。在这一时期，国家教委直属院校毕业生人数的 80% 由国家教委提出学校分给部门、分给地区的毕业生人数（即"切块计划"），通过"供需见面"方式提出分专业、分用人单位的调配方案。其余 20% 的毕业生，也由学校根据社会需求提出建议分配计划。各种不同形式的"供需见面"活动，得到了学校和用人单位的欢迎和大力支持，并很快在许多学校、地区和行业以至全国逐步展开。这种"供需见面"的就业模式，对促进学校与用人单位之间的联系，加强相互间的了解与协作起到了积极的作用，为以后进一步深化就业制度改革并逐步过渡到"自主择业"的毕业生就业制度奠定了基础。

第三阶段：充分的"双向选择，自主择业"阶段（1993 年至今）

随着改革开放的不断深入，多种经济形式得到认可并持续发展。产业的多元化发展和经济市场化程度越来越高，市场对人才的需求日趋多元化。1993 年，中共中央、国务院颁布了《中国教育改革和发展纲要》（以下简称《纲要》）。《纲要》明确指出：在 20 世纪 90 年代，随着经济体制、政治体制和科技体制改革的深化，教育体制改革要采取综合配套、分步推进的方针，加快步伐，改革"包得过多、统得过死"的体制，初步建立起与社会主义市场经济体制及改革中的政治体制、科技体制相适应的教育新体制。以此确定的毕业生就业制度改革的目标是：改革高等学校毕业生"统包统分"和"包当干部"的就业制度，实行少数毕业生由国家安排就业，多数毕业生"自主择业"的就业制度。即除少数享受国家奖学金、专项奖学金、单位奖学金的毕业生，实行在一定范围内就业外，大部分毕业生在国家方针政策指导下通过毕业生就业市场"自主择业"。在这种就业体制下，大部分毕业生将按照个人的能力、条件到市场参与竞争，而不再依靠行政手段由国家保证就业。

"双向选择，自主择业"的就业制度，扩大了毕业生和用人单位的选择范围。大学生为了在毕业时能够找到理想的工作，必须在学校认真学习，提升自身的能力，树立终身学习的观念，才能在职业竞争中处于优势。更为重要的是，这种就业制度极大地激发了大学生的积极性和主动性。同时，用人单位为了选择合适的人才，留住精英人才，必须建立合理的用人机制，充分吸收更多更优的人才。

二、我国高校毕业生就业形势的影响因素

我国大学生就业政策经历了不同的历史发展阶段，每一时期都有其产生的背景和条件。高校毕业生就业问题正在成为困扰我国教育现代化、人力资源现代化、经济现代化的"基础性屏障"。影响高校毕业生就业的因素是多方面的，概括起来主要有以下方面。

1. 高等教育的蓬勃发展对就业形势的影响

随着1999年我国高等教育大规模的扩大招生，到2002年普通高等学校招生超过320万人，2003年普通高校计划招生335万人。2003年大学毕业生达到212万人，2004年已经超过250万人。在2010年之前，每年的大学毕业生达到了350万人以上。高校规模的扩大和高校的连续扩招，也给我国高校毕业生就业带来了压力。随着高等教育大众化的逐步深入，高校毕业生的数量逐年增加，就业难已成为高校毕业生、高校及社会共同的感受。

高等教育的蓬勃发展满足了人民群众对教育的需求，刺激了教育消费。从长远来说，学生和家长都希望有一个比较满意的工作岗位，因而出现了"好多事没人干，很多人没事干"的现象，人为造成了一种就业难现象。

2. 经济增长速度和经济增长方式对就业形势的基础影响

20世纪50年代，我国处在经济不发达阶段，初中毕业生即被认为是"人才"。工厂招收工人，能够招收到"初小"毕业的就可以，招收到"高小"毕业的就是高文化水平了。随着经济、社会的发展，社会工作岗位对劳动技能的要求不断提高，对劳动者受教育层次的要求亦随之提高。进入21世纪，这种对劳动力受教育水平的高要求，促使接受过高等教育的劳动力更多地进入了普通劳动者的序列。

3. 社会职业和岗位的发展对就业形势的影响

随着社会的发展，一方面，社会上产生了大量新的职业和岗位；另一方面，社会所提供的人们一般意义上认为的"精英"岗位或"白领"职位类的高级工作岗位，也在生产方式的改变和生产工具现代化的过程中发生了变化，引起了传统意义的"蓝白领"界限的模糊和标准的变更。大学毕业生的就业，随着社会职业和岗位的发展走向"大众化"，因此高等学校提出了要在教育中实行毕业证书与

职业技术证书"双证并举"的要求。这清楚地表明，高等学校的培养目标向操作技能型转变，这样的大学毕业生对口的就业岗位必然是生产操作第一线。

生产力的发展和技术进步，对在高精设备或现代化生产线上从事操作、维护等第一线工作的劳动者的文化素质要求也大大提高了。大学毕业生到生产第一线工作，使这些岗位的从业者随之成为"高级蓝领"；在新兴的信息产业中的软件公司、网络公司等企业中，雇用的员工80%～95%都是高等学校的毕业生，他们中的绝大多数都在从事编写程序、设备调试和维护等第一线工作。如果以管理与生产第一线的岗位作为区别"白领"与"蓝领"的标准，那么，他们中的绝大多数应当属于"蓝领"。

4. 世界经济的发展对就业形势的影响

从世界经济发展看，随着我国进入"全面建成小康社会"决定性阶段，第三产业必然有突飞猛进的发展，将要从现在占 GDP 的不到 30%，上升到 50% 左右。第三产业是以知识和高科技为支持的，其中的金融保险业、法律、审计、财会、投资、心理、出国留学等方面的咨询服务业，各类经纪人和中介机构，文化教育业等服务产业的发展，要求其从业人员中的半数以上者是取得大学学历的人员。

在挑战中实现自己的价值，大学生就业制度的改革，给高等学校毕业生的就业提供了更多的机遇，改变了过去一次分配定终生的办法。同时，也给他们带来了更多的压力和挑战。现行的就业政策，极大地促进了广大在校大学生主动地加强自身能力的培养，努力把自己培养成品学兼优的人才，以适应不断发展的市场经济的需要。

[思考题] 简要分析当前高校毕业生的就业形势。

第二节　掌握就业政策和就业环境

案例导入

国家对鼓励中小企业吸纳高校毕业生的有关政策措施

（来源：教育部门户网站）

按照《国务院关于进一步做好新形势下就业创业工作的意见》（国发〔2015〕23号）、《国务院办公厅关于做好2014年全国普通高等学校毕业生就业创业工作的通知》（国发〔2014〕22号）、《国务院办公厅关于做好2013年全国普通高等学校毕业生就业工作的通知》（国办发〔2013〕35号）、《国务院关于进一步支持小型微型企业健康发展的意见》（国发〔2012〕14号）和《国务院关于进一步做好普通高等学校毕业生就业工作的通知》（国发〔2011〕16号）等文件规定：

1.对招收高校毕业生达到一定数量的中小企业，地方财政应优先考虑安排扶持中小企业发展资金，并优先提供技术改造贷款贴息。

2.对劳动密集型小企业当年新招收登记失业高校毕业生，达到企业现有在职职工总数30%（超过100人的企业达15%）以上，并与其签订1年以上劳动合同的劳动密集型小企业，可按规定申请最高不超过200万元的小额担保贷款并享受50%的财政贴息。

3.高校毕业生到中小企业就业的，在专业技术职称评定、科研项目经费申请、科研成果或荣誉称号申报等方面，享受与国有企事业单位同类人员同等待遇。

4.对小微企业新招用毕业年度高校毕业生，签订1年以上劳动合同并缴纳社会保险费的，给予1年社会保险补贴。

大学毕业生就业政策指的是国家和各级地方政府及高等院校，为促进毕业生就业工作而制订的基本原则、具体的实施程序、实施办法、权益和义务等方面的规定等。它主要包括教育部及其他有关部委和各级地方政府、培养学校为毕业生就业工作颁布的有关文件。

一、大学毕业生就业政策的作用

（一）掌握就业政策，理性择业，提高就业成功率

大学毕业生在求职之前，应先掌握就业政策法规，按正确的方向去求职，可以减少失误，节约时间、精力和财力，也可以帮助毕业生了解国家的相关奖励或优惠政策，做出更理性的选择。毕业生在就业政策法规许可的范围内求职择业，就能保证就业的有效性，提高就业的成功率，更有效地发挥出自己在社会劳动中的最佳潜能。

（二）根据政策确保择业的公正性，以维护自己的合法权益

大学毕业生在求职择业过程中，由于缺乏相关的工作经验，处于弱势地位。因此，有些就业政策和法规条款就是针对以前就业市场中存在的一些不规范的、对毕业生不公正的现象制定的，用以保护大学毕业生的合法权益。当然，就业政策法规对供需双方都是公正的，毕业生若自己违反了相应的政策法规，也会受到相应的处罚，承担相应的责任。比如，双方签订协议，如果公司违反协议，工资数低于规定，或者私自解雇毕业生，毕业生可以提出劳动仲裁维护自己的权益，并得到相应的赔偿，以确保择业及后续工作的公平和公正。

二、大学毕业生就业政策的类型

我国毕业生就业政策可划分为三类：毕业生就业的总政策、基本政策和具体政策。毕业生就业的总政策是指规定大学毕业生安置、使用的指导方针和基本原则的各种政策；基本政策是毕业生就业过程中的就业模式、工作机制、工作程序、纪律、各项基本规定以及各种地方政策；具体政策，其内容比较具体，主要指的是关于特殊群体、特殊行业、特殊地区的就业政策。

（一）我国目前大学毕业生就业的总政策

近几年，国家特别关注毕业生的就业情况，出台各种政策推动解决毕业生的就业问题。从 2013 年开始，国家每年都会对毕业生就业和创业问题发布相应的通知，如《国务院办公厅关于做好 2013 年全国普通高等学校毕业生就业工作的通知》《教育部关于做好 2015 年全国普通高等学校毕业生就业创业工作的通知》等，通知中传递了国家加强高校毕业生就业工作的七个信号：

①政府高度重视毕业生就业工作。

②做好就业工作绝不是简单为之，强调积极作为。

③鼓励毕业生下基层。

④欢迎和支持毕业生创业。

⑤相关优惠政策有力推进就业工作。

⑥加强培训，提升毕业生就业能力。

⑦以人为本，提升就业高度。

与此相对应的主要政策及措施有以下七个方面：

①鼓励和引导毕业生到城乡基层就业。对到农村基层和城市社区工作的毕业生，给予薪酬或生活补贴；对到中西部和艰苦边远地区县以下农村基层就业，并履行一定服务期限的毕业生，实施相应学费和助学贷款代偿；对应征入伍服义务兵役的高校毕业生实行学费补偿和助学贷款代偿。

②鼓励毕业生到中小企业和非公有制企业就业。对企业招用非本地户籍普通高校专科以上的毕业生，直辖市以外的各地城市要取消落户限制。

③鼓励骨干企业和科研项目吸纳和稳定高校的毕业生就业。

④鼓励和支持毕业生自主创业。对高校毕业生从事个体经营符合条件的，免收行政事业性收费，落实税收优惠、小额担保贷款及贴息等扶持政策。

⑤强化毕业生就业服务。高校及教育、人力资源和社会保障部门要采取多种方式为毕业生提供免费就业信息和各类就业服务。

⑥提升毕业生就业能力。所有高校都要确保毕业生在离校前都能参加学习实践活动。在高等职业院校实施毕业证书和职业资格证书"双证书"制度。

⑦建立和完善困难毕业生援助制度。积极为离校后未就业回原籍的高校毕业生提供就业服务，将登记失业的高校毕业生纳入当地失业人员扶持政策体系。

（二）大学毕业生就业的基本政策

1.建立"市场导向，政府调控，学校推荐，学生和用人单位双向选择"的就业机制

毕业生就业坚持"公开、公正、择优、自愿"的原则，实行国家宏观调控、学校和各级政府推荐，学生和用人单位双向选择的就业模式。于是，形成了当前大学生"市场导向，政府调控，学校推荐，学生和用人单位双向选择"的就业机制。

2.实行分级管理的工作机制

目前，高校毕业生就业实行中央和地方两级管理，以地方管理为主的工作体制。中央建立由国务院有关部门参加的高校毕业生就业工作联席会议制度，定期研究、协调解决工作中的重大问题。现今，全国各省（自治区、直辖市）人民政府都按照要求建立了高校毕业生就业工作领导协调机制。

3.积极拓宽毕业生就业渠道

①从制度层面解决了非公有制单位聘用毕业生所存在的问题，包括：鼓励各

类企事业单位特别是中小企业和民营企事业单位聘用高校毕业生，政府有关部门要为其提供便利条件和相应服务；对企业跨地区聘用的高校毕业生，省会及省会以下城市要认真落实有关政策，取消落户限制；鼓励中小企业和民营企事业单位聘用高等职业学校毕业生等。

②凡党政机关录用公务员和国有企事业单位新增专业技术人员和管理人员的，原则上一律面向高校毕业生来进行，坚持"公开公正，择优录用"的原则，在不断提高党政机关和国有企事业单位工作人员素质的同时，拓宽了高校毕业生的就业渠道。

4. 规范就业市场

国家出台了一系列政策法规来维护和支持高校毕业生就业市场。就业市场政策从性质上可分为三个层次。

①全国人大制定的法律法规和国务院根据法律制定的一些规定，重要的有《中华人民共和国劳动法》《中华人民共和国合同法》《人才市场管理暂行规定》等。

②国务院各部委在遵守法律的前提下制定的部门规章、重要通知等。如《国务院办公厅转发教育部等部门关于进一步深化普通高等学校毕业生就业制度改革有关问题意见的通知》等。

③各地区或者各学校出台的地方性政策规定，如《北京市劳动合同规定》《北京市人才中介服务机构管理办法》等。

国家要求不得以营利为目的举办高校毕业生招聘活动，严格规范各种毕业生招聘会秩序，切实维护毕业生合法权益，保护毕业生人身安全。对发布虚假招聘信息，利用招聘进行欺诈、损害毕业生权益的，要及时严肃处理。

5. 就业准入政策

就业准入政策是指大学生就业获准进入某些地区、职业等的相关政策，它包括下述两个方面。

①地区准入政策。一些地区会根据本地区的情况出台一些具体的准入政策，特别是大城市，如北京、上海、深圳等，每年都会出台接收非本地生源的大学毕业生有关问题的通知和政策。

②职业方面的就业准入。职业方面的就业准入是指根据《中华人民共和国劳

动法》和《中华人民共和国职业教育法》的有关规定，从事技术复杂，通用性广，涉及国家财产、人民生命安全和消费者利益的职业（工种）的劳动者，必须经过培训，并取得职业资格证书后方可上岗。实行就业准入的职业范围由劳动和社会保障部确定并向社会发布。

6. 宏观调控政策

宏观调控政策是指政府为了促进人才结构的平衡而出台的一系列关于大学生到基层、到中小城市企业、到农村、到西部等地区就业的鼓励性措施。如中共中央办公厅、国务院办公厅于 2005 年 6 月颁发的《关于引导和鼓励高校毕业生面向基层就业的意见》（以下简称《意见》）等政策。值得强调的是这次出台的《意见》，积极引导和鼓励高校毕业生面向基层，在户籍迁移、偿还助学贷款、考录公务员、报考研究生等诸多方面都提出了优惠措施。另外，人力资源和社会保障部也制定了促进非公有制单位和中小企业接收高校毕业生、鼓励和支持毕业生自主创业和灵活就业的有关政策规定。

（三）大学毕业生就业的具体政策

针对我国当前劳动资源的分配现状，大学毕业生在就业方面的具体政策简述如下。

1. 统分毕业生的就业政策

教育部规定高校毕业生就业政策的基本原则是：毕业生在国家就业方针政策指导下，依据《普通高等学校毕业生就业工作暂行规定》，通过"供需见面"和"双向选择"在一定范围内落实就业单位。在规定时间内，落实工作单位的毕业生国家负责派遣；未落实工作单位的毕业生，学校可将其档案和户口关系转至其家庭所在地，由当地毕业生就业指导机构帮助推荐就业。委托培养与定向生按合同就业。

2. 结业生的就业政策

结业生是指没有拿到毕业证的学生。结业生由学校向用人单位一次性推荐或自荐就业，找到工作单位的可以派遣，但必须在报到证上注明"结业生"字样；在规定时间内无单位接受的，由学校将其档案、户口关系转至其家庭所在地（家居农村的保留非农业户口）自谋职业。结业生在一年内补考及格换发毕业证书者，国家承认其毕业生资格，工资待遇从补发证书之日起按毕业生对待。

3. 患病毕业生的就业政策

学校应在毕业生毕业前认真负责地对毕业生进行健康检查，不能坚持正常工作的，让其回家休养。一年内治愈的（需经学校指定县级以上医院证明能坚持正常工作的）可以随下一届毕业生就业；一年以后仍未痊愈或无用人单位接受的，户籍关系和档案材料转至家庭所在地，按社会待业人员办理。毕业生报到后，发生疾病不能坚持正常工作的，应按在职人员有关规定处理，不得把上岗后发生疾病的毕业生退回学校。

4. 尚未就业的毕业生的有关政策

毕业离校时未落实工作单位的高校毕业生，本人要求户口和人事档案保留在学校的，按规定保留两年。在此期间，档案管理机构对保管其档案免收服务费用；本人要求将户口转回入学前户籍所在地的，公安机关应当按照户籍管理规定为其办理落户手续，人事、教育部门所属人才交流服务机构负责办理相关档案手续，人事部门所属人才交流服务机构免费提供人事代理服务。本人落实工作单位后，公安机关按有关规定办理户口迁移手续。

5. 鼓励高校毕业生服务西部的政策

共青团中央、教育部、财政部、人力资源和社会保障部联合下发了《关于实施大学生志愿服务西部计划的通知》，通知指出：大学生志愿服务西部计划从2003年开始，按照公开招募、自愿报名、组织选拔、集中派遣的方式，每年招募一定数量的普通高等学校应届毕业生，到西部贫困县的乡镇从事为期1～2年的教育、卫生、农技、扶贫以及青年中心建设和管理等方面的志愿服务工作。志愿者服务期满后，鼓励其扎根基层，或者自主择业和流动就业。同时，为志愿者制订了一系列的保障措施。

①服务期间，享受一定的生活补贴（含交通补贴和人身意外伤害、住院医疗保险）。

②服务期间计算工龄，党团关系转至服务单位。本人要求户口和档案保留在学校的，按规定保留两年，在此期间，档案管理机构对保管其档案免收服务费用；本人要求将户口转回入学前户籍所在地的,公安机关按照规定为其办理落户手续,

人事、教育部门所属人才交流机构免费提供代理服务。服务期满落实工作单位后，公安机关按有关规定办理户口迁移手续。

③服务期间，可兼职或专职担任所在乡、镇团委副书记、学校及其他服务单位的管理职务。

④服务期满考核合格的，报考研究生给予加分，在现行条件下优先录取，具体规定在当年的研究生招生政策中予以明确。

⑤服务期满考核合格的，报考党政机关公务员可适当加分，同等条件下应优先录取，具体规定由省级公务员考试录用主管机关在当年招考中予以明确。

⑥服务期满，对志愿者作出鉴定，存入本人档案；考核合格的，颁发证书，作为志愿者服务经历和就业、创业的证明。

⑦服务单位应向志愿者提供住宿等必要的生活条件。

⑧服务期为一年、服务期满考核合格的，授予"中国青年志愿者服务铜奖奖章"；服务期为两年、服务期满考核合格的，授予"中国青年志愿者服务银奖奖章"；表现优秀的授予"中国青年志愿者服务金奖奖章"；表现特别优秀的推荐参加"中国青年五四奖章""中国十大杰出青年""中国十大杰出青年志愿者""国际青少年消除贫困奖"等评选。国家对志愿者的鼓励政策切实到位，近年来大学毕业生报名非常踊跃，报名参加的人数多于招募的人数。每年招募的人数也在逐年增加，并且政策也在不断地完善和明确。比如，明确规定了服务期满考核合格的，报考研究生总分加 10 分；服务期满一年考核合格，可以应届毕业生身份报考国家机关公务员，报考中央国家机关和东、中部地区公务员的，同等条件下优先录取，报考西部地区公务员的，笔试总分加 5 分；服务期间，享受往返于入学前户籍所在地与服务地之间，每年四次火车硬座票半价优惠等。

6. 鼓励毕业生到基层就业、创业的政策

鼓励毕业生到基层就业、创业的工作开始于 1999 年，国家为到基层就业和自主创业的毕业生提供的保障和优惠政策如下。

①鼓励高校毕业生到基层和艰苦地区工作。各级政府要为高校毕业生创造工作条件，主要充实城市社区和农村乡镇基层单位，从事教育、卫生、公安、农技、扶贫和其他社会公益事业。

②鼓励各类企事业单位，特别是中小企业和民营企事业单位聘用高校毕业生，政府有关部门要为其提供便利条件和相应服务。对企业跨地区聘用的高校毕业生，省会及省会以下城市要认真落实有关政策，取消户籍限制。

③鼓励高校毕业生自主创业和灵活就业。

此外，还有一些与毕业生就业相关的政策。如社会保障政策、权利维护政策、招考录用政策、就业指导服务政策、大学生当兵入伍有关规定等，以上这些政策构成了目前我国大学生就业的具体政策。

当前高校毕业生就业环境涵盖了有关教育、行政、人事、编制、公安、金融、工商、税务、审计、司法等多个领域，涉及大学生的成长教育、就业指导、求职推荐、职业生涯规划、法律合同、劳动争议与社会保障、自主创业等内容，表明我国毕业生就业已经逐步步入规范化、法制化的轨道，并且体现了"以人为本"的理念。有关制度与政策的出台，对大学生进一步明确就业形势、转变就业观念、强化就业素质、提高就业能力、熟悉就业程序、自觉保护个人权益，逐步树立自主创业的思想，从根本上解决大学生就业难题，必将起到重要的积极作用。

三、当前我国高校毕业生就业的热点问题分析

根据人力资源和社会保障部的有关数据显示，近几年来高校毕业生人数逐年增加。下面就以 2014 年关于中国应届大学毕业生就业流向、大学毕业生职业发展及薪金分布情况开展的定量研究为例，为教育主管部门的教育决策、各个相关高校就业指导部门及培训机构的课程改革、各行业人力资源建设、大学生的职业选择提供有价值的参考依据。

（一）就业前景看好的行业

近年来中国房地产业、互联网、金融业发展势头良好，无论是人才需求量还是薪资待遇位列前三。在 2014 年求职需求量最多的十大行业中，有三个行业与IT 业相关——互联网 / 电子商务、计算机软件、IT 服务系统（系统 / 数据 / 维护），总需求量超过任何行业。由于热门行业具有薪资起点高、职业前景好的特点，2014 届毕业生简历扎堆在 IT、互联网、金融、能源等朝阳产业，传统的医药、制造、加工业遇冷。从百度指数 2014 年毕业生搜索最热门公司来看，排名前 20 位的公

司大多集中在互联网、金融两大行业，腾讯、华为、百度等成为校园招聘最受关注的公司。

IT 与互联网行业同金融、房地产相比更注重能力而非学历、学校。学历低的人只要能力好，在 IT 和互联网行业一样可以进入知名企业、获得高薪，这在其他行业是很难实现的。在全行业 IT 化、互联网化的大趋势下，学 IT 与互联网的人可以任意跨界就业，没有行业门槛，这意味着毕业生有更多的行业和企业选择，相较而言学金融和房地产的毕业生跨界就职则很难实现。除此之外，根据数据统计显示从事 IT 或互联网开发的毕业生薪资提升最快：根据 2013 年麦可思公布的数据，软件开发专业的毕业生就业三年后薪资增幅排名第一。

（二）中小企业依旧面临招聘困难

中小企业，特别是量大面广的小微企业不仅是国民经济的重要支柱，也是推动两化融合的重要载体。在促进国民经济平稳较快增长、缓解就业压力、实现科教兴国、优化经济结构等诸多方面，均发挥着越来越重要的作用。虽然全国的中小企业每年提供了 80% 以上的城镇就业，然而"招聘难"问题却始终是困扰中小企业的核心问题。学生在民营与外资企业就业比例下降，充分说明了就业难与经济形势下滑让成长于 20 世纪 90 年代初的职场主力新军对稳定性较低的工作缺乏安全感，更愿意追求以体制内单位为主的稳定性较强工作的心理。

总体来看，企业规模越大，竞争指数越高，职位竞争激烈程度越强，表明人才进入企业的渴望越强烈，人才潮依然流向大企业，再次加剧了中小企业招聘的困难程度。由于中小企业的企业知名度、薪酬福利、企业文化等方面相对来说弱于国企、外企等大型企业，因此对求职者的吸引力较弱，竞争指数较低。人才的匮乏，进一步限制了企业的创新能力，给企业长期健康发展带来了隐患，使本就举步维艰的中小企业时刻面临更为严峻的挑战。中小企业要想突破这一窘境，就必须将人才的"选育留"摆到重要位置，首先要完善各类人才制度，制订科学的录用机制、培训体系、激励制度等，为员工制订科学合理的职业生涯规划，明确发展空间及路径，及时了解员工的需求，根据个人特点有针对性地进行岗位及工作安排；同时培养优良的企业文化，正所谓"三流企业靠钱留人、二流企业靠人留人、一流企业靠文化留人"，企业的社会美誉度是员工得到的文化待遇，一个好的企业品牌必然会产生良好的社会美誉度，这会给每个员工带来许多无形的益处。这也是为什么很多年轻人即使薪水不高，也愿意去大公司锻炼的原因。

（三）招聘渠道趋于多样化

近几年来招聘平台异军突起，微博微信等新媒体备受"90后"应届生的青睐，移动招聘平台首次突破10%，成为一股不可忽视的力量；同时，社交网站在招聘中的作用也越来越大，"80后"和"90后"已经成为中国人才市场的主力，他们每天花费大量时间在网络上，新媒体已经成为一种生活方式。这些应聘者们已经习惯于通过新媒体来搜索招聘信息和了解企业文化。在新媒体上进行招聘已经成为一种不可忽视的潮流。LinkedIn、Facebook、人人网、大街网等均相继推出了在线招聘服务。社交招聘相较于传统的招聘渠道具备更高的真实感与精准度，传播速度更快，也更加人性化，因此在招聘与求职中的地位逐渐凸显。

中国企业管理者对于新媒体的态度，也在短短几年内就发生了180度的转变。2010年，他们还在为员工沉溺于开心网的游戏而头疼，但从2011年起，CEO和HR却发现社交网站是一个拉近人才距离的有效沟通平台。2013年，很多管理者还搞不明白为什么公司的"90后"员工那么热衷于"织围脖"，而今天，越来越多的明星企业家和HR都选择第一时间在微博上发布招聘信息。他们意识到，当下人才市场竞争非常激烈，新媒体在沟通、宣传上更能满足候选人的行为习惯和需求，沟通更快速、针对性更强，目标人群定位也更准确。同时，随着企业人才招聘竞争的加剧，尤其是企业急需的人才，以开发人才为例，越来越多的企业选择与培训机构合作。与培训机构合作对于企业招聘来说有三个好处：首先可以大幅度降低企业的招聘成本；其次，可以提高企业的招聘效率；第三，通过培训机构招聘获得的人才，相较于社会招聘人员稳定性较高。

（四）人才"回流潮"现象凸显

高昂的生活成本、拥挤的交通、严重的空气污染……越来越多原本在北京、上海、广州等一线城市打拼的年轻人选择逃离，回到家乡周边的二线城市发展。在人才"回流潮"的影响下，部分二线城市的岗位竞争指数直逼一线城市，加之区域中心城市对周边城市人才的吸引，苏州、沈阳、西安、天津、大连等近年发展迅速的二线城市，岗位竞争指数甚至超越了部分一线城市。据统计，招聘量在

15 000 人以上的 8 个城市中，只有北京和深圳的春季和夏季均在竞争指数前三名，表明这些城市工作机会多，但岗位竞争也非常激烈。上海和广州只出现一次，表明工作机会多，岗位竞争适中。杭州、南京、成都、武汉等城市在全国城市招聘量排名都在前 8 位但竞争指数均不在前 8 位，表明这些城市工作机会多，岗位竞争小。苏州、沈阳、天津、大连、西安、长春竞争指数均超过了上海、广州、南京、成都和武汉，表明招聘量不大但这些城市竞争仍异常激烈。

（五）专业对口就业率仍旧偏低

大学生就业岗位与专业匹配度不高的原因有很多，如就业压力大、大学学习的专业知识和技能达不到企业的要求、所学专业和行业不是热门专业且就业面较窄，或填报专业时对专业未来的工作内容、工作环境、工作方式不够了解导致毕业后不愿意从事对口工作。而大学生专业对口就业率的持续走低对我国教育前景、经济发展等各个领域都有深刻的影响，主要有下述 3 点。

1. 对毕业生的影响

从毕业大学生的角度来看，由于他们刚刚毕业，还未深入接触社会，对就业压力认识不深，社会心理还不成熟，通常心高气傲，往往视初次就业选择的企业为垫脚石，踏入企业即想着如何离开，所以不对口专业就业的工作寿命都相当短，通常不会超过 5 年，跳槽率也一直居高不下，非常不稳定。

2. 对企业的影响

被上述大学生选中的企业，可称为"跳板企业"，对于企业自身来说，选择大量的专业不对口毕业生对企业发展有利有弊。利是短时间内可召集大量高素质人才；弊是其不稳定性严重消耗了企业培训成本，极端制约了企业的持续发展能力。于是"跳板企业"多采取低薪策略，招聘的员工工资通常仅相当于该城市的最低基本工资，目的是用最小的代价换取最高的价值。这无疑制约了员工在企业内未来职业发展的可能性，束缚住了员工开拓进取的手脚，这样就形成了一个恶性的循环：工资低—员工不满—跳槽—企业不信任—降低工资。

3. 对社会的影响

国家耗费了大量的人力、物力、财力培养各个行业的优秀人才，然而在应届毕业生连年增长的环境下，面临重大的就业压力，冷门行业门可罗雀、热门行业又人满为患，在这样的循环怪圈之下，造成了人才的大量流失、浪费。

（六）自主创业比例呈上升趋势

大学生创业既是教育体制改革和高新技术产业跨越式发展的动力源，也是繁荣社会主义市场经济、加速我国经济发展的动力源。大学生自主创业是顺应时代发展的产物，十六大报告明确指出"引导全社会转变就业观念，推行灵活多样的就业形式，鼓励自谋职业和自主创业"。十七大报告也明确提出"要实施扩大就业的发展战略，促进以创业带动就业，把鼓励创业、支持创业摆到就业工作更加突出的位置"。十八大报告进一步提出"引导劳动者转变就业观念，鼓励多渠道多形式就业，促进创业带动就业"。十九大报告则更加明确地提出"鼓励创业带动就业"。由此可见，党和国家一直把鼓励、支持创业放在突出位置。在全社会的共同努力下，我国大学生创业服务体系日益健全，相关保障措施日趋完善，高校也纷纷将创业教育纳入教学大纲，部分高校还设立了自己的创新创业园等，由专门的教师指导、扶持大学生开展自主创业。加之各省市地区政府部门积极出台的一系列扶持政策，从资金、场地、行政管理、税收等各方面为创业大学生解决一切后顾之忧，创造了良好的创业氛围，也使得大学生自主创业的比例逐年提升。大学生创业不仅可以解决自身的就业问题，而且能提供更多的就业机会，对促进我国经济的发展，增加就业发挥越来越重要的作用。

［思考题］大学生就业环境及环境对大学生就业的影响是什么？

第三节　熟悉就业市场和就业途径

案例导入

《威尼斯商人》的启发

某家大型超市登出的招聘广告要求其所招聘岗位的职员全部是大学本科毕业，而且还要经过各种考核，许多人第一轮就被淘汰。有人不免奇怪，一个超市服务员怎么要求那么严格？原来在超市招聘考试题里有一道这样的题：《威尼斯商人》是谁写的，是哪个国家的人？一个没有被应聘上的大学生说："谁知道《威尼斯商人》是谁写的，我只知道威尼斯在意大利，我也不是文科学生，哪知道这些。"看来是《威尼斯商人》把他考蒙了。有人问超市负责考试的人，为什么要出这样的题？超市负责人回答说："第一，考一下大学生的阅读水平，即使是理科生，连莎士比亚都不知道？再说为什么要考这个题，还有一个原因就是莎士比亚把犹太人的经商手段描写得淋漓尽致，那里面有很多内容是值得我们探讨的。"原来如此！最后，超市方面终于录用了考试合格的学生们，其中有一个学生不但了解《威尼斯商人》的精髓，还全部通读过莎士比亚的著作，在应聘当场还高声朗诵了《哈姆雷特》的片段。超市负责人很欣慰，他们说在经过商业管理培训后，将启用该学生担任超市部门经理。看来《威尼斯商人》可以考蒙一个学生，也可以成就一个学生的就业梦。

[评析]越来越高的人才需求，更多用人单位需要的不仅是过硬的专业背景，也需要博学之士。因此，研究并熟悉就业市场是至关重要的。

随着国家对高校毕业生就业制度的改革，毕业生面临的不仅是挑战，也是自主成才的机遇。同时，我国经济的持续、稳定、快速、健康发展，也为广大高校毕业生提供了更广阔的发展空间。因此，对当前的就业形势和就业市场作详尽、辩证的分析和认识是很有必要的。

一、高校毕业生就业的有利条件

1. 高校大学毕业生的社会需求总体上仍然供不应求

目前，从总体上来说，大学毕业生数量与经济发展对高等人才的需求量相比还远远不足，大学毕业生在地区和结构的分布上也不平衡，就业困难只是结构性的问题。

中国大学生人口仅占全国总人口的3%，中国大学生入学率仅位居世界第78位，瑞士达沃斯论坛首席经济学家奥古斯都接受中国媒体采访时提到并提醒中国"这是个很严重的问题"，因为未来毕竟是靠现在正在接受教育的人来实现的，教育是未来的发动机。所以，中国的大学生并不是太多了，而是太少了；中国应当加大财政等方面的投入，切实提升大学生在总人口中的比重，并提高国民教育总体水平和整体素质。

2. 我国经济整体呈现出良好发展态势

目前我国仍处于发展的重要战略机遇期，国内市场潜力巨大，正在积极转变经济增长方式、产业升级、不断加快城镇化建设，促进东西部区域的协调性发展，发展战略新兴产业，正在由制造大国向创造大国转变。在此过程中，会培育出许多新的就业增长点，产生更多适合高校毕业生就业的岗位。

3. 中国加入世界贸易组织后对高等人才需求的拉动

自从加入世界贸易组织以来，中国经济与全球经济一体化进程进一步加快，产业结构调整和战略性改组以及国际资本和技术的进入，也加大了对高层次人才的需求，由此而产生的新的高新技术产业和现代服务业岗位，也更受高校毕业生青睐。这些岗位大多对毕业生的综合素质与能力有较高要求，因此，应聘此类岗位更能激发大学生的挑战意识和竞争意识，并且这些岗位能提供相对较高的薪酬和优越的工作环境，也容易使大学生对职位比较满意，从而避免了因多次择业带来的就业压力。

4. 蓬勃兴起的民营企业成为吸纳毕业生的重要渠道

非公有制经济作为社会主义市场经济的重要组成部分正在飞速发展，在国民经济中占有越来越大的比重。民营企业对各类人才的需求量增长较快，成为吸纳毕业生就业的一支新生力量，而且随着个体、民营经济的继续发展，其需求岗位必将进一步增加。这就要求广大毕业生积极转变就业观念，不要将目光局限在大公司、大企业上，要适应形势要求，积极投身到充满生机活力的民营企业中去。

5. 国家教育力求高校毕业生整体培养质量逐步提高

《教育部关于进一步深化教育改革，促进高校毕业生就业工作的若干意见》（教学〔2003〕6号）为高校人才培养工作明确了导向。高等学校全面推进人才培养模式改革，不断加大专业结构和人才培养结构的调整力度，使高校毕业生的培养质量与适应经济和社会发展需求的能力得到逐步提高，以适应用人单位更多更高的社会需求。

6. 高校毕业生就业服务工作逐步规范

《国务院办公厅转发教育部等部门关于进一步深化普通高等学校毕业生就业制度改革有关问题意见的通知》（国办发〔2002〕19号）提出，"进一步整顿和规范高校毕业生就业市场秩序""要采取措施实现高校毕业生就业市场、人才市场和劳动力市场相互贯通，实现网上信息资源共享，更好地为高校毕业生和用人单位服务"。并且随着教育部、人力资源和社会保障部组织的高校毕业生与用人单位网上双选活动的日益成熟，毕业生就业逐步实现了信息化、网络化的服务，促进了毕业生就业市场从传统的劳动密集型向以信息技术为基础的现代模式转变。高校毕业生就业指导和服务正朝着全程化、专业化、制度化、规模化方向迈进，为高校毕业生择业提供了强有力的支撑平台。

7. 新的高校毕业生就业政策的相继出台，为大学毕业生开辟更广阔的就业前景

2005 年，中共中央办公厅、国务院办公厅印发了《关于引导和鼓励高校毕业生面向基层就业的意见》（中办发〔2005〕18 号），该《意见》的主要内容有：完善鼓励高校毕业生到西部地区和艰苦边远地区就业的优惠政策；积极鼓励、支持高校毕业生到基层自主创业和灵活就业；大力支持各类中小企业和非公有制企业聘用高校毕业生；逐步实行省级以上党政机关从具有两年以上基层工作经历的高校毕业生中考录公务员的办法；加大选调应届优秀高校毕业生到基层锻炼的工作力度；实施高校毕业生到农村服务计划；大力推广高校毕业生进村、进社区工作；加大财政支持高校毕业生面向基层就业的力度；为西部地区和艰苦边远地区基层单位适当增加周转编制；面向基层经济社会发展需要，进一步深化高等教育改革；加强对高校毕业生面向基层就业工作的领导等。同时，为西部的生态重建、资源开发和城市化进程，引进大批的高等人才，国家也出台了一系列人才优惠政策，积极引导和鼓励高校毕业生面向基层就业，逐步完善新的就业政策导向，进一步拓宽了大学毕业生的就业渠道。

8. 社会用人机制更加公平、公开、公正

高校毕业生就业制度的改革，与国家整体劳动人事制度的改革是同步进行的。在当今社会，国家机关、政府机构、事业单位和大多数企业，新进人员的补充，多采取公开招聘、公平竞争的方式，这就为有真才实学的大学生充分实现自己的人生价值提供了更广阔的舞台。

二、大学生就业面临的不利因素

影响大学生就业的不利因素有很多，有主观上的也有客观上的，与社会经济、大学生自身素质都有密切的关系。

1. 经济增长与就业需求的不平衡性

城乡二元结构影响了就业总规模的扩大。随着农村劳动力大规模向城镇转移，经济增长创造的相当一部分就业岗位由农村转移劳动力占有，而这些农村劳动力是带着"已就业"的身份实现转移的。由于进城农民工从生产效率相对较低的农业领域进入效率相对较高的非农领域，带来了整体经济的较高增长。经济结构的升级和资本有机构成的提高，使得经济增长吸纳劳动力的作用减弱。近年来，我国处于经济结构大幅调整时期，资金密集型产业发展较快，相同资金带来的就业增长自然比过去减少。在目前经济增长的推动因素中，投资和出口效应较大，由于投资的构成主要是基础设施、基础工业建设，随着技术进步和资本含量的提高，因此会相应减少对劳动力的需求。人才素质与市场需求的结构性矛盾也影响了就业规模的扩大。我国就业压力不仅体现在总量上，也反映在结构上，在一些人找不到工作的同时，有些岗位却没有人愿意去做。就业的地域性和专业性矛盾更为突出，基层和西部人才紧缺，高端人才不足。这种状况也使得经济增长创造的就业岗位处于"虚位"状态。

2. 高校毕业生自身的原因

毕业生的能力、素质与用人单位的要求存在较大差距。现在用人单位对高校毕业生的敬业精神、职业道德和能力素质都提出了越来越高的要求，用人单位看重大学生的人品、能力和其是否具有可塑性，对大学生的毕业学校品牌、专业等反而看得越来越淡。毕业生的就业门槛相对增高。同时，毕业生的就业期望值居高不下仍然是目前高校毕业生就业工作中的主要难题。大多数毕业生就业定位过高，而有许多基层的用人地区和单位急需人才但又招聘不到毕业生，从而使不少的毕业生错过了就业良机。

三、我国劳动力就业市场的发展状况

建立劳动力就业市场是发展社会主义市场经济的客观要求，因为经济的市场化，必将促使与之相关的生产要素的市场化，人才市场是劳动力就业市场的重要组成部分，而高校毕业生又是人才资源中最年轻、最活跃、最集中的部分，大学毕业生作为社会劳动力的重要资源，要做到合理、有效地就业，就必须了解目前我国人才市场的发展历程、招聘体系及其发展趋势。

（一）我国人才市场的发展历程

改革开放以来，全国各级人才市场已日渐成熟，特别是发达地区和国家级人才市场的发展更是令人瞩目。从 20 世纪 80 年代人才市场的孕育发展至今，我国的人才市场已经走过三十几个年头，这期间我国人才市场经历了三个发展阶段。

1. 起步阶段

起步阶段也是人才市场的初创探索阶段（1994 年以前）。1983 年 1—2 月，"沈阳人才服务公司"和"广东省人才交流服务中心"率先成立，拉开了中国人才服务业发展的序幕。随后，全国各地纷纷建立了旨在推动人才合理流动的人才服务机构。初创探索阶段，人才市场的主要特点是人才流动具有自发性、相关制度不配套、体制性障碍突出、人才服务手段单一。这一阶段尽管属于"摸着石头过河"的初创探索时期，但为促进人才合理流动和人才服务业有序发展奠定了比较稳固的组织基础。

2. 培育阶段

培育阶段也是探索建立市场机制的阶段（1994—2001 年）。人才市场通过自身的发展和政策引导，逐步得到了社会的认可。"单位到市场招人、人才在市场择业"的观念开始深入人心，并逐步成为人们的共识。这一阶段的人才市场仍然以行政推动为主要特点，政府所属人才服务机构依然是市场配置人才的主体和人才流动的主渠道。这一时期人才市场的培育工作明显加快，相对固定的人才市场普遍设立，流动人员人事档案管理业务全面展开，相关的人事代理延伸服务不断拓展，人才服务业开始向全方位、多层次、专业化方面发展。尽管这一时期的人才服务业务还存在着浅层化倾向，限于从业人员的素质和体制、机制原因，开展的服务项目大多是技术含量不高的低层业务，但这一时期的人才流动和人才市场已逐步活跃。

3. 改革发展阶段

改革发展阶段也是人才市场整体推进的新阶段（2001 年至今）。2003 年党中央、国务院召开了党和国家历史上第一次全国人才工作会议，人才服务业逐步由政府推动向自我发展过渡、由政策规范向法制规范过渡，人才中介服务由依靠行政职能优势向市场竞争优势过渡，人才流动和人才市场进入了良性发展阶段。在此期间，人才服务业务的发展和信息化建设得到加强，迅速出现的人才网站是这一时期的新生产物。

（二）我国人才市场的招聘体系

目前我国综合性人才市场从事的业务主要包括现场招聘、网络招聘、就业培训、人事代理、人才测评、校园招聘和猎头服务等。其中现场招聘作为传统的招聘模式仍然是企业招聘人才的主要渠道，但是这一数据的增长幅度却在逐年下降，伴随而来的是无形市场（网络招聘等）的增长幅度明显地大于现场招聘。

网络招聘（Internet Recruiting），又称电子招聘（E-Recruiting）或在线招聘（Online Recruiting），是指利用互联网进行的招聘活动，包括职位信息发布、收集整理简历、在线面试与测评等招聘步骤。企业通过招聘网站实施的招聘具有一定的优势，如招聘范围广，无地域限制、高效、快捷等。我国的网络招聘产业已有较快的发展，中国网络招聘行业因其市场潜力巨大、盈利模式清晰受到中外资本，特别是产业资本的青睐，目前正处于其高速发展的阶段。在各种招聘渠道中，据艾瑞咨询统计显示，目前网络招聘已超过人才交流会、报纸等传统招聘方式，成为招聘企业最常采用的方式。但中小企业使用网络招聘的比例还很低，招聘网站的企业用户有很大的市场待挖掘。中国网民数量庞大且正迅速增长，使用网络应聘的人数也在增加。

（三）我国人才市场的发展趋势预测

1. 专业化是今后人才市场发展的目标

目前，国内除了较小规模的职业介绍所外，大中型人才市场服务机构都采取综合性服务模式，即现场招聘、网络招聘、人事代理，甚至猎头服务等都有涉及，几乎是面面俱到。但是由于其从业人员专业水平不高，加上企业本身对从业人员的培训较少，其专业化服务水准无法令人满意。因此，加强从业人员的专业水平，规范人才市场的经营范围，使其走向专业化，将是未来国内人才市场的发展趋势。

2. 人才派遣（劳务派遣）业务将成为人才中介服务的重要内容

人才派遣业务产生的社会效益和经济效益越来越大。人才派遣以一种崭新的理念和服务形态，使用人单位节约了用工成本，降低了风险，为国有企业改制和机关事业单位改革提供了新的人力资源服务方式。

3.人才市场多元化发展

随着人才市场的逐步对外开放，中外合资、外商独资等类型的人才中介机构将越来越多，必将给人才中介行业带来较多先进的经营管理理念、专业技术。同时，国内的人才中介机构也将通过出让部分股份或引入国际资本等形式，逐渐加大与国外人才中介机构的合作，利用国外人才中介的服务网络和资金等优势来提高竞争水平。

4.人才数据库的联网共享

随着经济全球化的逐步深入，提高区域经济发展都必须要有人才的充分流动，人才的地域阻碍将会逐渐消失。届时可能会在政府行政力量的干预或引导下，运用现代网络信息技术，建立覆盖全国的各类市场互联互通的人才资源信息网，这是提高人力资源市场配置功能的有效方法。

四、目前高校大学生的就业市场

高校毕业生就业市场是大学生找工作、用人单位选人才的场所，是毕业生就业所涉及的各种关系的总和，其主体是毕业生和用人单位。高校毕业生就业市场按其外在表现形式可分为有形市场和无形市场两大类。

（一）有形市场

有形市场是指有固定的场所、具体的时间和地点、特定的参加对象等的市场。目前，有形的毕业生就业市场主要有下述几种形式。

1.高等学校举办的毕业生就业市场

高等学校举办的毕业生就业市场是指高等学校为了方便学生和用人单位，提高学校的就业率而组织的毕业生就业市场（或称"招聘会""洽谈会""供需见面会"）。由学校出面组织，集中邀请与其密切相关的一部分用人单位来校直接与学生见面，为学生和用人单位提供服务。高等学校举办的毕业生就业市场有下述特点。

（1）针对性强

前来学校招聘毕业生的单位对该学校所设置的专业、毕业生质量及毕业生在人才市场的供求关系比较了解，这些单位的需求和毕业生专业对口，可有效避免大学生择业的盲目性。

（2）需求信息可靠

应邀参加招聘会的用人单位，大都来自三个方面：第一是学校在教学、科研工作中形成的合作伙伴；第二是来自校友工作的单位；第三是国内知名度较高的一些大中型企业，因此用人需求信息较为准确。

（3）服务到位

学校对招聘单位的经营状况、生产业绩及合理使用毕业生的情况等有一定了解，同时学校对自己培养的毕业生情况非常熟悉，这样就可以为用人单位和毕业生提供较为翔实的咨询服务，从而使用人单位招聘到合适的人才，使毕业生从事较为满意的职业，做到人尽其才、才尽其用。

（4）方便学生

学校举办的供需见面会大都于节假日在校内举行，既不影响大学生的正常学习，也不用因外出择业而花费大量的时间和金钱，大大方便了学生。

2. 地方主管部门举办的毕业生就业市场

地方主管部门举办的毕业生就业市场是指由地方主管高校毕业生就业的政府职能部门组织，为当地用人单位和当地高校毕业生服务的毕业生就业市场。其特点主要有以下几点。

（1）需求信息量大

当地政府职能部门对当地用人单位的用人需求掌握得较为清楚，通过政府职能部门的组织，大批用人单位会就近参加交流会，毕业生能有较多的选择机会。

（2）方便又节约

区域性毕业生就业市场上招聘单位和毕业生一般来自当地，方便了用人单位和毕业生参加，在交通、住宿等费用上也能节约不少。

（3）现场签协议并鉴证

根据现行国家就业政策，用人单位招聘高校毕业生，应受到当地高校毕业生就业主管部门的宏观调控。各地政府将按当地社会经济发展规划给予适当调节，用人单位和毕业生的双向选择协议要经当地主管部门鉴证。地方主管部门主办就业市场，可以对用人单位和毕业生达成的双选协议直接进行鉴证，方便了用人单位和毕业生。

3. 企业举办的毕业生就业市场

由大型企业或企业集团设立的以招聘到本企业就业的毕业生为主的就业市场，其特点主要有下述两点。

（1）信息来源可靠

举办招聘会的企业大都规模较大，有一定知名度，信誉较好，因此信息来源比较可靠。

（2）针对性强

有关招聘单位的背景资料，毕业生可以预先作充分的了解。对招聘单位的人才需求信息，毕业生可一一对照，检查自己是否符合条件。毕业生有准备地前往应聘，有效避免了自荐的盲目性。

4. 学校联办的毕业生就业市场

由两所或两所以上高校联合组织的毕业生就业市场，主要是为克服就业市场规模小、单位少、效能差而实行的强弱联合或强强联合。

5. 行业性毕业生就业市场

行业性毕业生就业市场是指由中央部委主管毕业生就业部门组织的主要为本系统、本行业毕业生和用人单位服务的就业市场。

6. 分科类毕业生就业市场

地方毕业生就业主管部门从用人单位和学校两方面考虑，从市场细化的角度出发，把理、工、农、医、师等科类的毕业生分别集中起来，与相应的用人单位进行双向选择。

（二）无形市场

无形市场主要是指不受时间、地点、场所限制而由毕业生和用人单位自行选择的就业市场。例如，高等学校毕业生就业信息管理和决策支持系统，毕业生生源信息库、用人信息库，全国就业信息网络等。毕业生培养单位、用人单位可建立自己的网页，提供丰富的资料信息供有关方面查询。毕业生也可以将个人的详细资料做成个人主页上传到信息网络上供用人单位查询。现在，网络求职已经成为当代高校毕业生找工作的一个重要手段。同有形市场相比，网上求职获取信息更方便快捷，可使双向选择既省时又省力，从而提高就业效率。

五、高校大学生的就业途径

在我国改革开放的新形势下，高校毕业生的就业途径及流向呈现出多层次、多渠道、多方位的特点。目前，高校毕业生的就业途径主要有下述几种。

（一）劳动力就业市场是毕业生就业的主要途径

从我国目前的高校毕业生就业工作来看，初步实现了"市场导向、政府调控、学校推荐、毕业生和用人单位双向选择"的就业模式，就业市场已成为高校毕业生找工作、用人单位选人才的主要途径。

高校毕业生在就业市场择业时，应注意以下几点。

①了解市场用人"行情"，做到心中有数。

②知晓自身优势和短处，做到扬长避短。

③明确择业时的权利和义务，尤其要明确毕业生的职业选择权和服从国家需要的义务这个最基本的权利和义务。

④遵守就业市场的运行规则和公共道德。

⑤在市场竞争时，既要充分保护自己的竞争权利，又要尊重他人的选择机会，做到诚实守信、竞争得力。

⑥从客观实际出发调整自己的主观意愿，做到期望值适度。

⑦危机意识不可或缺。市场是无情的，竞争是激烈的，面对政府精简、企业转制，每个高校毕业生都要做好就业困难的心理准备，这是市场给我们上的第一课。

随着招生规模的扩大，高校毕业生就业压力越来越大，既有用人制度上的冲突，也有思想观念上的冲突。高校毕业生必须充分认识到我国的高等教育正从精英教育转变为大众化的教育，必须更新自己的就业观念，机关、科研院所需要人才，基层更需要人才，毕业生要树立基层意识、事业意识和奋斗意识。教育部高校学生司毕业生就业处处长陈曦说，"从长远而言，真正解决就业问题是面向基层，拓宽就业渠道""要提倡一种'先就业，后择业'的观念"。随着人才流动的加剧，人才不能"从一而终"，就业、择业应该是伴随一生的事情，就业的形式也将更加多样化，要通过在相关或相近行业中的锻炼来培养自己多方面的才能和适应能力。

（二）考试录用是毕业生就业的重要途径

目前一些大企业、大单位大批量用人，国家机关选聘公务员等，往往采用考试录用这种考核方式招聘人才。考试录用一般包括笔试和面试，主要适用于应试人数较多、需要考核的知识面较广或需要重点考核文字能力的情况。笔试作为一道重要的关口，将淘汰许多应聘者。鉴于笔试这种形式的重要性，大学生在选择职业时就应加以重视，做好应试准备，顺利地跨越笔试关。笔试的目的是考核求职者的文字能力、知识面和综合分析能力。目前常见的笔试类型有下述几种。

1. 专业知识考试

金融部门在招聘时要考有关的金融知识、新闻机关要考新闻写作等，这种形式越来越多地为热门就业单位所采用。

2. 心理测试

有些企业在笔试时会采用心理测试的方法，借此来测试求职者的态度、兴趣动机、智力水平、反应速度和个性等素质。这种考试主要是外企在大量使用，国内一些著名企业也在逐步开始采纳。

3. 命题写作

命题写作的主要目的是考察求职者的文字表达能力以及相关的分析问题、解决问题的逻辑思维能力。根据单位性质的不同，要求写的文章也不同，行政部门更多地侧重于公文的写作。

4. 综合考试

用人单位在采用笔试方式时，可能是对各种知识的综合考试。国家公务员录用考试就是一个典型例子。

（三）常设性的就业市场将成为毕业生就业的主渠道

各种形式的招聘会存在着时间与地点的局限性。学校、用人单位、地区性就业机构等常设性就业市场，在一定程度上存在着互补性，弥补了彼此的不足。没有找到合适单位的毕业生就需要就业政策在一定程度上的放宽和就业时间的延长，这不仅需要阶段性的市场服务，更需要常设性的市场机制。从目前情况来看，常设性毕业生就业市场仍然受到户籍制度的约束，还未能发挥其主渠道作用，随着国家新的就业政策的出台及放宽对毕业生就业落户的限制，常设性毕业生就业市场的地域状况将被打破。

（四）"自主创业"是大有前途的就业方式

创业与一般意义上的就业相比，创业是有风险的，就业则相对是安全的，但是，创业是主动的，就业则是被动的；自主创业是优秀毕业生最能体现自我价值的选择。在创业过程中，大学毕业生要充分估计到创业的困难，做好以下几方面的准备。

1. 在思想上要有不怕失败的准备

尽管许多地方政府对毕业生自主创业给予了热情鼓励和积极支持，为毕业生自主创业创造了更为有利的条件，但是，创业是艰辛的，创业之路是曲折的，甚至会出现令人痛惜的失败。因此，准备创业的高校毕业生要有充分的思想准备，主动地挑战风险，即便失败，也会收获宝贵的人生体验与磨砺。

2. 在业务上要有竞争取胜的手段

当今的社会是一个充满竞争的社会，新创企业更要有过人之处才能立足。首先是行业的选择，对所选的行业、企业的产品、主要客户、产品的市场占有率等都要有一定的把握，这对自身的定位大有好处。其次是规模的考虑，企业所在地、组成人选、企业规模、资金来源、保障体系等，是企业参与竞争的基本条件。最后是科技含量，高校毕业生要根据自己的专业和学识，发挥自己的特长。总之，准备创业的大学生要早做准备，在知识结构、业务能力、开拓创新方面增加自身的"资本"。

3. 在组织上要建立科学的管理机制

创业之初就要明确目标，争取在公司成员之间达成共识；在公司内部形成一个管理团队，制订并遵守既定的管理制度；强调管理行为，在经营和管理中，从上到下，一切按规章制度办事。

六、大学生就业的具体流程参考

1. 更多地了解就业政策

高校毕业生就业是一项政策性很强的工作。了解国家有关就业政策是高校毕业生求职择业的关键一步，有人曾经形象地比喻求职择业中不熟悉就业政策的高校毕业生"如同不懂比赛规则而上场比赛的运动员"。的确，面临求职择业的高校毕业生，如果不首先了解国家以及有关部门的就业政策而盲目地去选择职业，那么很可能事与愿违或事倍功半，甚至处处碰壁。毕业生了解就业政策的办法和途径是多样的。一方面，学校会通过就业指导课、就业指导讲座等向广大毕业生公布、宣传国家及有关地区、部门的就业政策；另一方面，毕业生在面向社会求职择业之时，也要主动了解当年国家、地区、部门在高校毕业生就业方面的具体政策、规定。

2. 做好充分的就业心理准备

随着高校毕业生就业制度的改革，大学生就业引入了"双向选择""自主择业"的机制。大学生可以在国家就业方针、政策的指导下，根据自己的特长、目标和理想选择职业。这对于毕业生来说无疑是件好事。但随着国有企业的改革，国家机关和企事业单位的压缩编制，下岗人员日益增多，而高校的毕业生却在逐年增多，从而使得就业形势更加紧张。因此，毕业生不要把就业期望值定得太高，要不断地调整自己的期望值，客观评价自己，树立良好的择业心态。高校毕业生在求职择业前，一定要做好充分的心理准备，这是确保求职成功的一项基础工作。

3. 切合实际地确定自己的目标

首先制订自己的目标。高校毕业生在选择职业前，首先应明确自己的目标，弄清楚"自己最想干什么"和"什么才是心目中理想的职业"等问题。与此同时，应考虑自身的兴趣所在及试图实现的价值观。

其次分析自己的实力。不仅要明确目标与现实之间的差距，还要仔细分析自己的优缺点，将目标放置于现实环境中，客观地考虑"目前我能干什么""目前我欠缺什么"，做到心中明确差距所在。

最后确立目标。明确目标与现实之间的差距后，下一步的问题即是怎样缩短差距，为尽可能缩短差距找出最合适的途径。通过冷静分析，确立今后自己"可能实现"的目标。

4. 收集、处理有效的就业信息

高校毕业生求职择业，不仅取决于整个社会的政治、经济状况以及自身的能力素养，而且也取决于是否占有大量的就业信息以及能否有效地利用信息。就业信息是毕业生求职择业的基础和必备条件，谁能及时获取信息，谁就获得了求职的主动权。因此，毕业生应当及时、全面地掌握有关就业方面的信息，并认真地对这些信息进行分析、筛选、整理，作出正确处理。

5. 做出正确的择业决策

在整个决策程序中，把握好目标与机遇的关系。在择业取向上，要遵循有利于发挥素质优势、有利于发展成才、有利于实现顺利就业的原则。决策依据就是主观和客观相符合、个人与社会相符合、现实与发展相符合。

6. 自荐应聘

毕业生在作出择业决策后，就要制作好必要的自荐材料并准备应聘。应聘主要有两种形式：一种是毕业生本人去用人单位面试；另一种是毕业生到学校和各级地方就业指导管理部门组织的毕业生就业市场应聘。

7. 签约

通过双向选择，毕业生确定了用人单位，对方也明确表示录用后，毕业生就可以和用人单位签订由教育部统一制订的就业协议书。该协议书明确规定了学校、用人单位及毕业生本人三方面的责任、权利与义务。协议书一经签订，便视为生效合同，不能随意更改。签约的各方都要诚实守信，不能做与协议书内容相违背的事情。有的毕业生在与用人单位签约后又去联系其他单位，"脚踏两只船"的做法是不妥的，结果也不会好，不讲信誉的人在社会上是不受欢迎的。

8. 文明离校

毕业生文明离校工作是学校教育与管理工作的重要组成部分，是对大学生培养教育的重要环节。文明离校是对新一代高校毕业生应具有的精神风貌的基本要求，广大毕业生应该把良好的学风留给在校的学生。毕业生办完离校手续后，应持报到证在规定期限内到就业部门或用人单位报到。

坚持以生为本的原则，秉承"一切为了学生，为了一切学生"的工作理念，以思想政治教育为先导，以安全稳定为重点，以方便学生为出发点，坚持严格要求、严格管理与悉心教育、热情服务相统一，营造珍惜离别、感恩母校、健康向上、生动活泼的和谐氛围，确保毕业生安全、文明、有序、和谐离校。

纵观上述可知，高校毕业生求职择业前应该了解毕业生就业管理部门的工作程序、就业计划的形成及相关的就业政策，以便摆正自己的位置，明确自己该做什么、怎样去做、什么时间去做，做到事事心中有数，每个行动都符合政策规定。在求职择业过程中，高校毕业生不仅需要了解就业工作运行的客观流程，同时自身也应当遵循合理的择业程序，以便达到顺利就业的目的。

[思考题] 除文中所述的大学生就业途径，你还知道哪些大学生就业途径？

【拓展阅读】

2017 年大学生就业形势的主要表现及分析

（资料来源：学习啦网）

1. 内外经济增速趋缓，将对就业产生一定影响。中国经济整体仍处于下滑周期，经济发展速度的放缓和结构的调整，客观上会对劳动者就业结构产生影响，同时也会对就业总体规模产生挤压效应，对劳动者就业产生影响。尤其是传统支柱产业企业改革的重组加快、淘汰落后产能、部分行业持续低迷及产能过剩将造成结构性失业和转型性失业，就业难度加大。国际经济发展形势仍然不确定，风险和变数依旧较多，欧美主要经济体面临着财政紧缩、主权债务风险上升等诸多问题，新兴经济体面临着经济结构调整、出口下滑等问题，世界经济艰难复苏，影响着出口型经济及就业的发展。

2. 市场预期和企业转型升级对就业的影响依然较大。一是企业转型升级的步伐缓慢。一些中小企业、民营企业技术创新的能力还比较薄弱，产品结构转型的步伐比较缓慢，受国内外市场竞争、产品技术含量、附加值等因素的影响，企业不得已实施低价竞争策略，部分企业过分控制人工成本，支付给员工的工资待遇偏低，导致员工流失。二是部分企业对近期的生产形势不够乐观，裁员频繁，急于消解成本压力，这在一定程度上伤害了员工对企业的感情。三是部分企业的社会责任感比较欠缺，长期沿袭的"需要就招工、不需要就解雇走人"的用工模式伤害了劳动者的感情，让他们没有安全感和稳定感。

3. 社会对毕业生学历层次的需求越来越高。目前我国中高层次的人才严重短缺，社会对高层次的复合型、外向型和开拓型人才的需求日益迫切，对人才结构的需求层次重心日趋上移。在毕业生就业中研究生已越来越"抢手"，本科生还能基本平衡，专科生则较明显地呈现出供过于求的趋势。高校、科研单位、大机关、大公司已经以接收硕士生、博士生为主，甚至连一些中小型单位都开始希望多接收研究生。这种社会现象致使现在不少用人单位存在"人才高消费"的错误观念，盲目追求高学历人才，因而对毕业生的需求出现扭曲，人为地制造了就业难的问题。

4. 毕业生的就业期望值居高不下仍然是目前高校毕业生就业工作中的主要难题。毕业生们普遍感到"找不到理想的单位"，而同时有许多基层一线的用人单位急需人才但又招聘不到毕业生，这就反映出毕业生求高薪、求舒适、求名气的心态仍较普遍。目前毕业生中以事业发展为重的并不占多数，而是普遍希望能到那些大城市、大机关、大公司、大企业等大单位工作，希望能去的单位名声好、工作条件好、生活待遇好、有出国机会，甚至离家比较近等。

大多数毕业生想留在大城市、沿海开放城市工作，然而目前实际最需要毕业生的却恰恰是那些边远地区、中小城市、艰苦行业的基层一线中小型单位，这些地区和单位人才奇缺，非常希望能接收到大学毕业生，但年年要人却年年要不到人，没有多少毕业生愿意到这些地方去，分配去的毕业生也容易流失，被称为"要不到、分不来、用不上、留不住"。这样造成毕业生为一个较优越的职位而竞争激烈，从而使不少毕业生错过择业良机。

5. 毕业生的能力素质与用人单位的要求存在较大差距。现在用人单位对高校毕业生的敬业精神、职业道德、思想道德觉悟和能力素质水平都提出了越来越高的要求，看重"人品"和能力，对专业反而看淡。不少单位已经开始对接收毕业生持"宁缺毋滥"的态度。因此，学生干部和学生党员以及那些综合素质好、动手能力强、敬业精神佳以及有各种特长的毕业生越来越受欢迎。

根据不同的就业形势，国家每年都出台了相应的就业政策和措施，为引导、协调、安排毕业生就业提供了有力保障；同时，随着社会的进步，知识经济的突起，各种经济成分的共同发展、社会对人才的需求量越来越大，非公有制企业、乡镇企业、广大基层和欠发达地区更为毕业生提供了施展才华的广阔天地。国家政策大力扶持的就业项目有"预征入伍""部队士官招聘""西部计划""大学生村官计划""三支一扶"等。另外，国家积极鼓励高校毕业生自主创业，我们可以在一定的条件下，看准商机，发挥一技之长，自主创业，自谋职业发展的道路，在解决自己就业问题的同时，为社会提供新的就业渠道，缓解就业压力。

事实上，大学生创业正越来越被视为一种解决就业的良好渠道，人力和社会保障部等相关部门也出台了一系列相关政策鼓励大学生创新创业，力图通过高校、政府、社会三方建立有效机制，引导大学生创新，支持大学生创业实践。

今年（2018年）全国普通高校毕业生就业创业工作面临复杂严峻的形势。对此，教育部表示，未来要引导和鼓励高校毕业生到基层工作。发挥中小微企业"就业容纳器"作用，继续引导高校毕业生到城乡社区从事教育文化、卫生健康、医疗养老等工作，组织实施好"农村教师特岗计划""大学生村官"等中央基层就业项目。同时，向重点领域输送高校毕业生。围绕"一带一路""长江经济带""京津冀协同发展"等重大发展领域，引导毕业生到先进制造业、现代服务业和现代农业等领域就业创业。此外，提高就业指导水平和服务能力。建立毕业生求职意愿信息数据库和用人单位岗位需求信息数据库，对困难群体毕业生实行"一生一策"动态帮扶，配齐配强专兼职就业指导教师。

【课后深化】

根据专业、班级状况组织若干个学习团队，查找相关资料并讨论以下几个问题：

1. 在"政策链接"中，根据习近平主席的讲话精神，查找相关资料，理解什么是"劳动"？什么是"劳动者"？为什么说"劳动关系是最基本的社会关系"？从而完成一篇关于"劳动"方面的感悟文章。

2. 简述个人在即将的就业选择中，具备了哪些社会劳动的基本素质和基本技能。

3. 你所知道的大学生就业的具体途径有哪些？

4. 未来的你在就业选择方面要做好哪些准备？

5. 除文中所述的大学生就业途径，你还知道哪些大学生就业途径？

第二章 树立正确的就业观念 合理规划职业生涯

本章结合对当前的就业环境、就业形势的分析，为高校毕业生求职择业提供切实可行的定位依据，有效地指导大学毕业生从宏观角度把握就业理念，树立正确的、切合实际的就业观和价值观，选择好自己职业发展的道路。内容具体分解为指导学生树立正确的求职就业观、与就业指导服务机构的沟通、根据自己实力规划择业标准三个方面的任务。

政策链接

全国就业创业工作暨 2017 年普通高等学校 毕业生就业创业工作电视电话会议
（资料来源：中国大学生就业 .2017（10）：4–5）

全国就业创业工作暨 2017 年普通高等学校毕业生就业创业工作电视电话会议 5 月 10 日在北京召开。会议传达了中共中央政治局常委、国务院总理李克强关于促进就业创业的重要批示。

该会议指出，要深入实施就业优先战略和更加积极的就业政策，狠抓就业创业各项新举措落地，突出重点，精准施策，促进经济发展扩大就业，推动创业创新带动就业，突出抓好高校毕业生等重点群体就业，加强职业培训，提升就业能力，强化就业创业公共服务，全面完成今年城镇新增就业 1100 万人以上、城镇登记失业率 4.5% 以内的目标任务，全力确保就业局势稳定，为保持经济平稳健康发展做出更大贡献。

该会议强调，做好高校毕业生就业创业工作事关社会和谐与稳定的大局，各地区各有关部门各高校要主动服务国家战略和经济社会发展需求，提高就业指导和服务能力，加大帮扶力度，引导毕业生到先进制造业、战略性新兴产业、现代服务业、现代农业等领域就业创业，鼓励毕业生到基层工作。要强化理想信念教育，深化创新创业教育改革，以市场需求为先导，完善专业学科布局，加强招生、培养和就业联动，切实增强学生就业竞争力和创业能力。

第一节　树立正确的求职就业观

案例导入

自古雄才多磨难

松下电器创始人松下幸之助身材瘦小，年轻时家境贫寒。一次，松下幸之助去一家电子公司求职，人事部主管看他又瘦又小，衣冠不整，婉言谢绝："现在我们不缺人，过一个月再来看看吧！"本来是一句推脱的话语，想不到一个月后松下又去了。那位主管说："你脏兮兮的样子根本进不了我们公司。"松下回去后借钱买了衣服，穿戴整齐地又来了。主管又提出他不懂电器方面知识。松下下功夫学习电器方面的知识。这种不怕挫折的执着精神，终于打动了人事部主管，松下成了这家电子公司的工作人员。这为他日后成为享誉全球的"企业经营之神"打下了基础。

[评析]俗语道，"人生之不顺，十之八九""好事多磨"。在求职过程中其实也是如此。求职一次成功固然好，碰碰钉子也是一种阅历，可以增长知识，积累经验。事实上，失败是一种客观存在，意味着没有成功。同样的求职失败，有的人觉得自己一败涂地，无地自容，对以后的应聘更胆怯；松下却觉得社会给他上了一堂课，增加了对求职的理性认识，学习了应对方法和变通能力，使自己走向成功。

一、转变旧观念，树立正确的就业观

大学毕业生是社会人力资源中最宝贵的一部分人才，其就业问题已引起社会的极大关注，激烈的职场竞争所形成的就业难已成为大学毕业生的共同感受。如何在激烈的职场竞争中取胜，首先要破除旧的就业观念，树立适应时代发展的新的就业观念。只有这样，大学毕业生才能在求职竞争中成为胜利者。下面将从 5 个方面来阐述大学生应该如何树立正确的就业观。

（一）从"精英"向"大众"的观念转变

随着 20 世纪 90 年代中后期全国高校招生规模逐年加大，全国高等教育入学率居于高位，近年来高等教育入学总人数不断上升。高等教育快速发展，已逐渐地满足了人民群众接受高等教育的需求。高等教育由精英式教育向大众化教育的推进，大学生就业模式必然由精英教育阶段所形成的毕业生就业模式向大众化教育阶段所形成的毕业生就业模式转变。

在精英教育阶段，由于高等教育是稀缺资源，受高等教育者的地位高，被称为"天之骄子"，就业实行"统包统分"的就业模式。而在高等教育大众化阶段，上大学不再需要"千军万马过独木桥"，大学生也不再被称为"天之骄子"，大学毕业生的就业同普通人找工作一样。"双向选择，自主择业"是当前就业的主要形式。社会中的各行各业都需要大学生，既有大学生毕业去当工人，也有大学生毕业去做个体经营，只要是大学生通过诚实劳动来为社会创造价值，从而实现自身的价值，就是现在社会所倡导的。

（二）从"城市"向"基层"的观念转变

当前，一方面高校毕业生就业面临着一些困难和问题，另一方面广大基层特别是西部地区、艰苦边远地区和艰苦行业以及广大农村还存在人才匮乏的状况。一些区县能提供比城市好的工作和待遇，但很多大学生还是不愿意去，认为去区县委屈了自己。实际上，基层的天地广阔，蕴藏着无限的机会，大学生完全可以把到基层就业视为成才的开始，并从中积累经验，增长才干。大学生把就业的姿态放低，将人生的目标抬高，在城市就业已趋于饱和的情况下，选择到基层就业是理性的、现实的。从 2004 年开始，我国高校相继开展了服务西部、农村支教生[1]、选拔选调生[2]等工作，出台了很多优惠政策，既拓宽了就业渠道，为学生提供了更多的就业岗位，对毕业生就业观也是一种引导。在服务西部计划和农村支教行

---

[1]支教生，是湖北教师队伍中出现的一个新称谓。从湖北 2004 年开始实施"农村教师资助行动计划"，一批"支教生"应运而生。每年都有一批应届本科毕业生被选派到农村乡镇中学任教。
[2]选调生，是国家组织部门有计划地从高等院校选调品学兼优的应届大学本科以上毕业生到基层工作，作为党政领导干部后备人选和县级以上党政机关高素质的工作人员人选进行重点培养，这批毕业生简称"选调生"。

动中，涌现了许多优秀的毕业生，得到了社会、单位的认可，学校选拔优秀的毕业生到基层服务，使他们在基层中展现了自身的价值和能力。

（三）从"公有"单位向"非公有"单位的观念转变

在传统的职业观念影响下，人们都希望能够到政府机关、事业单位或国有大企业谋职、发展，而不愿意到集体企业或民营企业求职发展。但是，政府机关、科教文卫事业单位、科研院所、大型三资企业由于多种原因（如体制原因、产业结构原因等），吸纳大学毕业生的能力是有限的，很难大量接收大学毕业生就业。

随着改革开放的深入，民营、个体企业单位大量增加，随之而来的是对人才的大量需求，以前大学生担心民营企业规模小，经营管理水平低，个人没有发展前途；也有的毕业生怀疑民营企业管理不规范，福利待遇没保障，担心民营企业工作不稳定，办公环境差。而现在的民营企业发生了重大变化，特别是沿海发达地区的民营企业发展非常迅速，人才市场薪资调查表明，民营企业的收入水平甚至已和三资企业不相上下，民营企业灵活的用人机制和激励手段为人才创造了比在其他单位更好的个人发展空间。随着社会养老保险、失业保险、住房公积金制度的建立和完善，在民营企业工作也不用担心五险一金交纳等个人保障问题。

（四）从"专业对口"向"通用人才"的就业观念转变

很多大学生就业时特别强调要专业对口，如果离开了自己所学的专业而选择其他行业，那就白白浪费了大学的时间，专业情结依然影响着求职的心理。实际上，大多数用人单位在招聘人才时注重应聘者的个人能力和综合素质，至于专业是否完全对口，并不过分计较。现代社会分工越来越细，在校期间所学专业知识与现实需要难以吻合，求职过程中如果过分强调专业对口则难以找到合适的职业。一个具有开拓精神的毕业生，应看重行业的发展前景，并及时调整自己的择业方向，勇于选择与自己专业相近或相关的职业。

目前，我国正处于经济转型、体制转轨时期，随着结构的调整，必然也会使某些行业迅速发展，如第三产业的邮电通信、金融保险、社会服务等，就业人数将会明显增加。教育结构不能适应产业结构的调整也必然会使某些专业的毕业生找不到专业对口的工作。大学教育不仅仅是学习专业的知识和技能，更重要的是培养大学生的综合素质和综合能力，大学生进入一个新的领域会比没有受过高等教育的人更快更好地融入与适应。

（五）从"打工"向"创业"的就业观念转变

打工是一种被动的就业行为，而自主创业是给自己"打工"，是一种主动的就业行为。新一代大学生学业精专，有着强烈的挑战自我，实现自我的激情，并且无负担，没有太多牵挂，有较高的文化水平、专业基础扎实、具有创新意识、自主学习知识的能力强，善于接受新知识。

从现阶段的就业形势看，国家宏观政策激励大学生自主创业，社会主义市场体制的建立和市场经济的不断发展，为广大毕业生的自主创业提供了良好的社会环境。创业已经成为无数大学生心中的梦想。中国已经诞生了一大批大学生创业者，其中不乏许多非常成功的典范。

二、树立正确就业观的具体方面

就业是人生中的重要一步，在就业的过程中应该保持诚信度。一个人的技能和知识是可以随时随地补充和学习的，但是一个人的诚信度是需要一直保持的，它是我们走向成功的后劲力量。诚信务实的就业观是立身之本。大学生就业是国家极为关注并极力解决的民生问题，但就业归根结底是大学生个人的事情。当机遇与挑战并存的时候，大学生唯有通过自身的努力才能获得自身发展并实现自我价值的机会。

（一）大学生就业观的基本特征

就业观是指个人在选择某一职业时的一种观念、态度、认识及心态，它是不断发展变化的。不同时期的就业观受到人们对社会的认识和知识积累的限制，受到不同人们的社会观念、道德观念、生活观念等因素的影响和制约，不同的人具有不同的就业观。因此，就业观具有社会性、时代性、实践性、相对稳定性和个体差异性等特点。

1. 社会性

就业观的社会性是由人的社会性决定的。世界万物都与周围环境有着千丝万缕的联系，大学生同样是物质世界上独立存在的个体，他们的就业观并不是凭空出现的，而是在一定的社会形态和社会条件下形成的，是一定的社会生产方式下形成的就业动机、就业行为和就业标准在人们头脑中的反映。社会分工和职业演化是就业观发展、变化的决定因素。正确的就业观念必须建立在符合客观现实、符合社会发展和需要、符合人类发展的基础上，任何脱离社会、脱离实际的就业观念都是与社会客观发展规律相悖的。

2. 时代性

就业观是一个社会的、历史的范畴，是社会意识的重要组成部分，其必然受到社会不同阶层意识的影响，体现不同的时代特征。同样，就业观也受制于不同时代的社会生产方式，依赖于不同时代的社会环境。生产方式越先进，社会经济越发达，社会分工越精细，职业种类就越多，职业演化就越迅速，职业理想实现的可能性就越大。不同时代的职业所需的人才类型也是不同的，尤其是在新时代，当代大学生只有跟上时代的节奏，与时代保持同步，树立适应时代发展需要的就业观，才能实现自己的职业奋斗目标。

3. 实践性

就业观随着社会的发展而变化，并通过人们一定的就业实践来实现。就业实践的深度、广度影响着人们的就业观。社会实践活动是大学生就业过程中不可缺少的组成部分，大学生对就业的认识同就业实践是密不可分的，而丰富具体的就业活动恰恰是大学生职业理想得以实现的途径。人是有主观能动性的，大学生并不是被动地通过就业活动来满足生存需要，而是理性地、自觉地在"实践—认识—再实践—再认识"的反复循环中，加深对就业观的了解和认识，不断修正就业观念的偏差，完善和升华自己的理想追求。

4. 相对稳定性

就业观具有相对稳定性。因此，一种就业观形成之后会在一个较长的时间内发挥全面性作用，影响着就业主体的思想和行为。比如，童年时期对未来职业的看法，大多是主观的、幼稚的；到了大学时代，随着年龄的增长、生活阅历的增加，人的知识水平、认识能力、判断能力有了很大进步，这时会对各种职业的分工、性质及社会作用有更深刻、更全面的理解，就业观更加明确。对就业过程来说，这是一个从主观的、朦胧的、肤浅的认识过程发展到一个客观的、现实的、理性的认识过程，就业观念也会由一个波动变化的过程走向一个相对成熟、稳定的过程，并随着社会发展、职业地位和就业环境的变化，出现一定的起伏波动，但总体上就业观是相对稳定的。

5. 个体差异性

大学生是就业实践活动的主体，就就业观而言，也是因人而异、因时而异。一方面，由于大学生对职业追求是在不同的世界观、人生观、价值观影响和支配下完成的，因此大学生在就业方向和运行结果上带有明显的个性化特征。大学生自身的知识结构、能力水平也同样影响着大学生对不同职业理想的追求。另一方面，由于大学生的性格、气质、情感、身体及心理素质等非智力因素对其就业观的形成有较大影响，这使得大学生的就业思想、就业行为与就业方式存在一定的差异性。

（二）就业道德观念是就业观的重要内容

目前，我国高校大部分大学生的就业道德普遍存在着诸多不尽如人意的地方，对大学生的就业产生了不容忽视的影响。大学生需要树立正确的就业道德观。

1. 在就业道德认知上要正确

当前，正确与错误的就业道德认知并存。我们大学生的就业道德认知并未完全整合在社会主义道德规范之中，还存在着对真假、是非、善恶、美丑等认知上的分歧。在求职过程中，部分大学生还存在着一些不良倾向，如伪造简历荣誉，杜撰实践经历；在目标追求上，沉湎于功名利禄，将自身物质需求和个人价值凌驾于社会价值之上，凡事均以自我为标准，一旦不能满足自身欲望，或牢骚满腹，消极怠工，或嫉妒他人，制造不和谐的人际关系氛围等。作为受过高等教育的大学生要有正确的就业道德观，能明辨真假、是非，区分善恶、美丑，在就业道德规范上能够坚持求真求是、向善向美，在职业实践过程中真正体现出自身价值。

2. 在就业道德意识上要坚定

在就业形势日益严峻的趋势下，大学生要想获得比较理想的工作岗位并非一件很容易的事情，各种岗位都存在着十分激烈的竞争，而有竞争就必然会有失败和挫折。在这种情况下，道德意志薄弱者，容易将就业压力归咎于客观原因，既不从自身找原因，也不会主动调整就业目标与方向。稳定的高薪工作岗位找不到，而待遇较低的岗位又不愿意去，以致就业失败，重复失败的同时也重复着不满，同时，道德意志也一点一滴地消退，最终使自己成为"职场边缘人"。面对这种情况，大学生要能够理智地面对就业的困难和挫折，在努力提高自身专业水平和不断积累社会实践经验的同时，不断提高自身的道德素质。要能够辩证、冷静地面对挫折和困难，及时自我反省，并找到适合自己的工作目标。

（三）自我分析，合理定位，明确就业目标

就业目标是为实现职业目标的一个准备，在现阶段，就业目标要结合自身的综合实力和专业特点，制订一个合适的就业目标。制订合适的就业目标要做好下述几点。

1. 准确定位，全面衡量自身的综合素质

毕业生要正确认识自我，认识社会职位要求。不同层次、不同专业的毕业生在社会需求中要有客观定位。如果毕业生自我定位准确，期望的条件符合客观情况，对用人单位的要求符合实际，毕业生求职将会比较容易实现。

2. 树立就业新观念

淡化精英意识和区域意识，树立在能体现自己价值的地方就业的新观念。近年来高校的不断扩招，高考录取率不断上升，高等教育已经进入了大众化教育阶段。大学生应该意识到这种转变，树立大众化的就业观。结合自身的能力和素质，关注有发展潜力的中小企业，关注边远地区的大型企业，只要能发挥自己的能力和特长，在岗位上挖掘自己的潜力，同样能获得满意的发展。

3. 脚踏实地

绝大多数毕业生在就业时总是过于看重眼前的工资待遇，而不从学习知识、积累经验、提高能力方面来考虑，缺乏战略眼光。看待一份工作的好与坏，不能只看起初的工资待遇，而应看这份工作是否适合自己，是否具有成长性。须知只要有能力、有学识，还可以找到发展的机会。放宽心态，脚踏实地、一步一个脚印地在选择的岗位上发挥自己应有的作用。

（四）面向基层就业，牢固树立基层服务意识

基层是一个大概念，既包括广大农村，也包括城市街道社区；既涵盖县级以下党政机关、企事业单位，也包括非公有制组织和中小企业；既包括自主创业，也包括艰苦行业和艰苦岗位。基层还是一种意识，做任何事情都需要从一点一滴的基础性工作做起，都需要脚踏实地、勤勤恳恳的工作态度。面向基层就业，是时代的召唤和国家的要求，也是当代大学生必然的选择。

三、调整就业心态，合理调整就业定位

我国高等教育已进入大众化教育阶段，接受普通高等教育的人数逐年增加。相应地，高等学校毕业生人数也在逐年增加。大学毕业生数量的急剧增加，给大学生就业市场造成了极大的压力，大学生"就业难"问题日益凸显，成了高校和社会普遍关注的热点之一。同时，面对当前严峻的就业形势，大学生在择业上产生了许多矛盾，这些矛盾心理对大学生的健康成长具有很大的影响，必须予以关注和解决。

面对这种残酷的现实，仅仅依靠国家出台就业政策是不够的。大学生应着手于提高自身素质，调整就业心态，树立正确的就业观，合理调整就业定位，一切从实际出发，积极乐观。当一次两次就业不成功时，不要退缩和畏惧，要以此来磨炼自己的意志，养成奋斗不息、顽强进取、坚强勇敢和坚持不懈的意志品质。正确对待挫折，保持健康的心理，要善于调节和控制情绪，能与他人建立和谐的人际关系，合理地调整自己的择业标准，选择适合自己的职业。

（一）接受客观现实，调整就业期望值

在就业市场上的用人单位找不到人、大量的毕业生无处去的"错位"现象普遍存在，这是因为大学生的就业期望普遍较高。因此，要顺利就业必须先根据自己的实际情况和就业形势，调整自己的就业期望值。调整就业期望值不是对单位没有选择，也不是有单位就去，而是要在职业生涯规划和职业发展观念的基础上重新确定自己的人生轨迹。这就是说要树立长远的职业发展观念，放弃过去那种择业就是"一次到位"，要求绝对安稳的观念。要知道现在进入再好的单位，将来也有下岗的可能。因此，在择业时要看得长远一些，学会规划自己整个人生的职业生涯。在当前获得一个理想职业的时机还不成熟时，应采取"先就业，后择业，再创业"的办法。也就是说，在择业时不要期望太高，可以先选择一个职业，在实践中提高自己的社会生存能力、积累工作经验，然后再凭借自己的努力，通过正当的职业流动，来逐步实现自我价值。许多大学生不愿意去经济落后的地区工作，可是随着西部大开发的进行，西部地区将成为经济发展的热点，也将给大学生们提供更多的发展机会。因此，抢先到这样的地区去工作可能会更有利于自己的职业发展，从而取得事业的成功。

（二）充分认识职业价值，树立合理的职业价值观

传统上人们认为工作就是为了满足生存需要，但是对于现代社会的人来说，职业对个体的意义已经远不是如此简单，工作可以满足人们多方面需要。如最近有人对职业价值结构进行了调查研究，发现了它由交往、义利、挑战、环境、权力、成就、创造、求新、归属、责任、自认等因子构成。职业的价值是丰富的，我们要充分认识到职业对个体发展、社会进步所起到的重要作用。

在择业时不能只考虑经济收入、工作条件、地点等因素，要考虑职业对自我一生发展的影响与作用，更看重职业能否对实现自我价值有帮助。因此，要在考察社会需要的基础上，树立重自我职业发展、才能发挥的职业价值观。对于那些虽然现在工作条件不太好，但发展空间大，能让自己充分发挥作用的单位要优先考虑；对于那些现在经济发展水平不太高，但发展潜力大，创业机会多的工作地点也要重视。总之，盲目到一些表面上看来不错，但不适合自己，自己的才能不能得到有效发挥的单位去工作，是不会让自己满意的。与其将来后悔，不如现在就改变自己，建立适应我国当前市场经济发展、人才需求规的律职业价值观，用以指导自己正确择业。

（三）正确认识接受职业自我，主动抓住和利用机遇

大学生就业中出现的许多心理困扰都与大学生不能正确认识和接受职业自我有关，因此正确地认识自我的职业心理特点并接受自我，是调节就业心理的重要途径，可以帮助自己找到适合的职业方向。要知道自己喜欢什么样的职业、需要什么样的职业、自己的择业标准以及以自己目前的能力能干什么样的工作，这样才能知道什么样的工作更适合自己。许多同学通过亲身参加求职活动后会发现自己的能力与水平并不像自己想象的那么高，容易出现各种失望、悲观、不满情绪。因此，在认识了自我特点后还要自我接受，对自我当前存在的问题不能一味抱怨，也没有必要自卑。自己当前的特点是客观现实，在毕业期间要有大的改变是不可能的，因此要接受自己的现状，学会扬长避短。另外，要用发展的观点来看待自己，要知道有些缺点并不可怕，可以先就业然后在工作岗位上不断发展自己。

大学生就业中的机遇因素也是非常重要的，因此接受自我后，还要学会抓住属于自己的机遇，这样才能保证以后的求职顺利。要抓住机遇首先要多收集有关

的职业信息，多参加一些招聘会，并根据已定的择业标准进行选择。需要注意的是机遇并不是对任何人都适用的。一个工作的好与不好是相对的，对别人合适的，对自己不一定合适，因此一定不能盲从；要时时记住，只有合适自己的才是最好的。最后，要注意机遇的时效性，在发现就业机会时要主动出击，不能犹豫，也不要害怕失败，应有敢试敢闯的精神。

（四）坦然面对就业挫折，提高心理承受能力

面对市场竞争、就业压力，大学生的求职总会遇到许多困难、挫折甚至是委屈，如一些专业是"热门"，有些则是"冷门"；又如女大学生找工作容易受到歧视等。面对这些问题仅抱怨是没有用的，更重要的是调整心态，提高自己对各种突发事件的心理承受能力。其实，就业的过程也是大学生重新认识自我、认识社会，并主动调整自我适应社会的过程。如果能通过求职而增强自我心理调节与承受能力，对大学生今后的职业生活都是非常有帮助的。

在求职中遇到挫折时，要用冷静和坦然的态度待之，客观地分析自己失败的原因，进行正确的归因。首先，在就业市场化、需求形势不佳、就业竞争激烈的条件下，出现求职失败是在所难免的，不能期望自己每次求职都能成功。要对可能出现的求职挫折有充分的心理准备。同时，应把就业看作一个很好的认识社会、认识职业生活、适应社会的机会，应通过求职活动来发展自己，促进自我成熟。其次，求职失败并不一定就是因为自己的能力不行。出现求职失败有许多原因，可能是因为自己选择求职单位的方向不对，也可能是因为自己的价值观与单位的企业文化不符合，还有可能是其他一些偶然因素。总之，要正确分析自己失败的原因，调整自己的求职策略，学会安慰自己，以便在下次求职中获得成功。

（五）调整就业心态，促进人格完善

在求职时，自己或身边的同学出现一些不健康的心态是正常的，没有必要过度担心、害怕自己有心理障碍。当然对这些不良心态也要学会主动调适，必要时可以寻求有关心理专家的帮助。进行自我心理调适的方法有很多，首先，可以进行积极的自我心理暗示，鼓励自己、相信自己，帮助自己渡过难关。其次，可以向朋友、老师倾诉，寻求他们的安慰与支持。最后，还可以通过体育锻炼、听音乐、郊游等方式转移自己的注意力，排解心中的烦闷，放松自己的心情。

通过对自己在就业时出现的不良心态的分析，可以发现自己平时不容易察觉的一些人格缺陷。应该说这些人格缺陷是产生这种就业心理问题的根本原因，如果现在没有很好地完善自己的人格，那么这些问题还会在今后的工作、生活中继续带来困扰。因此，有关问题其实是暴露得越早越好，同时也不必为自己所存在的人格缺陷而懊恼，因为很少有人是绝对的人格健全的，关键是要在发现自己问题的基础上，积极改变自己、发展自己，使自己的人格更加成熟，使自己将来的人生道路更顺利。

（六）开拓进取，勇于创业

大学生是有理想、有抱负、有创新精神、敢作敢为的青年先锋。因此，大学生要有自主创业的打算，这既可以在毕业后马上实现，也可以通过一定的社会积累后再实行。大学生们一定要有开拓自己事业的信心与勇气。当前的一些大学生创业公司虽然遇到了一些困难，但也有相当成功的案例。大学生创业肯定是值得鼓励的，关键是要有准确的观念与思路，要对自己有合理的规划与定位，要与有市场经验的人合作，要摆脱学生公司的身份，要进行科学化、职业化的管理。

例如，有个经典的小故事：三个工人在砌一堵墙。有人过来问："你们在干什么？"第一个工人没好气地说："没看见吗？砌墙。"第二个人抬头笑了笑，说："我们在盖一座高楼。"第三个人边干边哼着歌曲，他的笑容很灿烂："我们正在建设一个新城市。"十年后，第一个人在另一个工地上砌墙；第二个人坐在办公室中画图纸，他成了工程师；而第三个人呢，是前两个人的老板。

这个故事告诉我们：理想是高扬在我们心中的一面旗帜，它会产生一种无形的创造性和张力，让平凡的工作充满想象，并引领我们为之而努力奋斗。

从这个故事不难看出心态的重要性。对大学生来讲，只有对未来就业目标有一定的认知，在求职择业的时候才不会盲目。

总之，面对越来越难的就业形势，大学生要想立于不败之地，必须树立正确的就业观。只有学会根据主客观条件的变化，审时度势，脚踏实地，才能够实现自己的目标，才能够最终实现自己的人生价值和理想。

[思考题]结合自身实际，谈谈大学生应如何树立正确的就业观。

第二节　适应职场的角色转换

地上的小纸团——良好的习惯使您成功

某著名公司招聘高级管理人才，对一群应聘者逐一进行复试。应聘者一个个满怀信心地回答了考官们甚为简单的提问，可当他们听到结果退出来时，无一例外都是满脸失望。轮到下一个人应聘，当他走进房门时，发现干净的地毯上很不协调地扔着一个小纸团。已经养成审视环境、一丝不苟习惯的他弯下腰顺手将小纸团捡起。这时考官说："请您看看捡起的纸团。"这位应聘者打开纸团，只见上面写着："热忱欢迎您到我们公司任职。"后来，这位应聘者成了这家著名大公司的高管人才。

［评析］良好职业习惯的养成是一个人必不可少的行为修养。美国作家杰克·霍吉在他的名著《习惯的力量》中说过，习惯是一种重复性的、通常为无意识的日常行为规范，往往通过对某种行为的不断重复而获得。古希腊哲学家亚里士多德早在公元前 350 年便宣称："正是一些长期的好习惯加上临时的行动才构成了美德。"良好的行为修养对成就事业有着极其重要的作用。在环保意识淡漠的当今，该应聘者的习惯举措足以证实他所具备的管理素质和才能。

就业是毕业生告别学生生涯，迎来又一个全新学习过程的开始——学习走进社会、走进职场，学习融入社会、在社会中摆渡自我。心理学家认为，在职场角色转化中出现的问题，对刚就业的学生来说，可被认为是一种应激源，处理不好很容易造成心理问题。因此，树立什么样的就业观、考虑以何种方式应对职业角色转换是很有必要的。

一、调整就业观念，做好角色转换

尽快、顺利地完成角色转换，走好职场第一步，主动积极地适应环境，是大学毕业生追求健康和谐发展，走向成功的重要一步。

角色一词本是戏剧术语，原指演员在戏剧舞台上按照剧本的规定所扮演的某一特定人物。通常认为角色是个人在社会关系中处于特定社会地位并符合社会要求的一套个人行为模式。个人在社会结构、社会关系和人际关系中占有一定的地位，围绕这一地位，社会各方面对其存在各种期望，个人努力按照这些期望行事便成为一个角色。

通常，一个人的角色不是固定的，在不同的场合，有不同的角色。比如，下班回家，要从职业角色转换成家庭角色，这种经常性的角色转换，必然会产生角色冲突。当一个学生转变为员工的时候，就不能以学生时代的思想行为去做一个员工，但很多大学生在心理上、行为上的不适应、不协调状态，导致冲突产生。那么，在学生到员工的角色转换过程中，尽快完成角色认知，逐步适应角色过程，最终实现角色转换就显得十分重要。

（一）大学毕业生就业前后的社会角色

社会角色指个人在特定的社会环境中的相应社会身份和社会地位，并按照一定的社会期望，运用一定权力来履行相应社会职责的行为。大学生毕业后顺利、平稳地由学生角色向员工角色的转换，是人生关键的一步，它与以后职业转换不同，起着承上启下的作用。社会角色是由一定的社会地位决定的，符合一定社会期望的行为模式。它是人的多种社会属性或社会关系的反映，具体地说，角色是构成社会群体或社会组织的基础，社会角色内涵由下述几个方面组成。

1. 社会角色是社会地位的外在表现

人的社会关系的复杂性和多样性，导致了社会角色的复杂性和多样性，人们的社会角色体现了不同的社会地位，例如，对某个人来说，他可能既是领导又是丈夫，既是父亲又是儿子。

2. 社会角色是行为规范和期待

所有的社会角色都有一定的权利和义务，某种角色被赋予权利义务的同时也有一种行为约束规范，社会之所以要对有特定地位的人做出行为模式的规定，就是希望他按照行为模式行事，这就是社会角色期望。

3. 社会角色是社会群体的构成基础

正如一部戏由多个角色构成一样，一个社会群体由不同的社会角色构成，每个人都扮演好各自的角色，整个社会才会和谐发展。

（二）正确认识社会角色的转换

学生与职员是两个领域中的不同角色，实现这种角色的转换需要了解它们的区别。

1. 责任不同

学生主要的责任是学习，努力吸取积累知识，掌握一定的专业技能，具备一定的综合素质。整个学生角色扮演的是一个吸收、储备知识、锻炼能力的过程；而职员角色的责任是以特定的身份去履行具体的岗位职责，运用所学专业知识解决工作中具体的问题，创造社会效益和经济效益。如果说学生角色的责任大同小异，那么社会角色的责任就千差万别，医生、教师、工程师、警察这些不同的角色有着截然不同的职能区别。

2. 规范不同

学生角色规范是从教书育人的角度出发制订的，是学生成长的行为规范，处处体现了以学生为主体，以教育为手段。而社会赋予员工角色的规范更细致、更严格，以创造效益为主，一旦违背要承担责任，赔偿损失，甚至接受处罚。有些大学毕业生上岗工作马虎，一旦犯错还希望像学生时代一样，得到教师的帮助，得到学校的教育和宽恕，结果却后悔不迭。职场是不会让一个经常犯错误而又不承担责任的人长期存在的。

3. 权利不同

学生的权利是依法接受教育，依法受到学校及监护人的保护。而职员的权利是掌握在自己具有行为能力的手中，通过具体的工作为社会付出劳动，并为自己的权利行为承担着一定的责任。

（三）角色转换过程中易产生的问题

大学毕业生在就业前后角色转换的过程中，往往对自己的角色把握不准、认识模糊，容易造成角色紧张、角色冲突、角色不清，从而产生不良的就业观念，不能准确地给自己定位，最终导致失败。角色转换中出现的问题主要可归纳为下述几个方面。

1. 对学生角色的依恋

多数大学生对十几年的学生角色具有较强的怀旧心理，特别是就业后更为强烈。十几年的学生角色，一朝更改需要有一个过程，但部分学生长期沉溺于对大学时代的回忆，只与大学同学交往，仍然从学生角度考虑职场的问题，工作中处理问题时，往往容易造成与工作环境脱节，成为职场另类，影响职业发展。

2. 自我评价过高，不切实际

有些大学生自认为来自高等学府，接受的是系统教育，满腹经纶，学富五车，一开口就是这主义那原理，瞧不起周围同事，不愿意干基层工作，希望能成为公司扛鼎之人，结果给人感觉就是夸夸其谈，眼高手低。要知道大学教育只是给你打开了知识的大门，很多技能需要在实践中体会、磨炼和提高。

3. 目标游离，定位不准

有些大学生在角色转换中不能踏实定位，浮躁不安。一会儿想干这，一会儿想干那；一会儿想考研，一会儿想出国；一会儿想从技术上发展，一会儿又想走行政道路，目标游离，给人感觉是缺乏敬业精神，朝三暮四，结果一事无成。

（四）做好角色转换的要点

角色转换是一个艰苦的过程，甚至会有阵痛，如蚕破茧。处理得好，能轻松地完成；处理不好，可能带来伤痛，大学生实现角色转换要从下述几个方面入手。

1. 安心本职工作，甘于吃苦

常言说："堂堂正正做人，踏踏实实做事。"成功属于踏实肯干的人。作为新手，要想尽快适应工作就需要付出比别人更多的努力，这样才能充分了解工作环境，找到工作规律，从而对工作有一个比较合理的认识和把握。

2. 放下架子，虚心学习

要甘当"学生"，一切从头做起，与你周围的人打成一片，不断学习为人处事的技巧，并在业务上有所进步，成为真正有用的人才。俗话说："少林和尚进寺，头三年挑水砍柴，再三年砍柴挑水。"只有勤学苦练，业务上精进，才能取得职业生涯的一次又一次的成功。

3. 善于观察，勤于思考

机会总是青睐有准备的人。职场新人，要勤于思考。对工作要多问几个为什么，只有这样才能不断发现问题，并解决问题。时间长了，就能提高业务水平，职业能力也得到提升。做起事来轻车熟路，得心应手。

4.积极工作，乐于奉献

积极工作、乐于奉献体现的是一种工作态度。态度是成功的基础，特别是当不能改变工作的时候，我们可以改变态度。以高度主人翁的责任感和使命感，积极工作，乐于奉献，一定会在职场中取得成功。

总之，对于初涉职场的大学生们，面对的是竞争与合作并存的工作环境。在这一转换期，应该充分认识到角色转换的重要性，掌握角色转换的技巧，尽快地适应由学生角色向职业角色的转变。

二、尽快进入新的角色以适应职场需求

大学生就业后步入社会，面临的是崭新的环境、新的人员、新的工作方式、新的生活。和大学校园相比，有很多不同。大学毕业生能否迅速转换角色，适应新的环境，在很大程度上取决于心理素质。心理素质好的同学，随着环境变化，能进行自我调整，重建人际关系，开拓新的生活空间，产生新的归属感和稳定感，并能排除干扰，很快让工作生活进入良性循环。

（一）适应的心理过程

心理学家沃尔曼对适应做出如下定义："一种与环境融洽和谐的关系，包括满足一个人的绝大多数需要，并且拥有能够满足生理和社会方面的绝大多数需要的能力，以便个人能与环境建立一种融洽和谐的关系。"通俗地说，就是一个人需要与满足相联系的过程，是一个人通过调整身心，与现实生活环境维持一种良好的生存状态的过程。例如，在动物进化的过程中，当环境发生变化时，有些物种能随环境变化而逐步改变，最后适应自然而得以生存。如变色龙能随周围环境、颜色变化而改变皮肤颜色。

从心理学角度来看，适应包括以下几个方面及其过程：需要的存在；阻止需要的存在——阻挠；个人克服阻挠的行为反应；反应导致紧张减轻——逐步适应。

1.需要的存在

人有着各种各样的需要，如果得到满足，人就会产生心理平衡，反之则感到紧张、失望、恐惧、不安、憎恨，甚至愤怒。适应过程是为了需要得到满足而去付出努力。

2. 阻挠的存在

阻挠是指个体在利用其现有的机制满足需要的过程中所遇到的障碍。例如，很多大学毕业生习惯了学校的环境，什么事情都是等学校通知，等老师安排。进入企业后都是自己处理问题，那么依赖的习惯如果不能解决问题，就会出现阻挠。阻挠一般分三种情况。一是环境阻挠。例如，大学新生的不适应，从家乡到完全陌生的城市。二是个人缺憾，影响个体理想的实现。三是需要的冲突，当多种需要出现，发生冲突时，也会产生阻挠。

3. 行为反应

当人们面对一种新情况，用习惯的方式解决问题遭到失败时，就会主动探索一种新的能够解决问题的方式，这就是行为反应。人适应环境的效果在很大程度上取决于他不断调整自己的行为反应。

4. 逐步适应

一个反应减轻了个体的内驱力所引起的紧张的过程就是适应。人们总是不断地通过调整反应模式来达到适应的目的，例如：有的毕业生就业后在新环境中摸爬滚打一段时间就了解如何按职场规则办事，说明他已适应了新的工作环境。

（二）影响职业适应的因素

大学生职业适应是个人心理素质的综合表现。一般来说，大学生职业适应的过程越短，越能尽快满足职业需要，为个人潜能的发挥、职业理想的实现打下良好的基础。如果职业适应的过程较长，可能会影响职业发展，影响职业适应的因素有下述几个方面。

1. 职业定位

职业定位反映一个人的职业期望。如果职业定位不准确，就会产生与实际情况不符的期望值，而职业期望值过高或过低都会影响职业适应。期望值过高，面对新工作，往往会表现出眼高手低，自视清高，结果就是工作积极性不高，不容易得到认可，影响自己事业的发展；期望值过低，可能会造成妄自菲薄，止步不前，畏首畏尾，或者得过且过，结果成为职场过客，不能实现职业理想。

2. 价值定位

当代大学生都注重追求实现自我价值，这是现代社会以人为本的价值观在大学生身上的体现。毕业生就业时需要正确把握价值定位，把自我价值与社会价值结合起来，这样才能找到职业成功的契机。一个只追求自我价值而不顾社会价值的人是不能得到社会认可的。同样，一个价值定位有偏差的人也是不容易成功的。

对一个学生来说，成绩好、思想好、积极参加各种活动、均衡发展就是优秀学生的表现。而在职场中，一个优秀的员工评价标准是什么呢？是实践动手能力强、工作效率高、能创造效益。这是无法等同于在校成绩好的评价标准的。这样的价值评价就导致了毕业生职业适应的难度。我们经常看到在校学习、品德各方面表现优秀的人在职场都表现平平。相反，有些在校学习一般的学生，在职场却是如鱼得水，如日中天，深得领导器重，职工好评。所以说价值定位是很重要的方面。它需要大学生对自己职场角色有清楚的认识。员工不是学生，不能用评判学生的标准来定位职业角色。

3. 人际关系

人际关系是职业生涯中一个非常重要的课题。良好的人际关系是舒心工作、安心工作的重要条件。当代社会是一个需要合作和团队精神的社会。如果大学生就职后能很快进入角色，很快地融入团队，建立良好的职场人际关系，就能很快适应职场要求。反之，如果不能与同事、上级和谐相处，要么天马行空，独来独往，要么愤世嫉俗，这看不顺眼，那瞧不起，这对职业适应是极其不利的。

在社会大环境下，建立和谐的人际关系，更重要的是靠个人的努力。大学毕业生到新的工作岗位后，横向的人际关系主要是与同事之间的平等关系，纵向的人际关系主要是与领导的上下级关系。如何处理好与同事及上级之间的人际关系，尽快适应职业生涯可以从以下几个方面做好心理适应。

（1）磊落坦荡、以诚相待

做人要诚实、正直，与人坦诚相见，忠实守信，才可能赢得别人的友谊与信任。也许一个人很有才华，也许自以为很聪明，如果凭借自己的小聪明去欺骗别人、愚弄别人，最终被欺骗、被愚弄的则是他自己。因此，可以说世界上最聪明的人是最诚实的人。有这样一句名言："你可以永远愚弄少数人，或者偶尔愚弄所有的人，但是绝不能永远愚弄所有的人。"真诚待人的人一生光明磊落、心地无私、襟怀坦荡，可以很洒脱地生活。而虚伪的人则背负沉重负担，担心什么事情会败露，整天惴惴不安。

（2）善解人意、助人为乐

在人际交往中，有时候别人的需要或者面临的困难并不一定向你明确表达，这时需要我们留心去发现，所谓"于细微处见精神"即是这个道理。特别是当别人开口求助于你时，只要不违反原则、不违法纪，就一定要尽最大能力予以帮助。心目中装着别人，设身处地为他人着想，将心比心，善于体谅他人，为别人分担忧愁、共享欢乐，就会使人感到人间的温暖，有助于加深彼此间的感情。"投我以木桃，报之以琼瑶"，人际交往中的奉献与获得是相互的。

（3）适度谦虚、寻求帮助

谦虚是一种美德，是一种虚怀若谷的气度。刚刚步入社会的年轻人社会经验少，想要在生活的道路上少走弯路，就必须向别人请教、多学多问。不要做万事不求人的人。万事不求人的人往往给人以拒人于千里之外的印象。必要时求助他人，不但有利于做好自己要做的事，而且能给他人造成"自己有用"的价值感。这种价值感的满足反过来还会促使他在你需要的时候热情伸出援助之手。但要注意，不能事事求人，那样会给他人造成你"没有能力"的印象。

（4）人格独立、保持自我

在交往中要保持独立的人格，要有主见，不能人云亦云或违心地随声附和，否则你将成为"无主见的老好人"，甚至会在不知不觉中丧失了原则。

（5）善于沟通、学会聆听

沟通主要表现于交谈，交谈是人们交流思想感情增进了解和友谊的手段。要使交谈顺利进行，就需要学习交谈的艺术。交谈包括两个方面：听和讲，第一重要的是要善于听。事实证明，越是善于听的人，人际关系越理想。在对方讲的时候专注地听，是无形中给对方以支持，从而得到对方的感激和尊重。除非你不想交谈，否则请不要在别人讲话的时候漫不经心地东张西望或随意打断。有时候对方只是找一个倾诉的对象，所以无须你说什么，倾听更重要。为了表示你在注意听，还要不时地点头或简短地插一句。其次是要善于讲。要善于寻找能激发对方谈兴的话题，不论你同别人谈得多么兴高采烈，都不要冷落了在场的其他人，尤其是性格内向、不善言谈而沉默的人。注意谈话的分寸，不能伤害他人——无论是在场的人还是不在场的人。

（6）形体语言恰到好处

形体语言在人际交往中的作用是极为重要的，有时会起到"此处无声胜有声"，用语言难以达到的作用。同时，也要考虑在不同环境下恰到好处地运用形体语言。一个眼神、一个手势，都能缩短彼此之间的距离。在学校里彼此亲近的同学之间经常拍拍肩、擂一拳或手臂互相横在肩上，这些动作在同事之间是极少出现的，尤其要注意在与上级交往中更不要随意拍拍打打，那样不但不会取得良好的交往效果，反而会引起他人的反感。

人际交往的技巧可以在学习中获得，但更要在实践中不断总结，以形成自己行之有效的一套方法。应该指出，以上几个方面对于建立良好的人际关系固然是必不可少的，但是最根本的还是要有正确的世界观、人生观和价值观，培养良好的道德品质。

4. 个性心理

个性心理是职场适应的催化剂，好的个性能促进大学毕业生更快地融入新的环境，消极的个性会妨碍职业适应。例如，个性开朗、活泼、自信心强的人能很快地适应新的工作环境，遭遇挫折时也能很快寻找帮助，得到解脱；相反，性格内向、孤僻、自卑的人就不易融入群体，缺少人际支持，遇到挫折时，自我调节能力很差，职业适应的能力也相对较差。

（三）尽快适应职场需求，迈好职场第一步

大学毕业生进入职场的第一步是最为关键的。俗话说得好，良好的开始是成功的一半。如果不能有一个良好的开端，对今后的职业发展会带来很大的负面影响。大学毕业生在角色转换时，有领导的引导，同时建立起良好的同事关系，争取他们最大的帮助，才能在最短的时间内适应新环境，从而融入崭新的工作岗位，迈好职业第一步，为将来职业发展打下坚实的基础。

1. 主动熟悉工作环境

刚进入新的工作单位，要及时熟悉组织环境、工作环境、人际环境和企业文化等。要对工作单位的历史、概况、特点有全面的了解。新到工作岗位时，主要问题是缺乏工作经验。因此，在熟悉工作的过程中，遇到难题应及时向同事或领

导谦虚请教，这样既可以达到学习的目的，也显示了对老员工的尊重。另外，应争取出色地完成第一项任务。

2. 树立良好的第一印象

第一印象是指个体根据最初接触到的信息所形成的印象。它有两个主要的特征：一是第一印象的建立基础是不完全的信息；二是它是一种主观判断，因此有很大程度的主观意识在里面。

对于刚刚进入职场的大学生来说，第一印象的产生就是工作开始时的整体印象。它一般指领导、同事、客户等经过初识或几次简单的接触后，通过对其专业水平、工作情况以及个人打扮、言谈举止等信息而形成的印象。

现实生活中，第一印象是十分重要的，因为它会对后续判断产生深远的影响，具体来说有以下三个方面：首先，它可以产生后摄效应。当第一印象形成后，人们会把它作为后续判断的心理准备。其次是前摄效应，即好了不可能坏，坏了不可能好。如果毕业生在岗位培训时表现优秀，那么正式分配岗位时，就会得以重用。再次是晕轮效应，即一好百好。如果用人单位形成第一印象后，就会在其基础上造成泛化，认为大学生都是这样，或某某大学的学生都是这样。有的单位在招人时点名要招某某大学的学生就是晕轮效应造成的泛化表现。

3. 建立良好的人际关系

人际关系是在相互交往的基础上，经过认识调整、感情体验、行为交往等手段而形成的人与人之间的关系。俗话说成功三要素是"天时、地利、人和"。其中"人和"就是指人际关系。现代社会是开放的社会，竞争的社会，社会需要良好的人际交流来保证事业的成功。美国著名教育家卡耐基说过："一个人事业成功，30% 是由于他的专业技术，另外 70% 要靠人际关系和处事技巧。"三国时期的刘备，文比不过诸葛亮、庞统，武敌不过关羽、张飞，但他却能网罗天下英雄豪杰，唯其马首是瞻，最后成就一代霸业，其原因就是善于搞好人际关系。现在很多单位要求员工"先学会做人，后学会做事"也是这个道理。随着社会的进步和工作分工的日益精细，任何个人都是渺小的，只有将不同能力的人组合起来、团结起来才能成就大事。新进入一个组织，一切都是陌生的，但人是社会的人，常常要与工作环境周围的人交往、合作。要注意利用交往技巧来获得良好的人际关系，尽快地适应交往对象，并融入群体之中，这对打开工作局面十分重要。如果处理不好人际关系，不但影响工作，也影响生活质量。

4. 学会在困难中进步

刚参加工作，遇到各种困难和障碍是正常的，也是难免的。重要的是正确面对困难，学会克服困难的技巧。

遇到困难和障碍，千万不要心灰意冷，畏缩不前，逃避问题，而应学会解决问题。这不仅表明个人的能力、素质和进取精神，而且扫除了障碍，为未来的职业发展奠定良好的基础。同时还要在困难中学会如何进步，使自己在职场中逐步迈向成功。

三、适应社会走向成功之要素

大学生毕业后，就意味着在人生漫长的旅途中开始了新的征程。社会现代化的建设，为大学毕业生大显身手、通向成功之路提供了广阔的天地和舞台，同时也向大学毕业生提出了严格的要求和严峻的考验。必须牢牢记住的是，通向成功之路并不平坦，创业肯定艰苦，奋斗方能成才。不能指望时时事事都会一帆风顺，到处都有鲜花和掌声。只有积极进取、顽强拼搏才能尽快地适应社会走向成功，才是建功立业、实现自己人生价值的唯一途径。

（一）志存高远，适应竞争

人生立志是人们所追求的奋斗目标和为达到这一目标所下定的决心，它是一个人世界观和人生观的重要组成部分，是一个人生活中的动力，是成才的大门、成功的前提。早立志、立大志，事业才能早成；胸无大志、无所追求者，终将碌碌无为而虚度终生。所以古人云："志不立，天下无可成之事""有志者事竟成"。传说大禹治水，三过家门而不入。诸葛亮说："志当存高远。"我们敬爱的周恩来总理，少年时代就立志要"为中华之崛起而读书"，终成一代伟人。法国著名的微生物学家巴斯德说过："立志、工作、成功，是人类活动的三大要素。立志是事业的大门，工作是登堂入室的旅程，这旅程的尽头就有成功在等待着，来庆祝你努力的结果。"这段话是巴斯德从事科学研究的总结，也是他成功的秘诀。正是由于有正确的志向作为自己持之不懈地学习、研究的精神支柱，他才成为近代微生物学、医学微生物学和免疫学的伟大奠基者。这样的例子还可以举出许多。古今中外，凡事业大有成就者，无一不是从年轻时就立下远大志向和追求目标的。

总之，对即将走上工作岗位的大学毕业生，要想成就一番事业，首先就要树立远大的志向。

个人志向与理想要同时代的发展、社会的需要、国家民族的前途结合起来。这样才能对人们的奋斗目标产生巨大的推动力，才能鼓舞人们奋发向上、孜孜以求，不畏艰难险阻，历尽风雨而始终不改初衷。有了远大的志向，还需要奋勇拼搏、坚持不懈。"有志之人立长志，无志之人常立志"，一旦立志，就要专一，不可朝秦暮楚、见异思迁。要将有限的精力完全集中在一个确定的、有限的目标上，经过长期苦苦求索、坚韧不拔的努力，才能得到成功。我国当代诗人艾青有一句为人传诵的名句"光荣的桂冠从来都是用荆棘编成"，这句话揭示了一个深刻的人生哲理。人生的道路大都不是平坦笔直的，往往充满着崎岖、坎坷和艰险。在这种时候，尤其需要正视困难，认清自己，扬自己之长，避自己之短，从而发挥优势，奋发进取，走出一条属于自己的道路。社会主义市场经济的进一步发展，还需要大学毕业生树立竞争意识，增强竞争能力，敢于竞争、善于竞争，在竞争中合作，在竞争中发展。

（二）立足本职，脚踏实地

忠于职守，热爱本职工作，刻苦钻研业务，艰苦创业，为社会作出贡献，这是各行各业职业道德的基本要求。认准一个目标，一心一意、全力以赴地向着目标奋斗，充分发挥自己的潜能和创造力，最后一定能到达希望的彼岸。或许你经历了不少风险、绕了一些弯路，但是到达后回想起来则别有一番乐趣。社会主义市场经济体制的建立和完善、就业制度的进一步改革，为有知识的青年提供了空前多的选择机会。有的人被搞得眼花缭乱，总是跳来跳去找"适合"自己的工作，而有的人则安下心来积极投身于本职工作，"咬定青山不放松"，干一行、爱一行，自觉坚守工作岗位，勇挑重担，尽心尽责，对工作精益求精。事实证明，古今中外非本职岗位上成功的人为数不多，绝大多数人都是在本职岗位上埋头苦干、勤奋不懈取得成功的，三心二意的人很难尝到成功的喜悦。这是因为立足本职岗位奋斗有明显的优势。一方面，原有的专业内容和知识结构，基本上是为本职工作准备的，所以可充分利用已掌握的专业理论知识有效地指导自己的实践，可避免隔行所造成的知识领域上的"隔山"。立足本职，对自己工作的意义、内容、要求和程序、目标熟悉透彻地了解，对本职工作目前存在的问题和不足以及发展状况有深刻的认识，所以容易确立奋斗目标，容易很快投入，有所发现、有所发明、有所创造。反之，介入新职业，需要从头构建新的知识体系，而且还有一个对新工作熟悉了解和确定目标的过程，这实际上是增加了时间上和智力上的投入，而这种巨大的投入未必一定能取得满意的效益。立足本职奋斗，容易得到客观环境的大力支持。立足本职是指在本职工作范围内努力工作，积极进取，有利于本行业的发展，容易得到本职工作上领导的肯定、赏识和大力支持，也就容易获得人力、物力上的帮助，时间上也有保障，有利于走向成功。立足本职工作，当前进的道路上遇到自己原有知识和技术力量难于解决的问题时，可以向曾经培养过自己的教师请教解决，少走弯路。再者，立足本职奋斗，有"近水楼台先得月"之利，一旦工作上有了发明创造或技术成果，可依靠工作系统的优势迅速得到传播应用，从而得到社会的认可。

立足本职要培养对本职工作的感情。雷锋之所以事事都做得出色，用他自己的话说是"干一行，爱一行，专一行"。热爱是成功的基石，是行动的巨大内驱力。"当一天和尚撞一天钟"虽然也是立足本职，但由于没有感情投入，最终也不能"得道"，只有热爱本职工作的人才有可能在本职工作中取得成功。

立足本职要有艰苦奋斗的思想准备。成功之路无坦途。不管遇到多么艰苦的环境，遭受多么大的挫折，面对多么迷人的诱惑都初衷不改，不屈不挠是每个成功者的品格，没有艰苦奋斗的精神不可能取得成功。

立足本职也要有长期奋斗的思想准备。任何成功都不是一蹴而就的。"十年磨一剑""面壁十年"等词都是说要取得成功就必须经历长时间的努力奋斗。有很多的人用了毕生的时间才取得成功，所以刚刚走出校门的大学生，要适当降低成功时间的期望值，不能急于求成，期望"在短期内创造出一片蓝天，拥有自己的一块领地"是不现实的。

（三）更新知识，博采众长

知识是人类对社会现象和自然现象的规律性认识，是人类智慧的结晶。20世纪以来，特别是近些年来，知识的海洋犹如南极冰山之突然消融而迅速扩展。读过两年私塾，上过几年高小就成为文化人，就可以一辈子"有饭吃"的时代已一去不复返了。社会的发展，知识的激增，科技的进步到了如此之快的程度，以至于虽然你是大学毕业，如果在"世外桃源"里过两三年再回到现实中就会有"恍若隔世"之感。大学所学到的知识只是为以后的成才打下一定的基础，绝大多数知识需要在毕业之后结合工作实践，在不断学习中获得。由于知识的激增，知识陈旧的周期越来越短。一个大学毕业生无论在学校的学业多么优异，要适应社会的发展，在工作中有所建树，就必须不断更新知识，使自己的知识体系处在动态发展之中。从某种意义上说，知识体系的生命也在运动，这就是知识的"新陈代谢"。

大学毕业生要想成才必须不断学习新的知识，同时还要具有合理的知识结构。一个人的创造力，不仅在于他掌握知识的多寡，也在于知识结构是否合理。既要不断地学习补充新知识，还要注意完善知识结构。无论毕业后从事科研、生产还是建设工作，都是主要以专业知识立足，而绝不可能只靠专业知识立足。如同一名教师，他不但要精通自己教授的内容，还必须懂得一些心理学、教育学以及其他有利于教学的学科知识，只有这样才有可能成为一名优秀的教师。一个人越要专深于一门专业、越要有所突破，就越需要具有广博的知识。诺贝尔物理学奖获得者格拉肖劝告青年人要努力"涉猎多方面的学问"。他说，涉猎多方面的学问可以提供开阔的思路，可以提升想象力。格拉肖本人在物理学方面取得的成就已经说明了这个问题。近些年来，我国高等教育也在逐步改变过去那种专业科目繁多、划分过细的培养方法。但是，这项工作还只在起步阶段。所以，每一个有志向的毕业生，都要根据工作的需要自觉地学习一些与工作有关的其他知识，作为自己专业理论体系有益的补充。而且，大学毕业后同一专业的学生，即使在同一行业，工作岗位不同，工作的重点就不同，对知识的要求也就有所侧重，而学校的教育不可能解决这一问题。所以，毕业生要根据所做的具体工作特点，有针对性地汲取营养，使自己的知识结构得以不断调整和完善。

大学毕业生在进一步构建和完善自己的知识结构时，需要认真考虑下述几个问题。

①在总体结构上，要有比较清晰的蓝图。然后根据这个总体的需要，选择材料——汲取你所需要的知识；选择构件——与主体有关的学科，展开你的"建筑

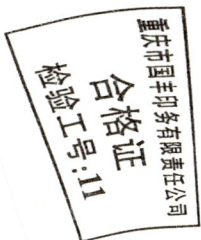

工程"。

②在横向结构上，要有合适的比例。任何学习，必须🔲🔲🔲🔲中心；再围绕这个中心，选择与其关系密切的外围学科。外围之外，还有边缘部分学科知识。核心、外围、边缘这三者的比例必须适当、协调，它们既是一个统一体，又有主次轻重之分，否则"整体建筑"就会失去平衡，而不能达到预想的高度，甚至难以站立。

③在纵向结构上，要层次分明。比如一座塔，有塔基、塔身和塔顶，这三者之间要层次分明、宽窄适宜，而且又具有同等的重要性。

在工作岗位上一般都很难找出大段的时间来学习新知识，所以要避免胡子眉毛一起抓，切忌摊子铺得过大。要注意学习的针对性和实效性，所学内容必须与实际工作紧密相关；要注意拾遗补缺的"短、平、快"，把主要学习精力投放在工作技能、新科技成果和创造技能的学习上。

（四）勇于实践，走向成功

实践是大学毕业生实现成才目标最基本的途径。一个人的知识和能力只有在实践中才能发挥其作用，才能得到丰富、完善和发展。只有反复实践，才能不断取得进步，最终取得成功。

工作实践不但可以加深对书本知识的理解，而且可以磨砺人的品格、克服坐而论道的习气和贪图安逸的思想。实践最本质的意义是行动，脚踏实地地去做。再好的想法和愿望，如果不与实践相结合就永远也只是想法和愿望。就如同我们要建一幢理想大厦，就要把理想的大厦画成图纸，然后按着图纸一砖一石地建设。一些大学毕业生因为在校学习时缺少实践锻炼，所以常常在动手能力、实际操作能力方面眼高手低。走上工作岗位以后，必须积极投身实践，学习和掌握在学校学不到的技能，更好地承担起自己的责任，并在实践中发现问题，确立前进的具体目标，最终实现自己的社会价值。

纵观古今中外，许多名人都是经过无数的实践，历尽磨难才获得成功的。诺贝尔奖的奠基人诺贝尔的奋斗史世人皆知，其父亲和弟弟都在研究炸药的实验中丧生，诺贝尔本人也是九死一生，但他坚持实验毫不退缩，最终取得了成功，为人类社会的发展作出了巨大贡献。明代医学家李时珍也正是经历了千辛万苦的实践，才写出了不朽的药典——《本草纲目》。我国明代著名地理学家徐霞客，一生重实践、勤观察，用生命2/3的时间，走遍我国东半部16个省、市，跋山涉水、风餐露宿、历尽艰险，考察祖国的名山大川，研究我国的石灰岩地貌及发育规律，收集了十分丰富的资料，并记入《徐霞客游记》，为后人留下了传世之宝。

事实证明，每一个成功者都是勇于实践的人，而成就的大小与实践往往成正比。大学毕业生要勇于实践，理论和实践相结合，在实践中不断学习新的知识，不断总结经验。只有这样，才能走向成功。

［思考题］学生角色与职业角色的区别是什么？

第三节　调适心理状态，合理规划职业生涯

案例导入

就业协议有约束，签订须谨慎

（来源：新浪博客）

　　作为北方某名牌高校的一名应届毕业研究生，小峰从激烈的竞争中脱颖而出，被某知名公司录取。此时，小峰发现还有一家发展前景更好的单位也在招聘，于是他匆匆和这家公司签订了就业协议书后又应聘了那家更有前景的单位。他认为反正就业协议不是劳动合同，对自己没有约束力。

　　当小峰兴冲冲地跑到原来签订就业协议的公司请求解除就业协议时，该公司告知小峰，解除就业协议可以，但小峰必须按照就业协议的约定向公司支付违约金。面对不菲的违约金，初出校门的小峰真为自己法律意识的缺乏而懊悔不已。

　　［评析］毕业生就业协议与劳动合同在本质上是不一样的。学生签订毕业生就业协议的时候，仍属于在校学生的身份，学生和招聘单位之间的关系还不是劳动法意义上的劳动关系，但这并不意味着就业协议就没有约束力。事实上，作为一般民事协议，毕业生就业协议虽然不受《劳动法》约束，但却属于《民法通则》的约束范围，在平等、自愿等基础上建立起

来的毕业生就业协议受法律保护，任何一方无正当理由任意违反都要承担相应的违约责任。因此，大学生在决定签署就业协议前，要认真对待就业协议的约定，特别是其中的违约条款，以免给自己造成损失。

与此同时，学校作为学生就业协议三方中的一方，应正确看待学生的违约行为。在目前的毕业生就业实践中，部分院校出于学校声誉等方面考虑，一般不希望学生在签订三方协议后违约，有的学校甚至规定不得违约或者违约后将不再给学生新的三方协议。学校的这种做法，在目前严峻的就业形势下，应该说有一定道理。但人才的自由流动是市场经济的常态，也是一个学生作为公民所应该具备的人权之一。对事关学生职业生涯发展的就业问题，学校应给予更宽松的选择空间。当然，我们主张学校给学生更宽松的就业选择空间，不等于鼓励学生随意违反三方协议，毕竟学生违约是要承担相应责任的。因此，毕业生在签订三方协议前要三思而行。

此外，用人单位以过高的违约金方式变相强行留住人才的做法也是不能得到法律支持的，对三方协议违约金的约定，各地可能有不同规定，但是对其上限作出规定则无异议，对违约金的约定应在合理的范围内。

就业是大学生人生的重大转折，是关系到毕业生个人前途和全社会稳定发展的大事。随着我国高等教育由精英化向大众化转变，大学生的就业问题显得尤为突出和关键，应引起社会的格外关注和重视。大学生能否顺利就业，直接关系到国家人才资源的充分利用和社会的安定，关系到学生将来生存发展的需要以及个人价值的实现。目前不容乐观的就业形势，给大学生带来了很大的思想上、心理上的障碍，如情绪障碍、人际交往障碍、人格障碍等。因此，在人才竞争日益激烈的今天，大学生应科学合理地规划自己的职业定位，为顺利就业做好心理准备；适时地调整自己的就业心态，缓解就业心理压力，根据自己的实力规划好自己的择业标准。

一、积极面对择业，树立求职信心

大学生就业心理是指大学生在考虑就业问题，为获得职业做准备，以及寻求职业的过程中所产生的各种心理现象。它贯穿于大学生的整个大学的学习和生活当中。随着就业难度的增大，有相当一部分大学生由于心理准备不足，或由于存在这样或那样的心理问题，在求职过程中出现了就业心理偏差和矛盾冲突，从而影响了顺利就业。因此，大学生在择业时除了要做好充分的思想准备、物质准备外，还要全面、真实地认识自己的专业特色、能力水平、职业倾向、性格特点、气质类型、兴趣爱好等。只有这样，才能在职业的竞争、要求和个人的心理倾向、才能之间寻求最佳组合，找到自己心仪的岗位。

（一）培养良好的心理素质

心理学专家认为，择业过程是一个复杂的心理过程。就业心理与大学生的人格特点、学习心理等有着密切的联系。个人的心理素质不仅影响着就业，而且影响着就业后的工作心理。大学生的择业标准，实际上是自己人生道路上选择职业的一个尺度，关系到个人的生存和发展。职业选择是大学毕业生从学校步入社会的开始，也是大学生人生的新起点。大学生在面对这一重大选择的时候，必须具备良好的心理素质。大学毕业生在求职择业中应具备的心理素质主要有以下几个方面。

1. 正确认识自己，确立合理目标

认识自我是择业过程的第一步。大学生的自我意识日趋完善，对自我的存在及意义有了较明确的认识，并以此为标准进行择业。但是，如果单纯从自身愿望出发，不顾国家和社会的实际需求往往会导致就业问题。其结果不仅实现不了个人愿望，还会影响社会的稳定和发展。因此择业时，每个毕业生都必须客观评价自己，全面了解社会需求，这样方能知己知彼，百战不殆。例如，现在国家机关、企事业单位都在实行减员增效的政策，要求部分人员下岗分流出去。不少大学生却还抱着计划经济时代的老观念，非要"挤"进来。沿海地区及一些大城市就业人员日趋增加，竞争激烈。西部地区求贤若渴，却很少有人愿意去。大部分毕业生的首选就业地区仍是上海、北京、广东、浙江等地。这样就导致了人力资源分布不合理，造成人才浪费。

因此，大学生要确立合理的目标。同时，大学生要全面认识自身的特点，评估自己的实力，预测自己的潜能。首先要了解自己的性格、能力、气质、个性等心理特点；其次要明确自己的职业理想；然后将自身和职业理想结合起来，寻找

适合自己的工作。一种职业，一个岗位并不适合所有的人。一个岗位适合一种人可能就不适合另一种人。如让张飞绣花、让林黛玉杀猪就会让两个人都无法胜任。让一个人干自己根本就不喜欢或者自己能力胜任不了的事情是干不好的。因此毕业生首先要充分了解自己，才能作出与自己个性特征相符的职业选择，提高求职成功率，也为今后工作有所成就打下基础。

2. 要有诚信意识

每年毕业之际，做一份既精美又引人注意的简历是每个毕业生都十分关注的事。为了能在激烈的竞争中脱颖而出，伪造学历和学位证书、添上子虚乌有的实践经历，复制别人的荣誉证书为己所用，自封学生会主席等不讲诚信的事时有发生。诚信意识缺乏已引发了大学生择业诚信危机。大学生在择业过程中一定要讲诚信。西方有句格言："诚实是最好的策略。"在求职过程中，诚信是获得对方好感和信任的秘诀，诚信是达到目的的最好手段。相反，不讲信用、弄虚作假只会引起用人单位的反感，即使侥幸蒙混过关，也会给今后工作埋下一颗定时炸弹。在用人单位成为买方市场的今天，这些不诚信的行为不仅使行为者本身受害，而且还严重影响了就业环境。

3. 增强应变性

应变是指大学生要根据实际情况，及时调整就业期望值和自己的知识能力结构，以便与就业市场的要求保持最大适应性。俗话说，"他山之石，可以攻玉""失之东隅，收之桑榆"。求职中的灵活变通是一种良性的态度转换。没有变通性与适应力，仅仅是诚实自信，就会显得迂腐或呆板，导致自我封闭，孤芳自赏。要抛弃过去那种"择业就是一次到位，要绝对稳定"的观念。要把择业看成一个动态的过程，先就业、后择业、再创业。在工作中不断提高自己的社会生存能力，增加工作经验，然后再凭借自己的努力，通过正当的职业活动，发展自己，逐步实现自我价值。

4. 培养竞争意识

当今社会是竞争性的社会，市场经济就是竞争经济，职业竞争是社会竞争之一。随着人才市场的进一步开放，优胜劣汰，适者生存的自然法则成为大学生就业竞争的法则。大学生应该敢于竞争，善于竞争，要抓住机会。首先，要敢于竞争，作为时代骄子的年轻人，要体现年轻人敢想敢说敢干的特性，树立"爱拼才会赢"的观念，不能前怕狼、后怕虎，唯唯诺诺、胆小怕事。要敢为天下先，欲与天公试比高。其次，要善于竞争，要从实际出发，充分考虑自身特长，扬长避短，古人云："骏马能历险，犁田不如牛；坚车能载重，渡河不如舟；舍长以求短，智者难为谋；生才贵适用，慎勿多苛求。"宝贝放错了地方可能就一文不值了。最后，还要有承受挫折的竞争心态，任何竞争都存在失败的可能，求职也不例外，只有充分考虑了失败的后果，做好承受挫折的思想准备，才能提高受挫折的心理承受能力，才能从一次次的跌倒中一次次地腾飞。职场生涯路上，走过弯路也能增强自己的抗挫能力。

（二）明确求职定位与需求

大学生在开始择业前应该首先做好自己的职业定位和职业规划，这样才能有的放矢。特别是在职业市场已经逐步成熟，机会越来越难抓的今天，为自己定位找到正确的发展之路已经刻不容缓了。

1. 职业定位的内涵及分类

职业定位是指毕业生结合自己的知识结构、能力特征、择业方向和社会的人才需要等因素来确定自己的求职目标。它有两层含义：一是确定自己是谁，有什么价值目标、能力、知识结构、个性特征；二是告诉别人你是谁，擅长干什么。

职业定位根据职业性质可分为五大类：一是技术型，这类人不愿从事管理工作，更愿意从事自己所学的专业技术。二是管理型，这类人具有强烈的管理愿望，具备分析能力、人际交往能力、情绪控制能力等基本素质、敢于和错综复杂的人事关系打交道。三是创造型，这类人只需要有自我创造、自我体现的空间，不愿意循规蹈矩、墨守成规。四是自由独立型，这类人往往不受拘束，特立独行，天马行空，不愿意在组织中束缚自己。五是安全型，这是大多数人的职业定位，他们追求职业的长期稳定性和安全性，不愿意冒险或创新。

2. 职业定位的意义、重要性

（1）职业定位准确可以使职业发展具有可持续性

我们要树立长远的职业发展观念，学会规划自己的职业生涯。实践表明，很多人事业发展不顺、后劲不足，都是因为当初定位不准确造成的。现实生活中，我们也看到有些地区经济发展定位不准，导致资源浪费，环境污染，可持续发展遭受破坏，无异于杀鸡取卵、涸泽而渔。因此，错误的定位会导致个人发展受阻；而准确的职业定位则有利于成就个人的事业，对个人的终身发展大有裨益。

（2）职业定位准确可以合理开发利用自身资源，激发潜能，发挥优势

职业发展需要广而精，更重要的是精。好比一枚钉子，不尖就无法挤进木头中去。有些人涉足很多领域，就好比万金油，什么病都能治，却什么病也治不好，结果特色未体现出来，也浪费了资源。

（3）职业定位准确可以排除干扰和诱惑，朝着既定目标勇往直前

有些大学生是社会上流行什么就选择什么职业，或者哪个岗位钱多就往哪个岗位跳，不能持之以恒，三心二意，最后什么也没有得到。俗话说坚持就是胜利。事物的发展是辩证的，有些现在的热门职业，未来可能就是冷门、夕阳产业；有些冷门，也许就是将来的热门。

（4）职业定位准确能受到用人单位青睐

大学生择业时往往喜欢在用人单位面前强调自己什么都会，什么都能，上至总经理助理，下至清洁工，自己都能胜任，殊不知这就犯了大忌。用人单位招聘都是有的放矢的，职业定位不准确，用人单位就无法发现你的特长、优势，认为你的自我评价不准确。连自己适合做什么都不知道的人，想获得用人单位的青睐，无异于痴人说梦。

（三）职业定位依据

大学生合理的职业定位包括择业目标（职业、单位、地区、经济条件等）、实现目标的条件（专业、能力、性格、健康状况等）、实现目标的方法步骤（自荐、面试、试用）几个方面。职业定位就是大学生根据就业市场的发展趋势和特点，全面结合自己的专业和能力，确立求职应聘的指导思想与基本条件。职业定位的过程就是大学生以社会需求和用人单位的要求为背景，深入地对自己的专业、能力、品质、心理等因素进行自我评价、自我匹配的过程。如果分析判断理性、客观、科学，就能准确地测定出自己到底适合什么样的工作。可见合理的职业定位非常重要。具体来说，大学生职业定位应从多方面考虑，既要考虑个人因素，还要考虑社会因素、家庭因素等。下面就从四个方面的因素来论述职业定位的依据。

1. 社会因素

随着劳动者文化素质的逐步提高，大学生已经是劳动大军中的一员。大学生就业已经由卖方市场向买方市场转移。很多大学生看不到社会变迁，一味地追求铁饭碗、国字号、大城市等，结果这些地方都是人满为患，常常是一个岗位上百人竞争。殊不知，国家建设重心已经逐步由东部向西部转移，由发达地区向不发达地区转移。很多大型企业人才饱和，而中小型企业、民办企业由于正处于创业阶段更容易吸收人才。因此，大学生应该准确把握社会的风向标，以国家和人民的需要为坐标，合理设计成才之路，到中西部去，到基层去，到中小私营企业去，到最能发挥自己潜能的岗位上去。这样的职业定位才准确，成才的概率会更大。此外，国家政策、社会价值观、科学技术的发展状况也成为大学生职业定位需要考虑的社会因素。

2. 性格因素

性格是一个人对现实的稳定的态度和习惯化的行为方式的总和。性格中表现个体对劳动、对工作的态度成分，会直接影响到人的职业选择和职业成就。很难想象一个不善言辞的人去选择做谈判代表、让一个活泼好动的人选择做办公室文员……如果真是这样，那么他们工作就不会有激情，与岗位的磨合期就会更长。

3. 气质因素

气质是人生来就具有的心理活动的动力特征，存在着神经生理学的基础，有较强的稳定性。一个人的气质特征会在很多活动中显示出来。气质没有好坏之分，但气质能影响一个人的工作效率，在一些特殊职业中，气质不仅关系到工作的效率，还关系到事业的成败。

4. 能力因素

能力是人们成功地完成某种活动所必需的并直接影响活动效率的个性特征。经验表明，一些有特殊能力的人，如果从事了适合他们的工作，就很容易取得出色的成就。能力是就业的砝码，能力强，职业定位就高一些；能力差，职业定位就低一些。对高职高专的学生来说，应该结合自身专业能力特点准确定位。例如，高职生有知识结构优势——少而精，社会需要什么，就开什么课程；有实践经验优势——动手能力强。在一切社会活动中，尤其是生产、服务一线，没有熟练的操作能力是很难胜任的。很多本科生就业不顺，又重新到技校学习就很能说明操作能力问题。沿海企业开出年薪18万元招高级技工就说明一个道理，单位要找的是最合适的人才，而不一定是学历最高的人才。我国正处在经济飞速发展的时期，许多单位缺少的正是高级技术人员。

二、求职择业中常见心理问题分析

由于择业问题的复杂性和当前就业竞争的日趋激烈性，即将走向社会的大学生，在择业过程中不可避免地会遇到各种困难、挫折和冲突，引发一系列心理问题。全面分析大学生求职、择业中的心理误区和心理冲突，有助于树立正确的择业观，排除心理困扰，走出择业误区。

（一）常见择业心理误区类型

择业心理误区是指个体在求职过程中，对自我求职目标的期望、评价等方面与现实有较大差异的一种认识，这种认识使大学生担负一些没必要的负担，进而影响了求职择业。

随着我国用人制度和大学生毕业分配制度改革的不断深入，大学生的择业空间更广阔，但也面临前所未有的就业压力。在求职过程中容易出现心理误区，从而导致求职过程中一些不良行为的发生。大学生择业心理问题已成为各高校心理教育中的重点课题，也是当前不可回避的教育问题和社会问题。常见的大学生求职心理误区有下述几种类型。

1.浮躁型心理误区

（1）自负心理

自负心理在大学生身上反映得尤为突出。一些大学生或受陈旧观念的影响，以"天之骄子"自居，自认为高人一等；或过高估计自己的知识和能力水平。在择业过程中，有的大学生好高骛远，自命不凡，眼高手低，给用人单位留下浮躁、不踏实的印象；有的就业期望值过高，择业脱离实际，不愿到基层和偏远地区等需要人才的地方工作，择业目标与现实之间存在着巨大的反差；有的大学生认为自己具备很多优势：学习成绩优秀、政治条件好、学校牌子响、专业需求旺、求职门路广等，因而盲目乐观，把择业目标定得很高，应聘时一心一意向高薪挑战，结果屡屡受挫；也有的大学生自视过高，在现实的择业过程中却处处碰壁，于是产生怀才不遇之感，抱怨自己生不逢时，没有施展才能的机会，从而怨天尤人，使身心愈加疲惫。如果永远怀才不遇，只能空怀"壮志"，后悔不已。因此，走出此误区的方法是正确地认识自己。

（2）功利心理

功利心理是指择业时过分看重经济、地位等，追逐功利，一心只想进大城市、大机关，去沿海发达地区，到挣钱多、待遇好的单位，甚至为了暂时的利益宁可放弃所学的专业。这种做法虽然能够使个体得到一些眼前利益，但从长远发展来看，却是不明智的。因为人们在物质需要得到满足之后，会渴望和追求精神需要的满足，当意识到事业才是人生永恒的支柱时，烦恼便会产生。这种心理导致大学毕业生在求职就业时没有正确的定位和规划，抛开专业优势去竞争，很容易遭受挫折。一些大学生受拜金思潮的影响，在求职时专门寻找热门岗位，缺乏个人主见，存在从众心理。表现在就业过程中就是忽视所学专业的特点，一味追求所谓的热门单位、热门职业，没有从职业发展与个人前途、国家需要去考虑，缺乏积极进取精神，实用主义思想严重。

（3）偏执心理

在就业过程中，学生的偏执心理主要表现为追求公平的偏执，高择业标准的偏执和对专业对口的偏执。特别是面对社会上择业的不良风气，如搞关系走后门。有的学生以偏概全，不能正确对待，把自己的择业挫折全部归咎于社会不公，给自己造成阴影，认为一切都是假的，一切都是人为操作的，从来就没有什么公平可言。他们还认为，学得好，不如关系好；能力强，不如容貌强。也有的大学生不愿降低择业标准，造成有价无市的局面。有的大学生在职业选择时缺乏变通，不顾社会的需要，不顾社会分工和专业化的内在联系，只看到专业的独特性，人为地"画地为牢"，限制了自己的选择范围。

2. 自卑型心理误区

（1）自卑心理

与自负心理相反，自卑心理是自我认知偏差造成的。自卑是一种缺乏自尊、自信的表现。一些大学生自我评价过低，过低估计自己的知识和能力水平。在就业过程中，有的大学生对自己缺乏自信，过于拘谨，优柔寡断，不能向用人单位充分展示自我，从而坐失良机；有的大学生因为学历、成绩、能力、性格方面的某些缺陷和不足而丧失了勇气，悲观失望、不思进取，觉得自己事事不如他人，不敢参与就业竞争；有的大学生尽管具备一定的实力和优势，但对自己的评价过于保守，面对激烈的竞争，总觉得自己不如别人，因而丧失竞争的勇气，习惯于临阵退缩，放弃了许多很好的机会，或者一到笔试或面试的现场就紧张，表现出神情紧张、心神不安、面红耳赤、举止拘谨、谈吐失常。一旦失败，就更强化了自己的错误认识，这种心理障碍是成功的最大敌人。他人不客观评价的无形压力，以及对自己缺乏信心，导致了自卑心理的产生。

（2）依赖心理

很多学生在高考填报志愿时就是由家长或老师做主，临近大学毕业时，他们又把就业的希望寄托在学校和老师身上，怀着"车到山前必有路"的依赖心理。他们一方面希望找到称心的工作，另一方面又不愿意自己到处奔波。当代大学生中独生子女较多，从小受到过度保护，依赖性较强，缺乏自我责任感和独立决策能力，在就业时缺乏进取精神，在择业时过多地依赖他人。他们超然于求职之外。一旦希望落空，就会怨天尤人，产生很大的心理落差，埋怨父母无能、社会不公，甚至出现欺骗等极端行为。

（3）犹豫心理

职业的选择往往也是对机遇的一种把握，当断不断、患得患失，只会错过机遇，自然会与成功失之交臂。很多大学生在选择职业时，没有专一的定向，期盼"鱼和熊掌兼得"，或是这山望着那山高，因而在择业过程中，常常会出现心理矛盾和冲突，由于性格的软弱和犹疑，不能果断地选择，结果错失良机，使自己处于被动地位。

3. 焦虑型心理误区

（1）焦虑心理

就业是大学生走出校门，走向社会的第一步，是他们人生中的又一次重大转折。面对纷繁复杂的社会，面对日趋严峻的就业形势，面对日益激烈的就业竞争，面对国家需要、个人意向、有限的供职岗位、多样的工作环境等多元因素组合的职业选择，如何做出正确的抉择，是每一个涉世不深、社会经验缺乏的大学生最为困惑的问题。许多大学生在各种选择面前无所适从：或职业期望过高，不切合实际；或希望尽快落实就业单位，急于求成；或幻想无须付出多大的努力就能得到称心如意的工作，而实际生活中往往事与愿违。因此，大学生在求职择业过程中普遍出现焦虑和烦躁不安甚至恐惧的心理。

就业对大学生来说，既是机遇又是挑战。很多大学生面对就业和步入社会深感焦虑。大学生就业呈现多元化的趋势。职业选择的自由度越大，选择行为的责任就越重，择业心理压力也越大。很多大学生把人生的憧憬和前途都放在就业上，既渴望步入社会，谋求到理想职业，又担心被用人单位拒绝，担心择业失误造成终生遗憾，因而容易焦虑。还有的毕业生平时没有认真学习和积累经验，求职的知识、能力、心理准备不充分，求职屡遭挫折，因此产生焦虑感。

（2）抑郁心理

大学生由于一直囿于校园，生活经历比较简单，未曾经历过大的挫折，没有经受过挫折的考验，因此心理承受能力和自我调节能力较差，情绪波动性大，情感较为脆弱，缺乏对待挫折的准备。在就业工作中，他们往往希望一蹴而就，能够顺利就业，害怕失败。一旦受到挫折，就会产生受挫心理，感到悲观失望、自惭形秽，对自己、对未来失去信心，或不思进取、消极等待，或怨天尤人、顾影自怜。要知道，绝大多数学生都是在一次次吃了闭门羹后，才推开那扇属于自己的门。但有的学生受挫之后不能正确对待、不思进取、漠然置之，甚至放弃一切努力，把自己孤立起来，自我放逐，不与外界交往，这样就导致抑郁心理产生。

（3）懈怠心理

近年来，大学毕业生中出现了不就业一族——"校漂族"。有些大学生因对工作岗位挑挑拣拣，"高不成，低不就"，自动放弃就业机会，有的在学校附近租房"安营扎寨"，一边打工，一边找工作；有的干脆待在家里靠父母养活。他们中的相当一部分人无所事事，闲得无聊，时常返回学校四处游荡，形成了大学校园"校漂族"。"毕业不就业，未来还是梦"是"校漂族"心理的真实写照。

（4）迷惘心理

大学生在求职择业的过程中，面临着种种心理冲突，因而产生种种矛盾的心态：他们希望自主择业，但又不愿承担风险；渴望竞争，又缺乏竞争的勇气；胸怀远大理想，却不愿正视现实；注重专业能力的发展，但又互相攀比、爱慕虚荣；重事业、重才智的发挥，但又在实际价值取向上重物质、重利益；对自我抱有充足的信心，但在遇到挫折之后又容易自卑；既崇尚个人奋斗、自我实现，又有较强的依赖感。职业目标上理想和现实的反差，自我认知上自傲与自卑并存，职业选择上独立性和依赖感错位，使得部分大学生在就业中感到十分迷惘和困惑。

（二）大学生就业心理误区形成的主要原因

在年龄、资历、教育等诸多因素的影响下，选择职业的心理亦会发生变化。大学生就业心理误区形成受到以下几种因素的影响。

1. 市场经济和社会思潮的负面影响

任何事物的发展变化都有其产生的根源，大学生就业心理误区的形成与当代社会发展有着密切的关系。在社会转型期，受市场经济的影响，人们的思维方式、价值取向和行为准则也在进行不断的调整，人们在不断地构建自己新的价值取向。在毕业生择业上，出现了就业观念多元化的趋势。受经济利益驱动和拜金主义、享乐主义、功利主义、实用主义等社会思潮的影响，大学生在就业过程中更加注重经济效益、地域范围和社会效果，强调自我发展而忽视才智发挥、事业成就、社会需求等。

2. 就业机制不完善的影响

高校毕业生就业制度的改革，把就业责任主体从国家变成毕业生本人，明确了大学生在就业过程中的主体地位，使大学生从被动等待分配转向主动求职择业。但由于就业制度改革本身尚处在继续深化之中，就业市场机制尚不健全，与之配套的政策法规和措施尚有待进一步建立和完善，公开、平等、竞争、择优的就业新机制正在形成，使大学生对就业产生了担忧和疑虑。加上现在就业市场尚未规范，社会上还存在着不正之风，对就业和毕业生的就业心理产生了巨大的冲击，严重干扰了就业工作的顺利进行，从而造成了一些大学生心态失衡。

3. 高校教育体制的弊端和思想政治工作的弱化

随着高校毕业生就业制度改革的深入，传统的高等教育体制弊端也日益凸现出来。由于长期封闭的教学模式，高校原有的专业划分过于狭窄，课程设置不尽合理，教学内容和教学手段过于陈旧，严重影响了大学生的能力和水平，因而在就业市场上竞争力不强，给大学生就业带来了困难。在大学生就业工作中，高校的思想政治工作有淡化和弱化的倾向，没有对大学生的人生观、世界观、价值观加以正确引导，导致大学生在职业选择上产生功利主义、实用主义、享乐主义倾向。高校在就业工作中，没能主动适应当前就业的新形势，帮助大学生调整就业期望值，转变就业观念，导致部分大学生产生急功近利、盲目攀比的择业心态。

4. 大学生自身因素和家庭的影响

首先，社会对人才的素质和能力提出了更高的要求。但是大学生自身的原因，导致其能力和素质不能适应市场的需要。

其次，大学生由于成熟水平、所受教育及专业本身的差异，造成自我认识的不同。大学生普遍存在着涉世不深、缺乏社会经验的问题，一部分大学生不能正确认识自我、全面了解社会，理想往往脱离现实，有时甚至不顾实际条件，择业时往往带有很大的盲目性。

最后，由于大学生都属于初次就业，对待就业缺乏足够的思想和心理准备，心理承受能力较差，不能在就业压力面前及时调整自己的就业心态，不能正确对待就业过程中出现的问题，一旦遇到困难和挫折，就会产生各种不健康的心理。

家庭教育方式及父母对职业的态度直接影响到大学生就业心理的发展和形成。近年来，高校学费一度上涨。其原因是收取一定的费用既可改善办学条件，增加学生接受高等教育的机会，又可增强学生学习的主动性和自觉性。但很多大学生来自贫困家庭，尽管国家和学校采取了各种措施，如助学金、生活补贴、国家奖学金、国家助学贷款等，但他们仍然承受着家庭经济困难的压力。部分大学生经济状况窘迫加上虚荣心，导致其心理矛盾加剧。如果他们自尊心受到伤害，则容易产生委屈感、受辱感和不公平感等，导致心理失衡和心理障碍。此外，部分家长受传统观念束缚，按照自己的想法给子女安排一切，却忽视了子女的主观愿望和性格优势，这些容易使大学生在择业时产生矛盾心理。

（三）大学生择业心理矛盾分析

心理矛盾是指两种或两种以上不同方向的动机、欲望、目标和反应同时出现，由于无所适从、莫衷一是而引起的紧张状态。一般心理矛盾是促进心理发展的动力，但过分强烈的心理矛盾，会对人的心理健康产生严重影响。大多数大学生不合实际的过高的期望值，使他们处于两难的心理困境。长期存在于择业求职中的心理矛盾主要表现在下述几个方面。

1. 理想与现实的矛盾

每个人都有对生活的美好向往。对于毕业生来说，他们对美好生活的向往和追求会更迫切和强烈。大学生活让他们拥有了比一般人更丰富的知识和技能。面对纷繁的社会，他们豪情万丈，渴望着展翅高飞，大干一场。然而由于他们真正接触社会较少，涉世未深，对职场上的规则尚不能完全掌握。在很多时候理想与现实严重脱节以致形成极大反差。面对这样的反差，他们往往举棋不定，处于矛盾之中。调查表明，在择业取向中，受市场经济与精英意识的双重作用，大学生既表现出市场经济影响下的较为功利化的就业取向，同时又无法摆脱精英意识影响下的理想化特征，出现了理想的自我膨胀和现实的自我萎缩之间的矛盾。

2. 人生价值与艰苦创业精神缺失之间的矛盾

很多大学生都希望从专业出发选择职业，将来学以致用，实现自己的人生价值，做一个对国家、对社会有用的人；不希望做一个无所作为，碌碌无为的人。然而有部分人又不愿意到基层，到边远地区，到艰苦的地方去，或者说缺乏艰苦创业的心理准备。调查发现：极少大学毕业生乐于接受去小城镇及边远地区工作；50%以上的学生表示在别无选择时才会考虑；30%以上的学生不能接受。实现人生价值的强烈愿望与缺乏艰苦创业精神的矛盾造成大学生就业空间缩小，从而加大了就业难度。

3. 渴望竞争与害怕竞争的矛盾

就业渠道的多样化，为大学生提供了更多的选择，让每个人都有展示自己才华的舞台。大多数学生都渴望一显身手，寻找到属于自己的天空，然而当他们真正面对竞争时，却又瞻前顾后、畏缩不前、缺乏勇气。有的怕自己能力不够，一旦落败很丢脸面；有的怕伤和气；有的怕没有退路，全军覆没。总之，表现出退缩心理，而且遭遇挫折后往往向外归因。他们认为是社会风气干扰太大，社会保障体系不健全。而真正的原因是他们努力不够，没有实践的能力和勇气。有调查表明，50%以上的学生认为自己竞争力一般，担心比不过别人；30%的大学生认为竞争取胜的把握很小，只有不到20%的学生认为自己应该胜出。

4. 择业目标定位的矛盾

有的学生由于缺乏对自己个性特征、知识结构、能力的正确认识，在择业过程中往往普遍撒网，多头开花，这实际上是目标不明确，定位模糊的表现。古人云，鱼和熊掌不可兼得。很多机会都是在犹豫不决中失去的。例如，有的学生被称为"面霸"，同时面试多个单位但又都不签约。原因是有的单位薪水高，但发展空间不大，有的单位刚起步，个人机会很多，但薪水低。结果在观望和等待中"花儿谢了"。俗话说，知人者智，自知者明。有的学生要么自视甚高，意识不到自己的局限，不能对就业形势做全面、客观的分析和判断，以致高不成低不就，白白浪费时间和精力，遭受不必要的挫折；要么对自己评价过低，忽视自身的优势所在，缺乏自信，瞻前顾后，人云亦云，没有主见，在择业中不敢或不善推销自我，不能正确表现自己的才能，以致丧失很多机会。因此，大学生在就业时应该明确自己能做什么，善于做什么，应该怎么做。须知用人单位更看重那些目的明确、义无反顾的人。

总之，大学生择业的心理问题和矛盾，既有客观原因也有主观原因。客观方面，我国正处于社会转型时期，产业结构调整，大学教育的大众化，毕业生人数剧增，就业市场还不完善等。主观方面，大学生刚踏入社会，阅历较浅，涉世不深，心理也不成熟，不善于面对应激事件，心理防卫机制还不健全。然而，大学生择业心理问题实属发展过程中的问题。因此，只要加强引导，教育得当，绝大多数学生会随着正常有效的教育指导而健康发展。

三、择业心理问题的调适

对于一个身心发展还不很完善，社会阅历不够丰富的大学生来说，择业中遇到心理问题和挫折是很正常的。择业中产生心理冲突是每个大学生都要面对的现实。每个大学生都需要运用正确的调适方法，提高就业中的抗挫能力，正确看待困难与失败，有效排除异常心理，争取择业成功。为避免择业中的心理问题困扰求职者，我们应帮助求职者做好择业心理问题的预防与调适。

（一）树立正确的择业观

择业观是大学生职业理想的直接体现，是他们对择业目的、意义的根本看法和态度的体现，是大学生世界观、人生观、价值观在择业活动中的综合反映。大学生在求职中所遇到的挫折，大部分是由非理性观念引起的，若不能正确把握，将会直接影响毕业生正确认识自我、适应社会以及成功地就业。

1. 从一次就业到多次就业

在计划经济年代，人们很少流动，一次就业定终身的思想根深蒂固。由于受其影响，有一部分学生对待择业慎之又慎，左挑右选，多角度、多层次比较，追求就业的安全性和稳定性。犹豫不决很容易失去机会。现在市场经济逐步完善，劳动力资源配置机制日趋健全，劳动者的职业流动是十分普通的现象。大学生在确立职业时要认识到在其漫长的职业生涯中，工作变换是正常的，期望找到一劳永逸的职业是不现实的。在漫长的职业生涯中，开始就跑在前面的未必就会领先一辈子。职业生涯像一场马拉松，领先和落后都只是暂时的。应该树立"先就业，后择业，再创业"的观念。现代社会为我们提供了独立发展的空间，毕业生不急于短时间内找一个固定的铁饭碗，要学会在变化中求得生存和发展。

2. 从单一就业到多渠道就业

面对严峻的就业形势，少数学生仍然心存幻想，建立过高的就业期望，眼光只盯着理想的岗位，如公务员、跨国公司、大型外资企业等。只见树木，不见森林，结果屡屡失败。俗话说："如果你不能扭转风向，那么你就必须学会调整自己的风帆。"高级的水手都会因势利导，巧借风向，最后到达彼岸。大学生就业也应如此，多角度观摩，全方位出击，多渠道就业。无论是流动就业、临时就业，还是弹性就业，只要能展示自身的价值，体现自己的能力，做什么工作都行。同时也应该看到，异军突起的民营企业、私有企业在中国经济突飞猛进的历史潮流中已占据半壁江山。

3. 淡化专业对口观念

专业知识是知识结构的主体，专业对口，一直是大学生就业的主要原则。但是，在目前市场经济环境下，人才大量流动，学科、专业都存在着一定的交叉，使用人单位对人才知识结构的需求以及社会对人才录用的方式发生了很大变化，特别是社会对毕业生的需求始终处于动态之中，学校的专业设置既有滞后于社会发展变化的情况，同时也存在某些边缘学科超越社会发展的情况。因而学校的专业设置不能与市场需求一一对应，要适应这种新形势就要求大学毕业生从专业对口的框框中解放出来，主动地在广阔的社会中寻找切入点，大胆尝试，一定会有新的发现。同时，大学生要拓宽自己的知识面，培养自己多方面的能力，提高自己的综合素质，使自己在就业中具有更强的适应性。

（二）增强心理健康意识，提高自我调适能力

心理学家通过理论与实践的探索，提出了很多行之有效的自我心理调适方法。大学生在择业过程中，可以根据自身的需要有选择地运用。

1. 理性情绪法

人有理性与非理性两种信念，在这些信念指引下的认知方式，会左右人的情绪。理性情绪法源于美国心理学家艾里斯创立的"理性—情绪疗法"。他认为，情绪困扰并不是由应激源直接引起的，而常常由经历者对事件的非理性认识和评价引起。因此，要消除人的不良情绪，就要识别出人的非理性观念，然后将人的非理性观念转化为理性观念。例如，有的大学生在就业中遭遇挫折就消沉苦闷、怨天尤人，原因在于他的非理性认识——大学生是天之骄子，顺利就业理所当然。"天生我材必有用，堂堂大学生受过系统的高等教育，找工作岂不是小菜一碟"。正是因为这样的观念，才产生了情绪困扰。认识到不良情绪背后的观念，只需改变认知，不良情绪就会自动缓解。大学生在运用理性情绪法时，应首先分析自己的消极情绪有哪些，找出非理性观念(绝对化、完美主义、予取、予求等)，并对其进行质疑和批判；同时对比两种观念下个人的内心感受，鼓励自己向理性观念方面转化，从而获得良好情绪。

2. 适度宣泄法

从心理卫生角度来讲，不良情绪就是心理活动的垃圾，如果不将其扫地出门，过分压抑自己的情绪，就会使垃圾越积越多，不利于身心健康。适度的宣泄，可以把不良情绪释放出来，从而使情绪恢复正常。切忌把不良情绪压于心底，不良情绪压抑越久，身心受到的伤害就越大。宣泄的方式有很多，如找亲人或好朋友倾诉、哭泣、运动等。运用宣泄法要有节制，要适度，要注意方式方法及时间场所。宣泄应是无破坏性的，较妥善的方法是向朋友、老师倾诉，一吐为快；也可以去打球、爬山，参加运动量大的活动等。

3. 情绪转移法

有时不良情绪是不易控制的，这时可以采取缓冲的方法，把自己的精力和注意力转移到其他方面去，使自己没有时间、精力甚至空间，沉浸在不良情绪之中，

以求得心理平衡。例如，可以把择业问题暂时放一放，出去旅游，或学习一门技术，或参加一项自己喜欢的体育活动。

4. 松弛练习法

松弛练习是一种通过练习放松躯体和心理的方法。如通过运动使肌肉放松，通过听音乐使心情放松等，使心理焦虑、心理恐惧得以消除。

自我调整的方法还有很多，如环境调节法、自我激励法、自我暗示法、自我升华法等。这都是一些调适心理问题的方法。更关键的还是要提高个人的心理素质，树立正确的世界观、人生观、价值观，磨炼坚强的意志，培养开朗、豁达的人生态度，这样才能在择业压力面前，始终保持积极乐观的精神状态和健康的心理状态。

（三）加强就业指导的措施

就业指导可分为狭义和广义两大类。狭义的就业指导是给要求就业的劳动者传递就业信息。广义的就业指导则包括预测劳动力资源，社会需求量，汇集、传递就业信息，培养劳动技能，组织劳动力市场，从职业的分工、选择、适应发展等方面给毕业生以帮助和指导，帮助毕业生慎重、理智地选择工作，使每个毕业生都能扬长避短，人尽其才。完善、加强择业指导应在下述三项措施上下功夫。

1. 加大就业政策宣传引导的力度

学校作为毕业生制度改革的主体，需要对学生加强就业政策宣传，广泛深入地宣传就业制度改革的方向、步骤和内容，介绍当前的就业环境和形势，为大学生不断提供就业的知识信息。如社会发展趋势、对人才规格的要求、科技发展现状及趋势、毕业生反馈信息等，提高大学生对社会信息和科学信息的选择力与判断力，独立分析有关前途活动的能力，缩短与社会实际生活的距离，尽快地适应社会。

2. 加强就业心理素质的训练

要指导毕业生掌握必要的心理知识，让学生了解自己、认知自己、评价自己。在知识、能力、情绪、社会适应、行为特点和人际关系等方面，对自己有一个清晰的了解。有针对性地解决择业心理问题，有目的性地进行心理训练。帮助掌握心理调适的方法，缓解内心冲突和压力。

3. 调整就业指导的教学课程

面对社会发展的客观要求和激烈的人才竞争形势，要坚持发展才是硬道理的指导思想和就业导向，及时改革学校专业结构、学科结构、层次结构、布局结构，使学校的人才培养与社会需求实行无缝接轨。要优化教育、人事、劳动部门之间的关系，开设就业指导课程，帮助转变大学生就业的传统观念。完善社会支持系统，使大学生就业服务有坚实的依托。

（四）帮助毕业生树立正确的择业标准

要运用先进的理论和手段，对学生的心理能力、爱好、基本性格进行综合测评，为其初步规划将来的职业范畴，使学生理性、全面地认识自我，尽早地开启他们职业生涯的准备工作，减少择业过程中的盲目性，从而做到合理地择业。

（五）做好毕业生择业技巧的指导工作

择业技巧指导是就业指导的重要内容，择业技巧是毕业生择业成功的主要因素。毕业生存在的不良择业心理，在一定程度上因为缺乏恰当的择业技巧。例如，要指导学生做好求职前的准备工作，明确具体的应聘程序，掌握基本的谈话技巧，慎重地签订合同，这样就可以避免出现自我介绍不着边际、简历制作不得要领、言语不当、衣冠不整等细节上的失误。

（六）引导大学生健康就业心理的宏观对策

1. 加强、完善市场管理机制，为毕业生营造优良的就业环境

近年来，我国在高校毕业生就业市场和就业法规建设上取得了可喜的成绩，毕业生就业市场体制已初步建成。为确保毕业生就业市场健康有序地发展，必须继续加强就业市场建设，完善市场机制，努力拓宽就业渠道，为大学毕业生提供更多的就业机会，缓解他们的就业压力。针对就业工作中存在的问题，国家要积极制定配套的政策和措施，完善就业法规，把就业工作纳入规范化、法制化的轨道，建立和健全社会保障体系，合理优化配置毕业生资源，保证就业市场公平竞争。要对毕业生就业工作的各个环节进行有效地管理和监督，整顿就业秩序，规范就业行为，纠正就业过程中的无序状态。要进一步增加就业工作的透明度，加强廉政建设，排除不正之风对毕业生就业工作的干扰，形成良好的竞争机制和就业氛围。

2. 加强素质教育，提高大学生的综合能力和竞争力

随着高校毕业生就业制度改革的深化，大学生面临的就业竞争将更加激烈。因此，高等院校要积极推进教育体制改革，加大教学改革的力度，进一步转变教育观念，拓宽专业口径，注重对大学生创新精神和创业意识的培养，加强对大学生科研能力和实践能力的培养，大力开展素质教育，努力拓宽大学生的知识面，着力提高他们的政治、思想、文化、心理、身体等方面的素质和实际工作能力，强化他们的创新意识、市场意识和竞争意识，提高他们在就业市场上的竞争力。

3. 健全就业服务体系，引导大学生树立正确的择业观

大学生就业工作是高校教育教学工作的一个重要的组成部分。开展就业指导工作是就业制度改革的需要，是高校深化教学改革的需要，也是学校在新形势下加强大学生思想政治工作的需要，更是大学生求职择业的需要。因此，必须继续加强就业服务体系建设，加大就业指导工作力度，强化服务职能，为大学生就业提供全方位的服务。要对大学生进行就业形势和就业政策的指导、择业方法和择业技巧的指导，加强信息网络的建设，进一步完善信息服务，帮助大学生解决就业过程中遇到的难题，引导他们转变就业观念，确立合理的就业期望值，主动适应当前的就业形势，面向多种所有制单位就业；要鼓励他们勇敢地参与就业市场的竞争，主动寻求就业门路，积极创造就业机会，务实就业。同时，要加大思想教育力度，加强共产主义、集体主义、爱国主义教育和世界观、人生观、价值观教育，倡导艰苦奋斗、无私奉献的精神，帮助他们树立正确的择业观，树立远大的理想和抱负，鼓励他们在择业时既要考虑个人成长和才智的发挥，又要考虑国家的需要，到祖国最需要的地方去建功立业。

4. 开展就业心理咨询工作，培养大学生健康的就业心理

就业心理咨询是针对毕业生在就业问题上遇到的某些心理上的困惑而提供的一种心理咨询，它不仅是就业指导的一项重要内容，同时也是高校心理咨询工作的一个重要组成部分。开展就业心理咨询工作，加强就业心理指导，有助于培养大学生健康的就业心理，提高他们的心理健康水平，使其保持良好的择业心态；有助于他们克服心理障碍，排除心理危机；有助于他们摆脱困境，走出择业的心理误区；有助于他们客观地认识所面临的困难，树立信心，从而顺利就业。要引

导大学生正确认识自己、评价自己，避免因自负或自卑而造成焦虑；要引导大学生在正视自我的前提下，正确把握择业期望值，充分发挥自身优势，扬长避短，选择适合自己发挥才能和施展抱负的职业；要引导毕业生积极参与竞争，做好充分的思想准备，调整择业心态和择业目标，通过"自主择业"实现自身价值；要帮助大学生自我提高调适能力和心理承受能力，学会调节个人情绪。正确对待挫折，保持乐观向上的情绪，有效地排除各种不健康的心理，避免心理冲突，保持一种积极的心态，顺利实现就业。

四、就业心理误区的心理学分析及其应对

为了帮助大学毕业生摆脱心理困境，走出就业的心理误区，重点针对前述常见的三种不同类型的择业心理误区，从心理学角度进行分析并给出应对策略。

（一）焦虑型心理误区的心理学分析及其应对

目前，大学生就业问题，已成为一个党和政府关心、群众和社会关注、学生和家长焦虑的热点和难点问题。身处其中的大学生往往会感到更大的压力，甚至产生各种心理问题，如择业焦虑就是一种常见的心理问题。有研究表明，目前大学生择业焦虑有提前的趋势，如本科院校的学生在大学三年级、高职院校学生在大学二年级就出现了择业方面的焦虑。择业焦虑心理在大学生尤其是高职院校毕业生中普遍存在，需要我们认真地加以研究和解决。

1. 焦虑的概念及其作用

焦虑在心理学上是指个体由于遭受心理上的冲突或挫折而发生的一种紧张的、恐惧的、焦躁不安的情绪状态。这种情绪会使人面临一种威胁感，而且对威胁的想象成分大于真实的状况。

焦虑的产生缘于心理的冲突或遭受挫折。心理冲突容易使人处于矛盾状态或两难境地，难以做出正确选择。遭受挫折会使人感到失望、不安，甚至恐惧。因为个体在面临重大选择时，往往会出现紧张、不安。适度的焦虑具有积极的作用，它会使个体产生一种压力，使个体处于较高的觉醒状态，从而迫使个体积极、努力地去克服困难。但过度的焦虑，则会使个体处于一种难以平静的状态，紧张、情绪不稳定，无法冷静、理智地面对事物；并使个体感到坐卧不安、茶饭不思，

不能正确地进行推理、判断。以致影响个体的正常学习、生活，不利于个体在择业过程中充分发挥自己的聪明才智，找到理想的工作，而且还有损个体的身心健康，甚至导致其产生严重的心理障碍或疾病。

2. 引起毕业生择业焦虑的主要因素

引起毕业生择业焦虑的因素很多，有社会、家庭、学校和个人等方面的因素。社会环境因素是引起择业焦虑的外在动因，其中社会的就业环境和社会用人制度对大学生择业焦虑的影响尤为突出。

（1）社会就业环境对毕业生择业的影响

我国经济正处于社会主义市场经济不断完善的时期，经济发展过程中会产生许多矛盾，集中表现为产业结构不合理，大部分企业属于劳动密集型企业，经济增长主要依靠劳动力和生产资料的大量投入，产品的科技含量低，缺乏高科技企业，对高层次、高技术人才的需求量不足。经济增长对大学毕业生就业的拉动作用，远不如人们想象的那么大，在所提供的新增就业岗位中，低层次人才的需求量大，真正适合大学毕业生就业的工作岗位的增长幅度小于毕业生人数的增长幅度，从而出现了大学生"就业难"的现象。

（2）社会用人制度对择业的影响

在用人制度方面对择业影响较大的因素主要有以下几点：一是用人单位普遍存在着人才高消费现象。由于我国目前就业市场供大于求的现象比较突出，用人单位在选人、用人时有了更大的选择空间和自由度，用人标准逐年提高，出现了人才的盲目消费、超前消费现象。"重学历轻技术""重牌子轻能力"的传统观念使得单位在选人时，只重视学生所在学校的知名度，轻视技术型人才的现象普遍存在。这种只看出身不看能力的用人观念，致使高等职业院校毕业生在就业时遭受不公正的待遇。二是主要行业、部门的职业准入制度尚未形成，企业用人缺乏职业资格标准和对劳动者实行不同学历不同报酬的基本规定，致使一些企业用工无标准。尽管国家对许多行业实行就业准入制度，但在执行过程中，缺少强有力的监督，没有相应的保障措施。用人单位片面强调用人自主权，为降低生产成本，追求利润最大化而大量雇用廉价劳动力，使大量的非专业技术人员进入相关行业，造成大量的人才不能按培养目标就业。以上原因加剧了毕业生的择业焦虑心理。

3. 应对择业焦虑的策略

引起择业焦虑的因素是多方面的，因而解决高校毕业生择业焦虑问题可从下述方面入手。在宏观方面，加快经济发展、增加就业岗位、营造宽松的就业环境；同时，要加强对毕业生的就业指导和心理调节，引导毕业生学会适应环境，以一种积极的心态去面对择业竞争，应对择业恐惧和焦虑。

（1）认清形势，接纳环境，冷静地面对择业竞争

尽管毕业生就业市场还存在着不规范的地方，但是要相信随着社会的发展，更多的用人单位在选才上会越来越趋于理性化，他们会逐渐转变用人观念，与生产、管理、服务一线密切相关的高级应用型人才将会越来越受用人单位的欢迎。现在，有些地区已经出现了高职院校毕业生比本科生就业率高的现象，并且这种趋势将是人才市场未来发展的主流倾向。作为一名高职院校毕业生，只要自己能够认清形势，摆正心态，正确对待，凭自己的专业知识和技能，就能谋取一份适合自己的工作。

（2）认识自己，悦纳自己，做好求职择业的心理准备

了解市场，熟悉环境，对高职院校毕业生求职择业固然重要，但是了解自己更是成功择业的关键。"尺有所短，寸有所长"，每个人都有自己的优点和长处，也都有自己的缺点和短处，许多高职院校的毕业生往往对自身的求职优势认识不足，更多地看到了自己的劣势和不足。因此，要学会换个角度看问题，充分认识自己的优势、特长和不足，做到扬长避短。只有认识自己，才能摆正自己的位置，明确择业目标，准确定位，找到适合自己发挥特长的工作。不要盲目地和别人攀比，好高骛远，妄自菲薄；要相信自己、赏识自己、悦纳自己，从而做最好的自己。

（3）掌握技巧，敢于竞争，努力提高自己的竞争力

竞争是现代市场经济的显著特征，社会各个方面都存在着竞争，择业更是竞争激烈的一个方面。在职业生涯中，每个人面临的机会是平等的，但机会又偏爱那些有准备、有竞争心理的人。每一位毕业生都应大胆地参与竞争，努力充实和完善自己，提高自己的综合素质，不轻易放弃任何一个机会。敢于竞争，关键要靠真才实学，要在学习好专业知识技能的基础上，利用学校开设的就业指导课，阅读就业方面的书籍，参加供需见面会等活动，学习和掌握一些求职技巧，在实践中锻炼自己，勇于、善于推销自己，发挥自己的聪明才智，充分地向用人单位

展示自己的才能，让对方认识自己、了解自己、赏识自己，从而赢得用人单位的尊重、信任，争取成功的机会。同时，要善于总结求职择业中的经验教训，从中积累经验，吸取教训。在择业、面试的过程中，要认识到在求职择业过程中，失败是在所难免的。只有做好充分的思想准备，才会成为竞争中的强者。

（4）保持良好的心态，积极应对择业挑战

适度的焦虑可以提高动机水平，激活自身的潜能，激励自己勇往直前。但是过度焦虑是完全没有必要的。高校毕业生要充分认识到过度焦虑的危害，学习调节焦虑水平的方法，主动应对焦虑带给自己的不良影响。如可以通过找知心朋友和同学、值得信赖的师长、学校的心理咨询中心，倾吐自己心中的焦虑。在倾诉和交谈的过程中，听取别人的意见，吸取别人的成功经验，减轻自己过重的心理负担和压力，从而使自己保持一种健康向上的心理状态，通过在实践中不断地努力和反复比较，寻找适合自己的工作岗位，最终实现自己的职业理想。

（5）转变观念，积极实践，奠定自己的择业技巧基础

为了解决大学生就业难的问题，国家的许多部门、各级各类学校和社会各界，每年都采取许多措施来促进大学生就业工作，举办很多面向应届大学生的供需见面活动，为大学生就业搭建平台。在校大学生要充分利用这些机会，广泛、深入地与用人单位联系，深入了解社会、用人单位的人才需求状况，以及对人才能力和素质等方面的要求。高校大学生在校期间可以通过模拟招聘活动等形式锻炼自己的能力，逐步适应双向选择、供需见面带来的竞争，降低择业的焦虑程度。

（二）自卑型心理误区的心理学分析及其应对

自卑是指自我评价偏低、自愧无能而丧失自信，并伴有自怨自艾、悲观失望等情绪体验的消极心理倾向。有自卑心理的人，其本身不一定存在某些缺陷和短处，主要是他们不能正视自己，看不到自己的优势，并由此陷入不能自拔的痛苦境地。

许多高校毕业生很容易在"大学生就业难"的影响下，产生择业自卑心理。择业自卑心理主要是指在择业过程中，缺乏自信心，缺少勇气，惧怕失败，不敢竞争。它往往使一些毕业生悲观失望、忧郁孤僻、不思进取，在选择单位时降格以求，阻碍了毕业生自身能力的发挥。

1. 高校毕业生择业自卑心理产生的主要原因

自卑心理的产生，主要来源于个体不能正确地对周围环境和自身条件进行判断，在心理上产生消极的自我暗示。高校毕业生产生择业自卑心理的主要原因有以下几方面。

（1）对自我知识和能力的怀疑

高校毕业生择业自卑心理的产生，并非都是因为能力不足，主要是对自己的知识结构、知识水平、实践能力等自身条件估计过低。因怀疑而胆怯，再由胆怯而自卑。如果个体对自己的知识、能力缺乏自信，心理上就会产生障碍，而这种障碍又会直接阻碍其实际能力的发挥，这种怀疑就会变成沉重的精神负担和自卑心理，就会将自己的优势忘得一干二净，从而坠入自卑的泥潭而难以自拔。

（2）对困难估计过高

由于受社会就业环境的影响，高校毕业生就业在客观上面临着巨大的压力。虽然我国经济保持着较快的发展态势，但经济增长所带来的就业岗位的增加远不能满足社会所提供的就业人口的需要，就业市场供大于求的现象很难在短期内得到根本解决。客观上存在着的这些现象，会给即将毕业的高校毕业生的心理产生巨大的影响，使得有些毕业生对就业难问题缺乏正确的分析和判断，造成了求职择业过程中的自卑心理。

（3）惧怕求职失败

高校毕业生在校期间经过刻苦学习、勤奋实践，为自己开辟了一条通向未来的人生之路。但是，仍然有一部分学生由于面临着人生的又一次重大选择，动机强度大，就业期望值高，很容易产生紧张、犹豫和胆怯的心理状态，不敢面对用人单位的严格挑选和面试。

2. 高校毕业生择业自卑心理的应对策略

自卑感有时是一种激励因素，它能够使人充分地认识自己的不足，主动地加以弥补，并能使个性得到改善。但是，沉重的自卑感又是一种巨大的心理包袱，必须及时加以克服。

在心理学上，克服自卑心理主要是通过补偿的方法。自卑心理的补偿有自觉与不自觉、积极与消极之分。要帮助高校毕业生克服自卑心理，主要需加强对他们的就业心理指导，引导他们自觉、积极地克服自卑心理，操作方法如下。

（1）正视自卑，对症下药

高校毕业生要做到全面了解自己，了解自卑的来源，充分认识自卑的危害，正视自卑的存在，详细分析造成自卑的主、客观方面的因素，掌握克服自卑的方法，确定合适的消除自卑心理的策略。对自己的思想或认识所引发的自卑，可以向要好的同学、信赖的朋友倾诉，倾吐自己的心声，释放过重的心理压力，放下心理包袱，以缓解紧张情绪，消除自卑；必要时也可以向有经验的辅导员、老师、家长以及专业的心理医生求教，得到他们的帮助和指导，走出自卑的阴影。对那些确实是由于自己某一方面不足引发的自卑，应当正视自己的不足，提高自己的素质，增强自己的竞争力，或者调整自己的择业目标，选择适合自己的工作。

（2）正确评价自己，做到扬长避短

毕业生的自卑心理不一定是自身条件不足造成的，许多毕业生的自卑是由于自我评价偏低而引起的，由于对自己缺乏正确的认识，只看到自己的不足，而认识不到自己的优势。尤其是不能正确地分析自己的专业优势、专业特长，更多地看到社会上用人方面存在的不足、人才市场竞争的激烈，害怕参与竞争，惧怕竞争失败，对求职择业中可能遇到的困难与挫折估计过大，从而失去竞争的信心。因此，这类毕业生一定要注意正确地评价自己的实力，客观地分析就业形势，摆正自己的位置，调整好自己的心态，克服消极的心理暗示，以一种积极的心态去面对、参与择业竞争。

（3）增加成功体验，树立求职自信

自卑感严重的大学生往往缺乏成功体验，尤其是高考成绩不理想的大学生。在他们眼里，更多的是自己经历过的失败，很少有成功的体验，致使他们在面对激烈的择业竞争时，总觉得低人一等。同时，他们又对择业成功充满了期待和渴望，择业成功的动机强度非常高。这类毕业生克服择业自卑心理，应积累求职择业的成功经验，有意识地回忆自己在过去的人生历程中的成功事例，从过去的成功事例中寻找成功的感觉、体验成功的喜悦、增强成功的信心、激发成功的动力，真正地变压力为动力，促使自己去勇敢地追求成功。对于有自卑感的高校毕业生来讲，重要的是建立起符合自身实际情况的"抱负水平"，确保首次努力的成功，形成强大的自我效能感，建立起择业成功的自信。

（4）深入实践锻炼，培养坚强意志

高校毕业生要充分利用在校期间，社会和学校所提供的锻炼机会，主动参加供需见面、实习等活动，在这些活动中提高自己的耐挫折能力，勇敢地面对竞争，接受挑战，树立战胜困难的信心。要充分相信自己的能力，要经常对自己进行积极的心理暗示，自我鼓励，对认准的事情、认准的目标，一定要坚持下去，直到成功。

（5）改善人际关系，创造良好环境

大学生要注意处理好与自己一起工作、学习、生活的人的关系，主动与人交往，主动与人沟通，在交往中学习别人的长处、发挥自己的特点，在群体中锻炼自己的能力，这样就可以避免因孤独而产生的自卑感。同时，扩大生活的范围，多接触人与事，丰富自己的阅历，增长自己的知识和才干。

（三）浮躁型心理误区的心理学分析及其应对

1. 引起高校毕业生择业浮躁的因素

（1）青年期固有的因素

处于青年期的个体，接受新鲜事物快，处理问题易冲动，自我意识比较强烈。虽然他们的生理发育已经成熟，但相当一部分大学生心理发育还不成熟、不稳定，生理状况与心理因素具有明显的不同步性；再加上他们的知识结构的不完善，每个人的生活体验千差万别等因素，其个性心理特征会有较大的差异，在择业过程中他们表现出浮躁、彷徨和不安等，感到寻找工作无从下手、无从做起，极想尽快步入社会，又不知归宿何处。

（2）优柔寡断的弱点

从学校到社会，这是人生的一个重要转折点。面对这一转折点，高校毕业生既要做到知己知彼，尽快适应，又要不失时机，抓住转折机遇，权衡利弊，当机立断。而一部分高校毕业生追求热门职业，如行政机关、事业单位、金融机构、三资企业等，形成"千军万马过独木桥"的局面，用人单位只好"百里挑一"，落选者自然很多。而一些冷门职业尽管急需大批人才，但"门前冷落鞍马稀"，问津者寥寥，签约者无几。优柔寡断、犹豫不决的心理弱点往往会使他们产生"这山望着那山高""不识庐山真面目"的感觉，以致白白失去了择业良机。

（3）自命不凡的心态

一些高校毕业生或因自己的学习成绩优异、政治条件好、学校牌子响、专业需求旺、求职门路广、家庭条件优越；或因自己的能力强，在同学中有一定的竞争实力；或因自己相貌出众、能说会唱等，产生了一种自命不凡的优越感。这种自视过高的心理，表现在求职时，往往狂妄自大，不屑一顾，眼睛一味地往上看，这家单位瞧不上、那家单位看不起，再找一家还是不遂心，结果使自己失去许多就业机会。而用人单位对这种缺乏自知之明，自视清高，对自己的缺陷和困难估计不足的大学生是最有戒心的，认为这种盲目自信的心态是缺少社会经验、心理不成熟的表现，必然导致他们走上工作岗位后办事浮躁，不能胜任本职工作。

（4）期望过高

高校毕业生在毕业时都希望能找到一份充分施展自己才华和实现自己人生抱负的工作，近几年普遍存在的"考研热""专升本热""公务员热""事业单位招考热"等都说明，高职院校毕业生普遍对择业的期望值过高，对社会的需求不了解，结果错失了就业的机会。

2. 应对择业浮躁的策略

高校毕业生面临择业，特别是在竞争日益激烈、信息量逐步增大、人们观念发生较大变化的新形势下，高校毕业生的浮躁心理急需解决，以便于顺利择业。从学校来看，大部分学校都开设了就业指导课，但教材针对性不强，师资参差不齐等，使高校毕业生对就业指导课的体会不深，课程的讲授效果大打折扣；从就业市场来看，其运作机制还不够健全，许多环节有待完善，一些政策性的法规和条例还未出台；从学生自身来说，实现高尚的职业理想、寻找最佳的效益、牢固确立市场择业观念也非常重要。

（1）高校要认真做好毕业生就业指导工作

就业指导工作的内容主要有三个方面：一是信息指导，二是思想指导，三是技巧指导。针对高校毕业生择业过程中的心理浮躁问题，学校的思想指导和技术指导工作显得尤为重要。

信息指导是就业指导的基础。通过就业信息及时发布，让高校毕业生尽可能地掌握用人单位的需求信息，以便主动投身择业过程。

思想指导是指帮助高校毕业生树立正确的就业观。指导学生从个人实际出发，主动适应社会需要，正确认识和处理眼前利益和长远利益的关系、理想和现实的关系、挑战和机遇的关系、挫折和成功的关系、个人和社会的关系等。高校毕业生只有克服浮躁情绪，正确把握自己，顺应时代潮流，树立正确的择业观念，才能一步一个脚印地实现自己的人生价值和理想。

技巧指导是就业指导的重要内容，高校毕业生存在的择业浮躁心理在一定程度上是因为缺乏择业技巧。比如：具体的应聘程序，资料的整理和使用，面对用人单位如何自我介绍，如何了解对方以及面试时应有的礼仪和言谈举止，都需要毕业生熟练掌握。这样，可以避免介绍不着边际，材料不得要领，礼貌不周，言语不当，衣冠不整，手续不全等因素造成的择业失败。

（2）高校毕业生要树立高尚的职业理想

如果说中小学时代是一个人职业理想的萌芽阶段，那么，大学时代则是一个人的职业理想茁壮成长的时期。高校毕业生在走向社会的时候，职业理想通常已经形成，这对今后的职业生涯有着长远的影响。大学生的职业理想是指大学生对未来职业的一种强烈的追求和向往，是对未来职业的规划和构想。这是大学生选择职业类型的决定性因素，求职择业的一切都以此为出发点。

（3）在发展变化的社会中寻找最佳位置

选择职业，就是选择未来。高校毕业生要把握好机遇，迎接挑战，争取迈好走向社会的第一步。首先，需要对所处的社会环境进行比较全面的了解和认识，弄清当前大学生面临的就业形势。就总体而言，我国经济发展加快，社会对人才的需求会不断增加，毕业生就业的形势还是比较乐观的。但具体到某一地区、某个学校、某个专业，情况就不尽相同了。从近几年看，工科类大部分专业供不应求，其中机械、电气、化工、自动控制等专业的需求量大，而文科和理科类的某些专业需求量相对较小，有些专业甚至没有需求信息。高校毕业生不能把就业期望值定得太高，即使热门专业的毕业生，也同样要不断调整自我的期望值，使自己的理想更加符合社会的需要，这样才能在激烈的职业竞争中掌握主动权，找到理想的工作。

（4）高校毕业生的思想观念要适应市场经济环境的需要

毕业生就业制度改革的一个重要特点就是，把社会主义市场经济的竞争引入大学生就业之中，建立起公平、公正、公开的人才竞争环境。作为未来的科技文化人才，在市场经济的环境中却不懂得市场规律，不懂得经济规律，是很难在经济大潮中站稳脚跟的。人才的竞争，对于每一位大学生来讲，都是一种新的挑战。所以，大学生必须树立市场竞争的意识。

我们必须深刻认识到，人才的竞争对社会发展和个人的成才有着十分积极的作用。只有通过平等的竞争，促进人们高水平、高标准地要求自己，充分发挥自己的潜力，才有利于人才的成长。只有通过平等的竞争，才能体现实力的较量，使真正有实力的人的才华得到充分地发挥和展示，整体促进社会的发展。

[思考题]结合实际谈谈大学毕业生在就业过程中存在哪些常见的心理问题。

【拓展阅读】

量身定制计划，促进大学生就业
（来源：中国青年网）

2017 年 5 月 4 日，在全省就业工作会议上，有关领导表示，为高校毕业生量身定制就业促进和创业引领两项计划，力争所有有就业意愿的毕业生都能实现就业创业。实施大学生就业促进计划，根据毕业生就业需求，制订个性化求职方案，提供岗位信息、培训见习等服务。

2017 湖南省高校毕业生总规模达到 36.68 万人，比 2016 年增加 2.6 万人，高校毕业生规模的增量、增幅都是近年之最，总人数再创历史新高。近年来，随着普通高校扩招，加之高等教育结构和就业市场供求结构失衡等，高校毕业生就业遇到了比较大的困难。不过，高校毕业生始终是社会创新的主要源泉，高校毕业生身上积累有较多的人力资本，是最主要的青年人才。湖南省通过实施就业促进和创业引领两项计划，力争所有有就业意愿的毕业生都能实现就业创业。实施大学生就业促进计划，要把握好实名制服务这个关键，完善信息获取、登记反馈、跟踪管理工作机制，根据毕业生就业需求，制订个性化求职方案，提供岗位信息、培训见习等服务。实施大学生创业引领计划，要更加注重运用各类社会力量和服务载体，加强创新教育和创业培训，开发一批适合大学生的创业服务项目，提供多渠道资金支持，落实好各项便利化措施。

此外，在"新"和"沉"两个方向拓宽就业渠道。"新"就是引导毕业生到新业态、新模式上就业创业。当前新技术、新产业、新业态快速发展，要综合运用财税、金融、资金补贴等政策，支持发展一批适合高校毕业生就业的新业态、新模式，努力拓展多元化就业空间。"沉"就是引导鼓励毕业生到基层、艰苦边远地区和中小微企业就业创业。要抓紧制订引导高校毕业生到基层就业的具体实施意见，构建引导毕业生到基层工作的长效机制，开发一批基层公共管理和社会服务领域就业岗位，将引才引智与促进高校毕业生就业创业相结合，促进一批毕业生在基层成长成才。

【课后深化】

1.就第二节的【案例导入】"良好的习惯使您成功"，用你的观点分析一下应聘者成功的偶然性和必然性。

2.根据教材中列出的8种常见的大学生就业心理误区，对照一下自己并思考，若自己存在就业心理误区的话应该怎样克服？

3.根据下列"透过2018年大学生就业形势看未来就业前景最好的十大专业"，看看自己了解多少，并根据自己的择业标准，给这10个专业排排序。

透过2018年大学生就业形势看未来就业前景最好的十大专业。

第1名：计算机网络。计算机网络虽然费脑子，需要强大的思维支撑，但社会上的软件设计师、网络安全师等职业都颇为吃香。

第2名：同声传译专业。这个专业走红的原因不难看出。随着中国与世界的紧密联系，同声传译具有较大的市场缺口与较可观的收入。

第3位：水利专业。看上去水利专业不贴近生活，但随着国内一大批工程的上马，水利专业，取得第三名。

第4名：能源交通专业。国内的油田、气田亟需这方面的人才。

第5名：建筑专业。建筑专业一直都是香饽饽，尤其是公用建筑、民用建筑方面。

第6名：外语专业。在中国举办北京奥运会之后，外语专业的红火程度一直降不下来。

第7名：电子信息类专业。电子信息专业属于高新类，在全国尤其是珠三角地区有较广阔的就业前景。

第8名：农林类专业。农业是中国发展的根本。农林类专业的就业率一直都居高不下。

第9名：汽车维修专业。随着汽车销售量的上涨，汽车维修专业逐渐成为家长与考生的首选。据调查，国内汽修人才的缺口至少达到100万。

第10名：外贸专业。外贸专业的人才具有较多的选择权，可以选择去私企、证券公司、外贸机构等。

第三章　培养职业素质　提高就业能力

对高校大学生而言，具备良好的职业素质，就相当于具备了入职的"敲门砖"。一个大学生的就业能力在很大程度上取决于该学生职业素质的高低。职业素质越高，获得成功的概率就越大。本章将从三个方面培养自身的就业素质，掌握必备的就业能力，做好充分的就业准备来展开论述。

政策链接

教育部办公厅关于进一步做好高校毕业生就业创业工作的通知
（来源：教学厅〔2016〕5号文件，教育部网站）

各省、自治区、直辖市教育厅（教委），有关省、自治区人力资源社会保障厅，部属各高等学校：

党中央、国务院高度重视高校毕业生就业创业工作。习近平总书记强调，高校毕业生的就业问题关乎社会安定和稳定，一定要高度重视。要做好以高校毕业生为重点的青年就业工作，支持帮助学生们迈好走向社会的第一步。5月6日李克强总理主持召开就业工作座谈会并作重要讲话，5月20日国务院召开全国普通高等学校毕业生就业创业工作电视电话会议，对做好高校毕业生就业创业工作进行全面部署。目前，正值高校毕业生就业创业关键期，为深入贯彻落实习近平总书记、李克强总理等中央领导同志的重要指示批示精神和国务院会议要求，确保今年高校毕业生就业水平不降低，现就有关事项通知如下：

一、持续推进高校毕业生就业。各地各高校要围绕战略性新兴产业、现代服务业，面向民营经济、小微企业，开发更多适合高校毕业生的就业岗位。充分发挥校园招聘主渠道作用，主动"走出去，请进来"，采取网上网下相结合，多渠道收集发布就业信息，办好各类招聘活动，确保校园招聘活动热度不减、数量提高。继续做好"特岗计划""三支一扶""西部计划""大学生村官"等基层项目组织招募、政策落实、后续服务等工作，各地要结合实际，启动实施社区服务、健康养老等新项目。尚未制定鼓励基层就业学费补偿贷款代偿办法的省份，要在毕业生离校前出台相关政策并组织实施。

二、着力抓好大学生创新创业。各地各高校要将就业创业结合起来，释放创业带动就业的"倍增效应"。要把深化创新创业教育改革作为推进高等教育综合改革的突破口，融入人才培养体系，健全课程体系，促进专业教育、实习实践等与创新创业教育有机融合。要抓紧制定鼓励学生创新创业的学分转换、弹性学制、保留学籍休学创业等具体政策措施。要根据学生创新创业不同阶段的实际需求，不断提高指导服务的针对性和有效性。高校要加大在科技成果转化、场地建设、资金投入等方面的帮扶，开辟专门场地用于学生创新创业。做好"全国高校实践育人创新创业基地"培育建设。要在明晰科研成果产权前提下，支持在校学生带着科研成果创业，并提供实验室、实验设备等各类资源。要充分发挥校友等社会资源作用，多渠道为创新创业学生提供资金支持。要积极引导鼓励学生返乡创业，并积极协调有关部门为返乡创业的学生提供土地、资金、技术指导等方面的支持。要组织举办好第二届中国"互联网＋"大学生创新创业大赛和2016年全国职业院校技能大赛，通过各类大赛激发学生创新创业热情。要做好全国高校创新创业总结宣传工作，提供各类学校可借鉴的典型经验。

三、精准推送就业创业指导服务。各地各高校要建立健全精准推送就业服务机制，准确掌握就业信息，完善毕业生求职意愿信息数据库和用人单位岗位需求信息数据库，搭建精准对接服务平台。充分利用"互联网＋就业"新模式，根据毕业生自身条件、个性特点进行智能化供需匹配，减少毕业生求职盲目性。要广泛使用手机等移动终端，开展个性化订制服务，为毕业生送政策、送指导、送信息。要加强就业创业指导课程和学科建设，按要求配备专兼职就业指导教师，加强对就业指导教师的培训，不断提高就业指导能力和水平。要高度重视心理健康辅导，及时疏导毕业生求职焦虑等心理问题，帮助毕业生调整就业预期，科学规划职业生涯，积极主动就业创业。

四、抓紧做好大学生征兵工作。各地各高校要认真贯彻落实中央军委国防动员部、教育部《关于进一步做好大学生征兵工作的通知》（军动〔2016〕41号），建立健全征兵工作定期会商机制，以更大力度做好宣传发动和组织实施，细化分解征集任务，实时掌握学生应征报名、体格检查、政治考核和预定兵工作进展情况，确保放暑假前完成在校生和毕业生的预定兵工作。要进一步提高宣传动员精准化水平，按照学生征兵工作阶段要求，针对毕业生、在校生、新生三个群体不同特点，开展点对点、面对面宣传发动。要进一步加强政策落实，鼓励因地制宜出台新措施，今年要重点落实好高考录取通知书中寄送征兵宣传单、退役大学生士兵专项研究生招生计划、复学升学、转专业、就业创业等政策，努力实现学生征兵数量和质量进一步提高。

五、切实加强困难帮扶。各地各高校要抓紧建立健全有就业意愿尚未就业毕业生统计机制，以精准统计为基础，重点摸清有就业意愿尚未就业毕业生状况。要带着深厚的感情像对待自己的亲人一样做就业帮扶工作，突出重点、狠抓落实，切实帮助他们解决就业中遇到的困难和问题。对家庭困难毕业生、少数民族毕业生、女性毕业生、农村生源毕业生、残疾毕业生等各类就业困难群体，要建立台账，通过发放求职创业补贴、举办专场招聘活动、开展个性化辅导、推荐岗位信息等多种方式，帮助他们尽快实现就业。对建档立卡贫困家庭毕业生和零就业家庭毕业生，高校领导要亲自过问、指定专人具体负责，千方百计帮助他们实现就业。对离校未就业毕业生，要积极主动和人社部门做好信息衔接和服务接续工作，持续为离校未就业毕业生提供就业指导和信息服务，努力使他们都能在毕业半年内实现就业或参加到就业准备活动中。

六、维护高校毕业生合法权益。各地各高校要高度重视毕业生权益保护，进一步加强法制教育，提高维权意识，坚决制止就业欺诈行为，帮助毕业生识别虚假或欺诈就业信息，防范招聘陷阱，保护自身权益。要进一步加强校园招聘活动监管，校园招聘活动严禁发布含限定院校、性别、户籍、民族等歧视性条款的就业信息，坚决反对任何形式的就业歧视。各高校不准以任何方式强迫毕业生签订就业协议或劳动合同，不准将毕业证书、学位证书发放与毕业生签约挂钩，不准以户档托管为由劝说毕业生签订虚假就业协议，不准将毕业生顶岗实习、见习证明材料作为就业证明材料。

七、做好思想教育和宣传引导工作。各地各高校要不断创新思想教育方式方法，采取青年学生喜闻乐见的形式，组织毕业生深入学习习近平总书记、李克强总理关于青年人成长成才和就业创业重要讲话及指示精神，引导广大毕业生积极主动就业，自觉到国家需要的地方实现自己的人生价值。要密切关注毕业生就业形势变化，加强形势研判和舆情监控，及时发现和处理毕业生就业过程中可能出现的不稳定因素和问题。要大力营造良好氛围，积极宣传学生爱岗敬业艰苦创业典型事迹。坚决防止不利于毕业生就业创业，不利于社会安全稳定的新闻炒作。要积极举办主题班会、毕业典礼等，组织开展形式丰富的文明离校活动，确保校园安全稳定。

教育部办公厅

2016 年 5 月 27 日

第一节　培养自身的就业素质

案例导入

诚实、守约使你成功

小赵是一所重点大学英语专业的毕业生，她优秀的专业素质使她在应聘一家跨国公司时几轮严格考核都顺利通过，列入备选之列。当她去一所重点中学应聘时，学校领导对她也很赏识，同意与她签约。此时她面临着两难选择：如果与中学签约，一旦那家跨国公司同意接收她，她就面临与中学毁约；如果不与中学签约，那家公司又不接收她，就可能失去进入重点中学工作的机会，考虑再三，她还是向学校领导坦言了自己的想法和处境，希望学校能宽限一段签约时间。学校领导对她的坦诚态度给予了肯定，认为诚实守信是做一名老师的前提，并答应她的要求，如果那家跨国公司的选拔没通过，中学欢迎她加盟。在这两难的选择上，小赵以真实诚恳的态度获得了成功。

　　[评析]用人单位在招聘毕业生时，对毕业生的素质要求是不同的，但是其中有一条是每个单位一致看重的，那就是诚实守信的品德。在应聘过程中，不少毕业生因自己的诚信赢得了考官的青睐从而获取了成功。

一、大学生就业素质概述

素质是指一个人在后天的环境和教育影响下所获得的稳定的、长期发挥作用的基本品质，包括人的思想、知识、品格、气质、修养等。当代大学生的就业素质主要包括专业素质、人文素质、创新素质和心理素质，每个方面都具有丰富的内涵。其中，专业素质是生产力，人文素质是润滑剂，创新素质是永动机，心理素质则是这一切的前提和保障，下面分别阐述如下。

（一）专业素质

随着科技和生产力的发展，社会上产生了众多的行业、职业和岗位。大学毕业生要在各自的岗位上完成任务和职责，就需要了解和掌握本专业所需要的基础知识、专业知识，培养从事工作所需要的各种能力，构建合理的知识与能力结构，形成优良的专业素质。扎实的专业素质是大学生立足社会，进而开拓创新、成才立业、为国效力的首要前提。

1.专业素质是大学生的核心素质

大学生专业素质是指大学生掌握的专业理论知识，以及运用这些知识解决实际问题的技能，进而将获取的专业知识内化为专业能力，形成一种相对稳定的，能较出色地从事专业工作的品质。大学生的专业素质主要包括专业理论知识和专业能力。

专业理论知识方面，主要有本学科专业理论知识、跨学科专业理论知识和综合交叉学科理论知识三大领域，大学生应做到本学科理论知识牢固扎实，其他学科知识博大宽厚。

专业能力方面，一是专业方面的一般能力，包括阅读、资料查阅、写作、社会调查、观察、运算、实验等方面，它是大学毕业生从事工作应具备的最基本的能力。二是运用专业知识的能力，即用所学知识解决生产实践中所遇到的问题，使科学技术从知识形态转化为生产力的现实形态，从而形成新的生产力的能力。三是一定的科学研究能力和创新能力，即能运用科学研究的方法，对所获取的信息进行加工，能够正确地总结客观世界的规律，能够在实践中有所突破。大学生专业素质的拓展，既表现为专业知识的增长，又表现为专业能力的提高，更体现为二者的统一和升华。

2. 专业能力是大学生专业素质的拓展

能力是指调用知识、运用智力、借助技能，顺利完成某种实践活动的个性心理特征，是在观察、记忆、思维等智力活动的基础上形成的掌握知识、运用知识、进行创造的本领。学习在于运用，继承在于创新，而能力只有在合理的结构中，才能具有潜在的创造功能。

（1）专业能力结构

能力结构是各种能力的有机组合，是有机联系的能力系统。大学生的能力是多维度、多层次的，专业能力是大学生能力的一个重要部分，主要包括以下四种能力。

①自学能力。自学能力是指独立获取新知识，不断调节知识结构的能力，是人才获得成功的基本能力。具有自学能力就犹如掌握了知识宝库的金钥匙，能不断获取新知识，并为我所用。进入大学后，教学模式变成了以学生为主体、教师为指导的自学模式。教师在课堂讲授知识后，学生不仅要消化理解课堂上学习的大信息量的内容，而且还要用大量时间阅读相关的书籍和文献资料。自学能力包括能独立确定学习目标，能对教师所讲内容提出质疑，查询有关文献确定自学内容，将自学的内容表达出来与人探讨，撰写有自己见地的学习心得或学术论文等。

②分析和解决问题的能力。分析和解决问题的能力就是对客观世界间接地、概括地反映能力。即通过对感性材料的研究与分析，找出事物的本质规律，从而形成科学的概念和结论，达到解决问题的目的。分析是一种重要的思维活动，任何问题的解决，都离不开科学的分析。

③实际操作能力。实际操作能力是指完成学习活动、专业训练和特定生产实

践任务中各种具体操作的能力。实际操作能力是大学生面向操作型职业岗位必备的一种重要能力。现代科技的许多重大突破，都得益于高超的实验技术。置身于充满激烈竞争的现代社会，需要大学生做到手脑并用，并随时把自己科学的思维转化为物质能量。

④表达能力。表达能力是指借助各种媒介形式，如语言、文字、图表、数理符号等，交流信息、表达思想情感的能力，它包括口语（中、外文）表达能力、写作（包括外文写作）能力、图表表达能力和数字表达能力等。善于把自己的研究成果、设计方案、思想情感等用恰当的方式准确而清晰地表达出来，并为他人理解，这是大学生进入工作岗位的一项基本能力。

（2）专业能力的培养

第一，要考虑适应社会的需要。大学生应建立一个合理的能力结构，使自己在事业中更好地发挥作用，把自己的聪明才智有效地贡献给社会。社会的需要是建立最佳能力结构的出发点和依据。对社会需要，要兼顾眼前和长远，既要立足于当下的工作需求，又要瞄准行业的发展趋势；既要考虑分工的特点，又不做分工的奴隶。只有根据社会需要，分清能力要素的需求程度和轻重缓急，才能把各种能力有效地集中在一个方向上，从而形成能力优势。

第二，寻求个性能力结构的发展。能力结构有共性也有个性，最佳结构必定因人而异，适合个人的特点。前人或他人的最佳结构可以借鉴，但不可照套照搬。大学生应了解自己目前的能力状况，以及对学习、工作的适应情况，准确定位，发挥优势，扬长避短，建立起适应社会需要，又独具特色的最佳能力结构，提高自身的岗位竞争力。

第三，深化、优化、活化专业知识基础。专业知识虽然不能代替能力，但却是拓展能力的重要基础。大学生在建立和优化能力结构的过程中，不论学习哪门专业，都要深入下去，弄清知识内部结构的来龙去脉，这样，才有利于思考、想象和创造。同时，还应广泛涉猎各相邻、交叉和边缘学科知识，触类旁通。另外，在学习中要注意把知识学活，提高知识的利用率。在所学的知识中，只有那些真正理解消化了的知识，才能转化为能力。

第四，熟练掌握专业技能，发挥专业优势。大学生在校学习的目的主要是获取知识，并将其活化为相应的能力。但知识并不能直接转化为能力，它必须借助"转换器"——技能来实现。稳定、熟练的技能运用，将有效地促使知识转化为实际应用能力，优化能力结构。技能是通过练习形成和固定下来的，在大学阶段，大学生应充分利用高校的实验实习硬件优势和指导教师的资源优势，加强实验操作技能、工具使用技能、生产实践技能等的训练，打造专业技能优势。

第五，积极参与社会实践。能力的拓展离不开实践，实践是大学生增长知识、将知识转化为能力的外部条件。不同领域的实践活动可以促进大学生不同能力的拓展。大学生的实践活动内容十分丰富，如实验课、生产实习、毕业实习与毕业设计（论文）、第二课堂、社会实践、社会调查、勤工助学以及担任学生干部或者大学生社团、协会的管理工作等，都是社会实践活动的内容和形式。在实践活动中应有明晰的目标定位，掌握科学的方法，学会把知识有意识地应用到特定实践领域中，在实践中检验认识和理论的正误，将理论转化为能力。

（二）人文素质

人文素质决定着一个人的精神面貌、气质和品位，影响着人的生命质量。人文精神的匮乏，往往是导致人格畸变、道德沦丧的潜在原因。中国科学院院士杨叔子先生形象地指出："人文文化是一个民族的身份证。没有先进的科学技术，我们会一打就垮；没有人文精神、民族传统，一个国家、一个民族会不打自垮。"许多有识之士特别强调大学教育对大学生人文素质培养的重要意义，认为"大学的主旋律是育人，而非制器"。作为当今时代的大学生，无论是成人，还是成才，都必须拓展自身的人文素质。

1. 提高大学生人文素质教育的意义

人文素质教育是通过优秀的人文文化实现的，而优秀的人文文化则是在历史的长河中通过不断的积累、提炼和升华而逐渐形成并随着人类社会的发展而发展的。在当今时代，以优秀的人文文化来武装大学生的头脑、陶冶大学生的身心，具有重要的意义。

①人文素质教育能够丰富大学生的精神世界。培育他们的民族精神，增强其精神力量建设有中国特色社会主义，实现中华民族的伟大复兴，需要全社会共同培育起一种强大的民族精神，以增强我们的精神竞争力，这是克服腐朽、消极的人生观和价值观，推动我国社会全面进步与发展的重要法宝。因此，通过加强大

学优秀人文文化的教育，可以直接或间接地丰富大学生的精神世界，培养大学生对世界、对民族和对社会、对人生的理性认识，从而大大增强新一代大学生的精神力量，这对推动民族凝聚力和向心力的形成、增强我国的综合国力必将起到积极的作用。

②加强人文素质教育，有助于培养大学生的人文精神。人文精神是人类为争取自身的生存、发展和自由，以真善美的价值理想为核心，不断追求自身解放的一种自觉的文化精神。人文精神是人类社会发展的强大精神支柱，是守护民族精神的不朽长城。与强调知识和科学本身价值的理性精神不同的是，人文精神强调追求、运用知识时的良知、责任感和价值观，而这恰恰是保障社会全面健康发展的重要因素。通过加强大学人文素质教育，不断将人类优秀的文化成果内化为青年学生相对稳定的内在品质，这是培养其人文精神的关键环节。

③人文素质教育，可以丰富大学生的内在情感，促使其情感智慧的升华。情感智慧主要是指个人对自己情绪的把握和控制、对他人情绪的揣摩和驾驭，以及对人生的自我激励、面临挫折的承受能力和人际交往技能等，它反映的是人的心理素质的核心内容。正如美国心理学家丹尼尔·戈耳曼所说："婚姻、家庭关系，尤其是职业生涯，凡此种种人生大事的成功与否，多取决于情商的高低。"经"贝尔实验室"调查研究，顶尖任务并非是那些智商超群的名牌大学生完成的；相反，一些智商平平但情商甚高的研究员往往以其丰硕的科研成果而成为明星，其中的奥妙在于情商高的人更能适应激烈的社会竞争。

④针对当今世界普遍存在的重科技、轻人文的倾向，加强人文素养教育将在很大程度上克服目前高等教育专业细化所造成的科学与人文的分裂，改变各类专门人才的"单向度"倾向，使得21世纪高校所培养的学生既有科学素养又富人文精神，既有专业知识又有健全人格。这将是我国走向真正意义的现代文明的可靠保证。

2. 提高人文素质教育对大学生全面发展的作用

人的专业能力、专业素质只是人全面而自由地发展的条件，而人的人文素质，即思想境界、道德情操、认识能力、文化教养等，才是人全面而自由发展的标志。高雅的人文修养可使大学生自觉关怀他人、关怀社会、关怀人类、关怀自然，逐步具备美好的人格，不断由必然王国向全面发展的自由王国攀登。杨叔子院士曾教诲大学生："你们来大学干什么？三件事：第一，要学会如何做人；第二，要学会如何思维；第三，要学会掌握必要的知识与运用知识的能力。这三者不可分割，彼此支持、相互渗透，而学会做人是最基础的。"大学生锤炼人文素质从本质上说就是"学会做人"，就是要做一个有良知的人、有智慧的人、有修养的人，把"先做人，再做事，然后做学问"当作我们的座右铭。

（1）培养做人的良知

有的大学生在大学期间轻视人文素养的修炼和提高，结果在毕业时，往往不是因为专业问题，而恰恰是人文素养的缺陷使自己痛失较好的就业机会。现代大学生要成为一个有良知的人，首先应该注意培养自己的责任感。我国经济文化等领域的全面对外开放，以及"经济—文化—信息"全球化浪潮的冲击，造成了当下我国社会转型时期特有的多种文明、多元价值观念的冲撞和并存。大学生应当加强自省自制、自我设计能力的培养，珍爱生命价值，关爱他人与集体，勇于承担社会责任，最大限度地去实现个人价值和自身的社会价值。

（2）逻辑思维和形象思维的共同智慧

美国著名心理学家霍华德·加德纳1983年提出人的智慧能力由以下7个方面构成：语文能力、数理能力、空间想象能力、音乐能力、运动能力、社交能力和自知能力。他认为这7个方面综合起来才能构成真正的智慧。

人脑分为左、右两半球，各自有着不同的功能：左脑主管聚合思维，即逻辑分析、抽象概括、推理演绎等理性思维；右脑主管发散思维，包括想象、直觉、审美等形象思维。据研究表明，大多数人一生只开发了脑力的10%左右，如果左、右脑半球携手合作，思考能力和效率会提升数倍以上。在各种学科中，文学、音乐、绘画等艺术活动运用的形象思维多，最有利于开发右脑和培养创造智慧。钱学森说："我们对事物的认识，最后目标是对其整体及内涵(包括质与量)都充分理解。你的认识结构越完整，你认识事物就越全面深刻，就表现得越聪敏。"因此，理工科专业学生一定要自觉接受人文艺术的陶冶，而文科类学生也要注意获取自然科学知识。

（3）陶冶人格

富兰克林有句名言："留心你的思想，思想可以变成言语；留心你的言语，言语可以变成行动；留心你的行动，行动可以变成习惯；留心你的习惯，习惯可以变成性格；留心你的性格，因为性格可以决定命运。"人一生的命运循环起点在于人的思想，而一个人的思想境界高低与否、是否健康、能否拓展主要取决于人的人文素质。

一个人的修养可以表现在多个方面。有的人能够与人为善、宽容厚道，是一种仁者风范；有的人学识渊博，却又从不卖弄学问，是一种儒雅的风范；有的人谈吐不凡、出口成章，彰显着满腹经纶所形成的特有的人格魅力；有的人着装得体、举止有度，随时给人一种高雅的气韵……无论哪一种修养表现，都是个体天生的因素与后天人文素质相互作用的结果。每一个人都可能具备某一方面素质拓展的潜能，只要大学生愿意去追求、去自我培养，最终都会实现自己的目标。

3. 大学生人文素质锤炼的策略

人文素质的养成有多种渠道，可以在生活中的多个领域获得，但对大学生来说，最主要的途径是通过对文、史、哲、艺等人文学科相关领域知识的学习和人文活动的实践来获得的。然而，人文素质的锤炼和拓展是循序渐进、潜移默化的，关键是主体自身要有自觉而明确的人文素养意识，时时刻刻重视提升自我人文素质。岳麓书院的箴言说得好："博于学问，明于睿思，笃于务实，志于成人。"这里说的"博于学问，明于睿思，笃于务实"正是提升人文素质的有效策略，"志于成人"则是求学的根本目标，也是提高人文素质的最终追求。

（1）博于学问——广泛获取人文知识

素质是一定的知识、经验和能力综合而成的结果，没有一定的知识就不可能有相应的素质。正如高尔基所说："知识是人类进步的阶梯。"要提高人文素质也需具备一定的人文知识。获取人文知识信息主要有下述两个渠道。

第一个渠道是读书。当代著名科学家华罗庚、苏步青、钱三强等都喜好读古诗古文，工程院院士杨叔子带领自己的博士生研读《老子》《论语》，规定自己门下的硕士不读通《论语》、博士不读懂《道德经》不予毕业。古代经典典籍、世界文学名著、名家历史、哲学著作等，都积淀了人类思想情感与主客体世界认识的精华，广大青年学生应养成好读书、读好书的习惯，用人类有益的人文知识不断武装头脑、滋养心灵，才能不断提高自身修养和生命质量。

第二个渠道是报刊、影视、多媒体网络等，这些是现代信息社会传播和获取信息最为便捷的方式，已经逐步成为当代人们获取信息的重要渠道。随着信息现代化的到来，人们的阅读方式已经发生了变革，从文本阅读走向图像文本、超文本阅读，从单纯读文字信息发展到多媒体电子读物，而且可以在同电子资料库对话中高效率检索式阅读，获取各种信息将更加容易。互联网上，各种各样的信息铺天盖地，有健康向上的，也有低级的，甚至还是堕落和反动的，个体汲取怎样的知识信息，归根结底主要取决于自己的选择。对此，大学生要自觉培养欣赏高雅文化的情趣，保持关注健康信息的期待心态，这是快速获取优秀文化信息、提升人文精神的根本条件。

（2）明于睿思——善于在学习和实践中思考

学习中不思考，就不能掌握知识的真谛，隐含于知识的精神也就不能体悟；实践中不思考，就无法升华具体的感知，隐藏于其中的真理也就无法领悟。提高人文修养的最有效的途径，就是用心品味和体悟文史哲艺的经典书籍，并从中熏染陶冶情性。刘勰在《文心雕龙·神思》中谈到文学欣赏时强调说："陶钧文思，贵在虚静。疏瀹五藏，澡雪精神。"就是说欣赏者在阅读文学作品时一方面要力求摆脱功利目的，而抱着索美求善的期待心情去欣赏，努力使自己入情入境；另一方面要抱着一种积极思索的期待心理去品鉴，关注其中的艺术美和思想内涵。

（3）笃于务实——积极参加人文活动

知识可分为两种，即知性的知识和体验性的知识。知性的知识在探究自然界的奥秘和处理一般的生活事务时发生作用，但对于人的精神生活而言，则不起关键的作用。人们可以用知性的知识来处理工作和生活方面的逻辑性问题，却很难用知性的知识来使自己快乐和参悟生命的真谛。所以，对精神生活而言，我们需要的是另一种知识，即体验性的知识。

读书为学的终极目的，不仅要使我们获得知性知识和理性思维，更重要的是要培养健康的身心、高雅的情趣以及形成良好的个性，为将来的全面发展奠定基础。这就要学会体验，而体验离不开实践。大学生人文实践的途径是很多的，关键在于大学生自己能否有意识地去寻求和把握。比如，认真对待每一次作业和每一次班集体活动，可以培养自己一丝不苟的做事态度；关心同宿舍、同班级需要帮助的同学，参加社会性的志愿者活动，可以培养博爱情怀并体验高尚为人的自豪；积极地参加社会话题讨论、影视作品评论、辩论会、演讲比赛、体育比赛以及各种社团活动并大胆展示自己，就会潜移默化地培养起自信心和群体意识；有意识地参加音乐会、综艺晚会、美术作品展览以及经典文艺作品鉴赏活动等，或者积极发展自己的艺术特长，真正形成一种业余的文艺爱好，久而久之，就会培养高雅的审美观和积极的生活情趣。总之，大学生应该善于在各种实践活动中去体验生命的激情与活力，并探寻生命的真谛与人生的魅力。

（三）创新素质

世界各国日趋激烈的综合国力竞争的焦点集中到了人才素质，尤其是人才创新素质的竞争。我国正步入民族伟大复兴的关键时刻，面临知识经济和全球化的严峻挑战，对创新和创新人才的要求更加紧迫。

大学生创新素质锤炼的主要渠道和方式如下所述。

1. 锤炼健全的创新人格

创新人格是指具有敢于怀疑、批判、冒险的科学精神，在挫折面前不气馁、不动摇，绝不因困难和挫折放弃自己的想法和计划，勇于突破思维定式的束缚，有较强独立性。创新需要智力因素和非智力因素的共同参与，这是因为非智力因素可以激发创新意识，促使创新思维更好地发挥和运用。因此，大学生要着力培养健全的创新人格，始终保持远大的理想、坚定的信念、务实的作风、无畏的胆识、坚强的意志和创新的激情。

2. 培养敏捷的创新思维

创新思维既可以不断提高人类知识的总量，又可以不断推进人们认识世界，同时，创新思维可以为创新实践活动开辟新的局面。因此，培养创新思维是提高创新素质的重要基础。创新性思维的关键在于多角度、多侧面、多方向地看待和处理事物、问题和过程，具体表现在下述几个方面。

（1）理论思维

理论思维是指使理性认识系统化的思维形式。这种思维形式在实践中应用得很多，如系统工程就是运用系统理论思维来处理一个系统内各个有关问题的一种方法。"相似论"也属于科学理论思维的范畴，如人见到鸟因有翅膀能飞，就根据鸟的翅膀的空气动力和飞行功能等发明了飞机。

（2）多向思维

多向思维又称为发散思维、辐射思维或扩散思维，是指在某一问题或事物的思考过程中，不拘泥于一点或一条线索，而是从仅有的信息中尽可能向多方向扩展，而不受已经确定的方式、方法、规则和范围等的约束，并且从这种扩散的思考中求得常规的和非常规的多种设想的思维。多向思维具有四个特点。一是"多端"，对一个问题可以产生许多联想，获得各式各样的结论，如"怎样将梳子卖给和尚"。二是"灵活"，对一个问题能根据客观情况变化而变化，如"第二次龟兔赛跑如果兔子又输了"，原因可能是方向相反，还可能是前面有条河等。三是"精细"，能全面细致地考虑问题，所谓"细节决定成败"。四是"新颖"，答案可以有个体差异，各不相同，独特新颖。

（3）侧向思维

侧向思维亦称横向思维，是一种非常规的思维形式。以总体模式和问题要素之间关系为重点，使用非逻辑的方法，设法发现问题要素之间新的结合模式并以此为基础寻找问题的各种解决方法。当人们在一定的条件下解决不了问题，可以用侧向思维来产生创新性的突破。具体运用方式有以下三种：一是侧向移入。这是指跳出本专业、本行业的范围，摆脱习惯性思维，将注意力引向更广阔的领域或者将其他领域已成熟的、较好的技术方法、原理等直接移植加以利用；或者从其他领域事物的特征、属性、机理中得到启发，产生对原来思考问题的创新设想，如鲁班由茅草的细齿拉破手指而发明了锯子。大量的实例说明，从其他领域借鉴或受启发是创新发明的一条捷径。二是侧向转换。这是指不按最初设想或常规解决问题，而是将问题转换成为它的侧面的其他问题，或将解决问题的手段转为侧面的其他手段等。这种思维方式在创新发明中常常被使用。三是侧向移出。与侧向移入相反，侧向移出是指将现有的设想、已取得的发明、已有的感兴趣的技术，从现有的使用领域、使用对象中摆脱出来，将其外推到其他意想不到的领域或对象上。这也是一种立足于跳出本领域，克服线性思维的思考方式。如将工程中的定位理论用在营销中。

总之，不论是利用侧向移入、侧向转换还是侧向移出，关键的窍门是要善于观察，特别是留心那些表面上似乎与思考问题无关的事物与现象。这就需要在注意研究对象的同时，要间接注意其他一些偶然看到的或事先预料不到的现象。

（4）逆向思维

逆向思维也称求异思维，它是对司空见惯的似乎已成定论的事物或观点反过来思考的一种思维方式。敢于"反其道而思之"，让思维向对立面的方向发展，从问题的相反面深入地进行探索，创立新思想和新形象。逆向思维具有以下特点：一是普遍性。逆向思维在各种领域、各种活动中都适用，它能够克服思维定式，破除由经验和习惯造成的僵化的认识模式。二是新颖性。循规蹈矩的思维和按传统方式解决问题虽然简单，但容易使思路僵化、刻板，摆脱不掉习惯的束缚，得到的往往是一些司空见惯的答案。其实，任何事物都具有多方面属性，由于受过去经验的影响，人们容易看到熟悉的一面，而对另一面却视而不见。逆向思维能克服这一障碍，给人以耳目一新的感觉。

（5）联想思维

联想思维是指由某一事物联想到另一种事物而产生认识的心理过程，即由所感知或所思的事物、概念或现象的刺激而想到其他的与之有关的事物、概念或现象的思维过程。由于有些事物、概念或现象往往伴随出现，或在某些方面表现出某种对应关系，这些联想由于反复出现，就会被人脑以一种特定的记忆模式接受，并以特定的记忆表象结构储存在大脑中，以后再遇到其中的一个时，大脑会自动地搜寻过去已确定的联系，从而马上联想到不在现场的或眼前没有发生的另外一些事物、概念或现象。

（6）形象思维

形象思维是依据生活中的各种现象进行选择、分析、综合，然后加以艺术塑造的思维方式。形象思维具有如下特征：一是形象性。人们通过社会生活与实践，把丰富多彩的事物形象储存于记忆中形成表象，成为想象的素材。即使在研究抽象的科学理论时，人们也可以利用想象把思想具体化为某种视觉的或符号的图像，将问题和设想在头脑中构成形象，用活动的形象来思维。二是创新性。形象具有很大的创新性，因为它可以加工表象，由于形象带有浓烈的主观随意性和感情色彩，因此可表现出丰富多彩的创新性。三是概括性与幻想性。形象的思维活动并不是一种感性认识形式，而是具有形象概括性的理性认识形式。与概括性互补的是形象中包含的猜想与幻想成分，它们是一种高于感知和表象的崭新的意识活动，更能在不确定的情况下发挥人们创新性探索的积极性，有助于突破直接的现实感性材料的局限。

3. 积极投身创新实践

创新能力的培养与提高，必须通过实践来完成。大学生创新素质的锤炼需要围绕经济建设和社会发展，围绕"成才"中心，立足现实、着眼未来。

（1）创造性地学习理论知识

理论知识是从实践经验中总结概括出来的，也有的是通过科学假设、研究或试验论证得出的。学习理论知识亦需要创新。一是学习方法上的创新；二是敢于怀疑，努力创新知识。

（2）创造性地开展校园文化活动

一是活动形式上的创新。随着高校改革，社区文化活动、社团文化活动、不同民族的传统文化活动等将会不断拓展。二是活动内容上的创新。除文艺、体育活动外，还需加强人文素质、科技创新和国际交往等方面的活动，以便培养适应社会需要的高素质人才。

（3）积极参与科技创新活动

作为在校大学生，尤其是理工科学生，不仅要增强科技创新意识，更重要的是结合专业实际，发挥爱好特长，积极参与科技创新活动。一是创造性地完成毕业设计（论文）。毕业实习与毕业设计（论文）是大学阶段最重要的教学实践环节，也是大学生走向工作岗位前的一次理论联系实际的"实战"演习。应尽可能结合社会实际选择好课题，并注重课题的可行性与社会价值性。二是踊跃参加各类科技活动。各高校每年都会组织一系列科技活动，如小发明、小改革、小创造比赛等；各省市也会举行大学生科技活动成果竞赛，特别是全国大学生"挑战杯"课外科技作品竞赛、全国大学生"高教杯"数学建模竞赛影响更大，参赛水平更高；同时，还有计算机等级考试、程序员考试等。大学生参与这些活动既能得到锻炼和提高，又可以展示自己的创新水平。

（4）深入调查、积极投身社会

了解和认识社会不仅是大学生成长与拓展的内在需要，也是社会向大学生提出的迫切要求。一是要不断了解和认识社会。尽管大学生有了一定的知识和能力基础，但毕竟是刚从学校毕业，进入社会，与社会接触有限。因此有必要利用寒暑假或其他时间作社会调查，加强对社会的全面认识。二是积极投身社会实践。大学生应运用所学知识和技能，积极投身社会实践，并适当研究社会存在的某些问题，不断开拓创新。

（四）心理素质

心理素质不仅关系到每个大学生的生活、学习、工作和身心健康成长，也关系到个体的职业生涯。大学阶段正是心理品质形成、心理能力拓展、心理倾向定位的关键时期，培养健康的心态和良好的心理素质，既是大学生顺利完成学业、度过美好大学生活的重要保证，又是大学生实现可持续发展的必备条件，也是现代社会对人才素质的客观要求。

1.心理素质是人的素质结构中的重要因素

一个人的心理素质是在遗传的基础上，经过后天教育和环境影响而逐渐形成的、以心理机能为主体的心理特性或品质。它是以人的本质为核心，与需要、认知、情感、意志等社会特质相协调的心理机能特性的统一体。自知、自尊、自信、自立、自强以及乐观、果断、进取等品质，就是良好心理素质的具体表现。

心理素质是人们在社会实践中将外在的事物吸收、内化并沉淀于主体内的一种潜在的机制或功底，它一旦形成，就具有极大的稳定性。同时，成为人们进一步认识事物，从事实践活动的起点和出发点，即后续开发的内在依据。正是这个起点或依据不同，人们才显示出不同的水平和特点。

心理素质还具有能动性的特点，人们逐渐形成的需要、动机、情感、信念、理想等心理素质，影响着将来从事某些活动的态度和积极性，成为人们进一步认识和改造主客观世界的内部动力机制。心理素质的特点决定了它在素质结构中占有重要位置，对人的整体素质的提高起着举足轻重的作用。

人的整体素质由生理素质、心理素质和社会文化素质构成。生理素质是先天遗传的，是其他两类素质存在、发展的物质基础；社会文化素质是后天的，对其他两类素质起主导作用，决定着素质发展的方向，体现着人的本质特征；而心理素质居于生理素质与社会文化素质之间，是个体遗传和社会环境、教育相互作用的结果，它既影响着生理潜能的发挥、生理健康的状况，又影响着社会文化素质的形成和发展水平，因为人的各种社会文化素质的形成必须建立在相应的心理素质基础之上。因此，人的遗传素质和身心潜能的开发程度，社会文化历史经验在人的身心结构中内化、积淀的程度，都可以从人的心理素质水平上得到综合反映。正是在这一意义上，我们认为心理素质是人的素质结构中的重要因素。

2. 当代大学生心理素质锤炼的必要性

大学生正处于青春期，这一时期是人一生中最富有生命激情的时期，又是一生中生理、心理发生剧烈变化的时期，当代心理学家霍尔将这一时期比喻为人生航行途中的"疾风怒涛"般不平静的时期，大学生将面临学习、就业、恋爱、交友和社会适应等一系列问题。在现今在校的大学生中，独生子女越来越多，许多独生子女养成了依赖性强、意志薄弱、合作能力差等个性特征，再加之他们正处于社会转型时期，这又不可避免地给正在成长中的大学生带来了比以往任何时代都更强烈、更巨大的心理冲击。生理因素、心理因素、社会因素交织在一起，极易造成大学生心理发展中的失衡状态。因此，保持心理健康，培养良好的心理素质，是每一个大学生都不容回避的人生课题。

3. 大学生健康心理素质的构成要素

大学生良好的心理素质，主要体现在优良的个性心理品质和较强的心理能力两大方面。

其一，优良的个性心理品质，又称为健全的人格或优良的性格特征、性格品质。大学生优良的个性心理品质主要有下述 8 个方面的特征。

①对待自己要自信、上进。

②对待他人要诚实、博爱。

③对待学习、工作和事业要勤奋、敬业。

④对待客观现实要正视、适应。

⑤在认知方面要有灵敏、精确的感知，集中、持久的注意，准确、敏捷的记忆，丰富、大胆的想象，深刻、独立的思维。

⑥在情绪方面要保持积极乐观、胸怀宽阔。

⑦在意志方面要做到坚强、自制。

⑧在行为方面要自觉、自愿、自主地做到行为合法、合规、合理、合情，即不需要外在压力就能够保持与客观现实的积极适应。

其二，较强的心理能力。根据大学生心理健康锤炼的要求和积极适应社会环境的需要，大学生应着重培养下述7个方面的心理能力。

（1）自我认识能力

自我意识是心理素质拓展的基础，这就要求大学生能够正确地认识自我、评价自我，具备良好的自我意识能力。同时，要培养换位思考的意识和能力，在对比中恰当进行自我定位。

（2）人际交往能力

人总是生活在一定的群体之中，正确处理人与人之间的关系，是一个人寻求更好的生存空间的关键所在。因此，大学生应建立良好的人际关系，从中不断体验自信、得到激励和归属感。

（3）适应变化的能力

现代社会变化较快，竞争日趋激烈，大学生在心理上如果不能正确对待并积极适应，就会感到迷茫、困惑和苦恼，从而引起心理的失衡，甚至容易产生过激行为。

（4）承受挫折的能力

大学生在学习、工作、生活中，会遇到各种矛盾和挫折。大学生应逐渐锤炼健康的心理防御机制，减轻受挫时的心理压力，保持心理平衡。如果长期遭受挫折、压力等负面影响，又没有进行及时调整，那么就可能产生抑郁、烦躁、焦虑等心理问题。

（5）情绪调适能力

大学生情绪活动趋向丰富，高级社会情感逐渐成熟；同时，大学生的情绪活动具有冲动性、爆发性特点，对某种具体的体验特别强烈，富于激情，对新事物比较敏感，而且情感活动又具有双极性，常常会从一个极端走向另一个极端。因此，有效地控制和调节情绪，是大学生保持心理健康的重要前提。

（6）自我激励能力

自我激励就是把外在影响转化为内在的动力，是主体内驱力的源泉和全面发展的动力保证。大学生只有养成自律、自我激励的意识和能力，才会保持旺盛的精力，不断向既定的目标进取，走向自我完善和自我潜能的最大限度地开发与利用。

（7）行为控制能力

良好的行为控制能力是个体自我拓展和自我实现的基本前提和根本保证。《犹太法典》中有这样一段话："一个要取得成功的人必须具备以下素质：能够容忍那些不能改变的事（要仁）；要有勇气去改变那些能够改变的事（要勇）；要有智慧去区别上述两件事（要智）。"一个人具备了行为的自我监控能力，才能避免遭受外界因素的经常性干扰，使个体真正掌握自己命运的主动权。

4.大学生心理素质锤炼的途径

大学生的心理素质锤炼是一个主客体交互作用的复杂过程，其关键在于大学生自身要确立明确的目标，并掌握发展良好心理素质的途径和方法。

（1）掌握一定的心理卫生知识

大学生已经开始走向成熟，自我意识已基本建立，因此，每个大学生都应增强心理卫生意识，主动学习和了解心理卫生知识，在必要时可以运用心理卫生知识进行自我调节。

（2）建立合理的生活秩序

迈进大学校门是大学生人生中独立生活的开始，一时间似乎得到了许多的"自由"。不过，如果滥用这种"自由"，不顾自己的身体状况和生理节奏，都会导致精神损伤。因此，大学生要有意识地积极构建科学、合理、有规律的学习、生活秩序。

（3）保持健康的情绪

情绪对于一个人的心理健康来说，是至关重要的，几乎每一种心理疾病都有其情绪上的表现。稳定而良好的情绪状态，使人心情开朗、轻松安定、精力充沛，对生活充满乐趣与信心。相反，如果情绪波动不稳，患得患失，喜怒无常，处于不良的情绪状态中，而自己又不会调节和控制，就会导致心理失衡和心理危机，甚至精神错乱。大学生情感丰富而冲动，更应学会保持健康情绪的方法。

（4）建立良好的人际关系，学会去爱

人际关系是在一定的社会团体中，人们之间直接的、间接的、可觉察到的并受心理特征所制约的相互交往关系。大学生人际关系由认知、情感和行为三种心理成分构成。首先，认知成分反映了大学生个体对人际关系状况的认识，是人际关系知觉的结果，是人际关系形成、发展和改变的基础。其次，情感成分是交往双方在情感上的满意程度和亲疏关系，是与人交往的一种体验，反映出对交往现状的满意程度。最后，行为成分是指大学生交往双方外显的行为表现，如语言、手势、举止、风度、表情等表现个性和传达信息的行为因素，它是建立和发展人际关系的交往手段与形式。

（5）确立符合实际的奋斗目标

每个人都有成功的欲望，作为青年中的佼佼者，大学生成功的欲望就更为强烈。但客观地讲，每个人的天赋和能力都有一定的限度，都具有优势和劣势两个方面。一个心理健康的人，应该能对自己的能力作出客观的评价。因此，准确自我定位，对自己不过分苛求，把奋斗目标确定在自己力所能及的范围以内，自己通过努力，最终能实现这一目标。这样，就能有体验成功的机会，从而进一步促进心理的健康发展。如果不自量力，仅凭良好的愿望和热情，盲目地制订不切实际的目标，结果往往是目标落空，个人心理蒙受打击，产生挫折感，不仅耗费了精力，而且对大学生的自信心和心境造成不良影响，还会影响到个人今后的进一步发展。

（6）学会自娱

在现代社会生活节奏加快的同时，文化娱乐活动也得到了快速发展，高校健康的文化娱乐活动也随之健全、发展起来。大学生如果能主动去挖掘和发展自己的业余特长和爱好，积极投身到健康的文化、体育、科技、娱乐活动中去，就可能在寂寞孤独、烦闷忧郁时，通过自我娱乐来缓解压抑的心境，做到积极地放松和休整，从而不断达到新的心理平衡，并且，在自娱活动中，还可以培养大学生对生活的热情和积极向上的性格特征。

二、大学生就业素质的培养

大学生在掌握以上阐述的就业素质原理后，可以从自身出发，培养自己的良好基本素质和职业素质，分析自己的潜能并将其挖掘出来，在求职过程中量身打造好自己的个人品牌。

（一）大学生就业应必备的基本素质

招聘单位往往会把应聘者的学习成绩作为一种参考，而更加看重应聘者的人品及他其素质，即使看重成绩的单位，也绝非只看重应聘者的学习能力，而更想从中考察他对待学习的态度和热情。对一个年轻人来说，他对待学习的态度，或许就是他日后对待工作的态度。大学生在求职前必须加强以下 6 个方面素质的锻炼。

1. 职业道德素质

职业道德素质是所有素质中最重要的素质，也是越来越多的公司最看重的素质。由于知识型员工掌握着公司大量的技术或其他资料和信息，如果职业道德素质很差，对公司会造成很大的危害。因此，现在的有些公司，在招收知识型员工时，要求有原单位的工作表现证明，以证明他在以往工作中的职业道德素质水平。

2. 人际交流素质

人际交流素质要求的是团队协作能力，需要员工有较强的人际交往能力。在工作讨论中，沉默寡言或固执己见都会影响工作效率。由于知识更新的速度越来越快，要求团队是一个开放型的不断学习的组织，如果员工不愿将自己的知识与他人分享，会影响整个团队的进步。

3. 专业技术素质

专业技术素质要求应该具有适合本岗位工作所需要的技术理论知识和专业技能。同时，员工要有较强的自学能力，否则会被飞速发展的技术淘汰。

4. 基本管理素质

基本管理素质要求人要掌握一般的管理原理和管理方法。在工作团队中，往往没有专业的管理者，而是根据项目的不同，每个员工都可能成为临时的管理者来负责团队成员工作的组织和协调。自主管理和平等协作的管理模式的引入，要求员工具有管理方面的基本素质。

5. 心身健康素质

心身健康素质要求不论是身体健康还是心理健康，对知识型员工来说都是非常重要的。不论工作有多繁重，也要善于调节自己的身体和心理素质，它们是未来能够更好工作的基石。

6.逻辑思维素质

逻辑思维素质要求具有较好的分析问题的能力，对事物的判断较为准确。另外，要有系统思维的习惯，并掌握一些良好的思维方法，这些对自己的工作都会大有裨益。

（二）就业素质多元化的能力体现

信息时代对人才素质的能力要求呈现多元化的趋势，大学生就业素质应体现出下述多元化的能力。

1.较强的应变能力

当今这个时代瞬息万变，要想在这多变的世界中获取成功，就必须要求自己练就一种非凡的应变能力。正如很多专家、评论家所说："未来的商场中不再是大吃小而是快吃慢。"相对来说，人才竞争中遵循着淘汰原则："快人"淘汰"慢人"！这就需要人们要有随机应变的能力，对环境作出适应的调整，以备不时所需。

2.交流和发挥想象的能力

在这个时代，人们要尽快被社会接纳的一个很重要的前提就是，必须具有把握信息和获取信息的能力，但要拥有这些能力就必须要求人们准确表达和发挥自己的想象。如果做到了听得认真、写得明白、看得仔细、说得清楚、叙述准确，将具有无可估量的价值。

另外，在快节奏的工作环境中，交流能力至关重要，它可收集和获取广泛的知识信息，并对其中的一些知识、思维方法及观察视角加以借鉴，以便引导公司走向未来。

3.观察分析能力

现在的社会错综复杂，要在这剪不断、理还乱的社会中，保持清醒的头脑，就必须要求人们有一种敏锐的观察事物以及分析处理事物的能力。要想在职场上走向成功，人们就必须要具有较强的观察和分析事物的能力，并将不完善的新知识转化为创新力更需要敏锐的洞察力。

4.开拓创新的能力

创新是一个国家、一个民族获得进步的重要条件，同样，对于个人来说，创新是赢得成功的一个重要保证，创新能力是我们每一个社会公民都应该努力培养的能力。

5. 组织能力

无论到哪儿，组织工作都是必不可少的，如调拨财力物力、设置工作流程、制订市场营销战略、寻找赢利机会等，这些都需要高水平的组织能力。另外，工作最有成效的人是那些懂得如何表达信息和思想以得到别人理解与支持的人。

6. 承担责任和压力的能力

压力主要来自工作量的增加和技术革新的速度。生活在当今时代的人，越来越感觉到工作节奏在明显加快，如果我们没有一定的时间观念，很可能就会把自己规划的事情不能按时保质地完成，最终的结果是自己的付出可能没有获得任何收获。

7. 独特的专长业务

通常人们在看谁适应社会能力强的时候，仅仅会从某一个方面作出评价，其实真正适应社会的应该是那些同时具备几种能力或者素质的人，而且本身具备能力和素质越多的人适应能力就越强。

8. 非凡的工作能力

在讲究经济效益的市场经济中，每一家公司都希望自己所招收的员工都能很快胜任自己的工作，并在工作中取得好的成绩。这时工作经验就成为个人素质的重要本钱。在众多单位或公司老板的眼里，具有丰富工作经验的人，才是能够为公司创造业绩的人，非凡的工作能力会在就业素质方面给你添彩。

9. 团队协作的能力

当今的社会分工越来越细，某个工程或者是某个项目通常需要若干人通力协作才能完成。因此，在这个团结协作的过程中，人们只有更好地发挥个人的主人翁意识，与其他协作的人共同发挥团队精神。这不仅表现了一个人的品质，而且是高质、高效出成果的前提和保证。事业要发展，团结协作的力量大于一切。所以，现代公司喜欢具有较强适应能力，富有团队精神的"实干家"。

10. 可迁移力（可转移能力）

可迁移力是指那些能够从一份工作中转移运用到另一份工作中的、可以用来完成许多类型工作的能力，它是基于行动的一种能力。在高效快捷的时代中，任何一家公司和个人都不是一成不变的，他们同样随着时代的节奏而不断地进行着"潮起潮落"，在这些运动的过程中，每个人一生不可能就单纯地只会某一种职业，在公司和行业不断更新交替的今天，人们个人的学习技能和个人特质在不断的求职过程中也会随着不断地更新，而要想成功地适应这个不断发展的社会，就要求人们的能力也必须处于"运动"之中，这个"运动"的能力就是人们通常所说的可转移能力。

（三）职业素质的主要内容

大学生在学校学到了很多知识，但这些知识并不完全等于用人单位需要的职业素质。一个知识很丰富、能力很强的大学毕业生如果缺乏职业素质，也很难成为人才市场上的宠儿。因此，要想顺利就业就必须具备一定的职业素质。

职业素质的主要内容包括下述 5 个方面。

1. 职业责任感

现在许多公司在考虑雇用一个人的时候，首先考虑的是他的"德"，一个没有德的人，无论他的才能多么高，也是不受欢迎的。因为现在的公司都会对新进人员进行一些培训，其中包括客户资料、销售渠道以及核心技术等。如果是一个没有道德的人，他一旦在公司干得不开心就会辞职不干了，然后再把这些资料卖给公司的竞争对手，这是企业竞争中的大忌。同时，职业责任感还表现在大学生对待事物的每一个细节上，假如有一位大学生生病了，这时一个一直只由该名大学生单方接洽的客户有很紧急的事情找他，他如何处理？当个人事务和公司事务出现矛盾时，大学生会首先考虑哪一方？在外出办事时，大学生是否会意识到自己正代表着公司的形象？

2. 沟通能力和团队精神

现在再也不是一个单打独斗的时代，一个人真正的成功应该是一个团队的成功。如果仍然出现以往所谓的"一个和尚挑水吃，二个和尚抬水吃，三个和尚没水吃"的现象，就会成为公司的障碍。公司都希望员工能够精诚团结、相互协作，而不是互相掣肘、扯皮，这就需要沟通和团队的力量。

3. 丰富的实践经验

用熟不用生，可以说是所有公司的共同愿望。不要以为学生没有实践经验，事实上，作为一名学生也有很多机会帮公司或帮学校实验室做一些事情。任何知识如果只是停留在纸上，那还不是完全懂了它；只有在做了事情之后，你才算是真正懂了它。

4. 自身素质的提高

科学技术的发展给职业带来了巨大的冲击和更高的要求，知识面狭窄的人已难以适应未来经济的发展。现在的应聘单位普遍对录用员工的标准要求严格。既要看学历，又要看能力；既要看是否懂专业，又要看是否懂管理。所以，应聘者必须要树立新的就业观念，学习和掌握一门或多门技能知识，包括计算机、外语等。要不断地培养和提高自己的综合能力和社会化水平，以适应市场择业的激烈竞争。

5. 独特的创新能力

在当今这个科学技术日新月异的时代，因循守旧已成为失败者的代名词。一个人才如果不具备创新能力，基本上就是个庸才。就算他现在具有不错的职业技能，也很快会成为落伍者。如果某家公司这类人聚集过多，这家公司的前景将会一片暗淡，因为任何创新都可能会触及这些人的利益，他们会自觉不自觉地成为公司进一步发展的绊脚石。

（四）量身打造优秀的个人品牌

一名大学毕业生要想成为一个成功的求职者，最应该做的准备就是打造自己的个人品牌。

美国管理学者华德士提出，21 世纪的工作生存法则就是建立个人品牌。他认为，不只是企业、产品需要建立品牌，个人也需要在职场中建立个人品牌。

建立个人品牌对自己的生存来讲十分重要。有种说法，现在个人工作年限比企业寿命还长。据统计：大企业的平均寿命是 35 年，而 80% 的创业企业寿命超不过 10 年。在这种情况下，大部分职场中人都要面临重新选择企业和职业的问题，而有了个人品牌就会有工作保障。因为这样的人才一定是市场中的稀缺人才，只能是工作找你，而不是你去找工作。

个人品牌就像企业品牌、产品品牌一样，要有知名度更要有忠诚度。个人在工作中也要显示出自己独特的价值。

具体而言，个人品牌有下述 4 个特征。

1. 个人品牌最基本特征就是品质保障

这一点与产品品牌一样，从产品品牌的起源看，品质就存在。几个世纪前，欧洲一些国家的一些农产品、矿产品，是没有名字的，后来这些产品慢慢有了名字，但这时的名字还不是品牌。再后来，人们发现有的产品名字比其他产品更受欢迎。最后，这些产品的名字就逐渐变成了品牌。因此，品牌最核心的东西是质量保障。

引申到个人品牌，最重要的就是品质保障。这体现在两个方面，一方面是个人业务技能上的高质量；另一方面是人品质量，也就是既要有才又要有德。一个如果人仅仅是工作能力强，而道德水平却不高，这是不会建立个人品牌的。

2. 个人品牌讲究持久性和可靠性

建立了个人品牌，就说明了这个人的做事态度和工作能力是有保证的，也一定会为企业创造较大的价值。企业对使用这样的人是信任和放心的。

3. 品牌形成是一个慢慢培养和积累的过程

任何产品或企业的品牌不是自封的，而要经过各方检验、认可才能形成。对个人品牌而言，也不是自封的，而是被大家所公认的。

4. 个人品牌一旦形成，就会对劳动力市场的供求关系发生影响

像一个企业一样，如果有了品牌，它做任何事就会相对容易一些的。同样，对个人来讲，一旦建立了品牌，工作就会事半功倍。

建立个人品牌的重点是个人技能，强调要有市场价值的技术，有令人印象深刻的特色，而且还要有良好的口碑。

品牌有了明确的定位，就要建立符合自己特性的品牌，因为不同的人会有不同的品牌。建立个人品牌，要使个人的特质与你欲达到的目标相结合。

许多管理学者认为大企业创造品牌的标准方法就是"特色—利益"模式，企业思考它所提供的产品或服务的特色，能为客户带来什么特殊的利益。这套方法同样可以运用到个人品牌上。你的"特色—利益"模式是什么？你每一次都能按时完成工作吗？你总是先一步解决问题吗？在这些问题中，找出自己能提供的价值，便可建立符合自己特性的个人品牌。

当今时代知识更新得很快，建立个人品牌需要强调学习能力。每个人都不能光靠过去所学的知识，而要不断地进行新知识的学习。即建立个人品牌是一个长期的过程，要不断学习新知识、补充新内容。

在学习上，一般人常犯的错误就是漫无目的地学习和跟风学习。例如，社会上会计热时就学会计，电子商务热时就学电子商务，也不管所学的知识对自己的职业有没有用。要建立个人品牌就要学习那些对自己职业有用的知识，这样的效率会很高。这种看法并不是排斥学习一些基本技能，而是告诉大家不要学一些今后可能用得上也可能用不上的知识。

另外，在快速变化的当代，过去在学校学到的知识大部分用不上。在学校学到的知识中 90% 在实际工作中没有用处，而 90% 需要学习的知识要在工作中自己体验掌握。

具有个人品牌的人，无疑将会使自己成为人才市场上的"稀缺人才"，是推销自我最高级的形式。不过，在建立个人品牌时，要注意下述 3 点。

①个人品牌不是十项全能，要了解自己的局限与弱点。很多人以为要装得什么都懂，才容易建立个人品牌。其实一个品牌不可能是所有领域的品牌，个人品牌一定要专注于某一领域。如果一个人经常变换工作是不会形成个人品牌的。

②品牌往往和忠诚联系在一起，个人要忠诚自己所从事的职业。一个人可以经常换工作但却不能经常换职业，如果经常换职业的话，便成不了专家，也建立不了个人品牌。

③建立个人品牌一定要注意自己的言行。言行一致，才会形成良好的品牌。工作中难免有失误，但不要因此影响个人的品质，对失误要有能力去补救。

个人品牌要有一定的知名度和忠诚度。知名度其实来自突出特长，一个没有突出才能的人是不会具有知名度的。这个突出的才能既可以是你的专业技术能力，也可以是你的组织能力。

但是光有知名度还不够，还应该具有忠诚度。一个具有个人品牌的人，别人一看就有天然的信任感，相信你的能力、相信你的人品、相信你做事成功的可能性。

比忠诚度更深一层的就是品牌对客户的垄断度，因为这个品牌接近完美，让别人没有选择的余地，根本也不会有别的选择。这种程度，对建立个人品牌而言就算成功了，任何人想组建新的工作团队，首先想到的会是具有这样品牌的人。从这一点看，品牌最重要的就是信任。品牌不是商标，而是信赖标记。要成功建立个人品牌，就必须要拥有绝对的可靠。个人言行的一字一句、一点一滴，都跟品牌有关。

[思考题] 如何打造优秀的个人品牌？

第二节　掌握必备的就业能力

案例导入

ATA(自动目标捕获，Automatic Targets Acquisition，ATA)
（来源：2012 年中国高校通用就业力白皮书）

作为国内最大的考试、招聘运营机构，ATA公司的客户遍及全国各省市，涉及金融、IT、通信、地产、能源等多个行业、上千家企业，考生总量为数百万人次，在校园招聘方面有着丰富的实战经验。为了更准确测评就业者各项能力素质，有效地筛选出企业需要的人才，对接企业岗位要求与就业者能力素质水平，ATA结合就业力基本含义发展出了针对应届毕业生等初入职场人群的"通用就业力"概念。

所谓通用就业力（General Employability Profile），是指"能够获得初次就业、保持就业以及在就业之后能够胜任本职工作的基本能力和素质"。这里提出的通用就业力，排除了专业领域知识和技能的差异，是对就业者所具备的一般就业能力的考查。同时，也从个性心理特征角度全面测量与工作绩效最相关的性格特征。

通用就业力是一个综合的概念，它由基本工作能力、职场英语能力和个性心理特征这三个相对独立的成分共同组成（参见通用就业力结构图）。

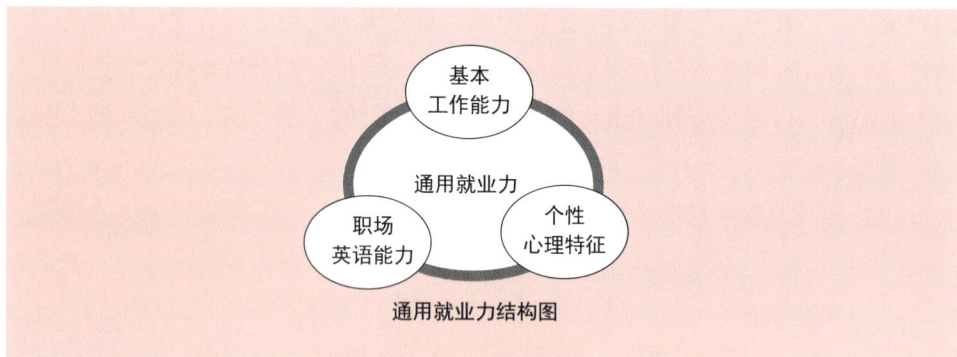

基本
工作能力

通用就业力

职场
英语能力

个性
心理特征

通用就业力结构图

一、就业力概述

就业力（Employ ability），实际上是一个国际性的概念，最早出现在 20 世纪初的英国，由英国经济学家贝弗里奇（Beveridge）于 1909 年首先提出。他认为就业力即"可雇用性"，是指个体获得和保持工作的能力。20 世纪 80 年代后期，美国的一些学者对此概念进行了修订，认为就业力是一个获得最初就业、维持就业和重新选择、获取新岗位的动态过程，在强调就业者就业能力的同时，加入了就业市场、国家经济政策等宏观方面，更全面地阐释了就业力的整体概念。

2005 年，美国教育与就业委员会再次明确了就业力概念。就业力即"可雇用性"，是指获得和保持工作的能力。就业力不仅包括人们狭义上理解的找到工作的能力，还包括持续完成工作、实现良好职业生涯发展的能力。

随着当代中国社会经济发展对职场产生的深远影响，就业力也被赋予了更多的内涵。

首先，社会的发展使得整体人才素质大幅度提高，就业市场竞争日益激烈。如何赢在职业的起跑点，如何打造适应当代职场特点的就业能力，已成为人们关注的热点。其次，全球化进程的加速，给职场环境带来了重大变革。身处多元化、国际化的工作环境，职场人士需要不断提升能力素质，开阔视野，以获得更广阔的发展空间。再次，随着人才测评理论的发展，企业越来越重视针对不同的岗位选择不同类型的人才。人力资源管理的核心也从单纯地对"事"的管理，即强调工作绩效，逐渐转变为重视对"人"的管理。员工的流动率、工作满意度、职业生涯发展、组织忠诚度等也成为企业人力资源管理中重要的部分。

　　高校大学毕业生，特别是应届毕业生，是职场上非常值得重视的群体，面临从校园环境到职场环境的转换，从学生角色到职业角色的转变，从学习能力到工作能力的延展。如何立足职场，应对压力与挑战，保持职业可持续发展的潜力，不仅是应届生迈入职场前的必备功课，也是企业在挑选人才时的考量标准。那么大学生应该具有哪些通用就业力呢？下面将一一论述。

　　大学生通用就业力结构表现为三种形式：基本工作能力是通用就业力的基石，是完成就业所必需的基础能力；职场英语能力是在全球化工作环境中提升就业竞争力的有力工具；个性心理特征描绘了就业者性格剖面图，可标记就业者职业发展的潜力，为实现人岗匹配提供量化标准。这三个构成相辅相成，相互依托，有机地整合形成了择业者完成就业、提升就业竞争力以及职业发展所需的通用就业力（如通用就业力结构图所示），现分述如下。

（一）基本工作能力

　　基本工作能力是指就业者从事任何一种职业的基本能力要求，用以判断其在未来的工作中能否称职。大量的心理学和管理学的研究表明，就业者能力倾向能有效地预测就业者未来的工作表现和业绩。

　　基本工作能力可通过基本工作能力测验来测试。该测验是以美国著名心理学家 L. 瑟斯顿的智力结构群因素论为理论基础编制而成的。瑟斯顿认为智力包括 7 种彼此独立的心理能力，即语词理解、语词流畅、推理能力、计数能力、机械记忆能力、空间能力和知觉速度。瑟斯顿据此设计了智力测验来测量这 7 种因素，理论分析和人力资源的实践表明，这些因素组合可以代表就业者的基本工作能力，并且能够有效地预测就业者在未来工作中的表现。

（二）职场英语能力

　　职场英语能力是就业者在日常工作环境中使用英语进行交流的能力，可分为英语资料理解能力、英语沟通平台阅读与回应能力、英语电话沟通能力、英语报告撰写能力、英语会议报告阐述能力、参与国际会议能力等。

　　研究显示，全世界有将近四分之三的跨国公司已经面临必须管理 20 个以上海外运营网络的挑战，全球协作成为建立跨国企业竞争优势的关键因素之一。正因为这种协作，使得全球化的沟通能力，特别是员工的职场英语能力，成为跨国公司获得成功的先决条件。进入 21 世纪以来，经济全球化推动了中小企业的逐渐国际化，这些企业也开始运用职场英语标准来要求员工，强化全球化的沟通能力，进而提升全球竞争力。由此，职场英语能力已经成为大部分公司员工立足职场的必备能力。

（三）个性心理特征

个性心理特征是个体在社会活动中表现出来的比较稳定的成分，包括能力倾向、气质和性格。自 20 世纪 70 年代以来，以传统的智力测验、性向测验、学校的学业成就测验分数等手段预测未来工作绩效，在实际工作应用中频频受到质疑。这时结合着心理学、管理学等多学科领域的"胜任力"概念应运而生。胜任力是指与工作绩效直接相关的知识、技能、自我概念、特质及动机。其中，知识和技能是外显的能力，相对容易被观察和测量。而自我概念、特质及动机等个性心理特征则是潜藏能力，相对难以测量，也不易改变和发展。大量研究发现，胜任力是预测工作绩效与个人成功的关键，可显著区分绩效优秀与一般的个体。

技术的进步形成了当今职场专业化分工的趋势。岗位的细分对人才选拔提出了更细致的要求，即针对不同岗位要求选择不同特征的人才。个体个性心理特征与岗位胜任力要求相匹配既能够促进个体在工作中取得成功，又可使个体工作起来更得心应手，心情舒畅，为其职业生涯发展提供持续的动力。因此，个体心理特征作为通用就业力的重要组成部分，诠释了个体在不同岗位上职业发展的潜力。

"大学生就业能力"是为适应就业市场的变化而提出的。当代大学生的就业能力主要是指实现大学生就业理想、满足社会需求、实现自身价值的能力。主要体现在大学生的职业目标是否明确、知识技能是否扎实、就业心态是否端正、是否有适应岗位的实践能力等。

郑晓明在其《"就业能力"论》一文中对大学生就业能力的描述为："大学生的就业能力不单纯地指某一项技能、能力，而是学生多种能力的集合，这一概念是对学生各种能力的全面包含。在内容上，它包括学习能力、思想能力、实践能力和适应能力等。学习能力是指获取知识的能力，它是就业能力的基石；思想能力是指思维能力（包括创新能力）和政治鉴别力、社会洞察力、情感道德品质的综合体现，它是大学生思想成熟与否的标志；实践能力是指运用知识的能力，是就业环节中的点睛之笔，是各种能力综合应用的外化体现；适应能力是指在各种环境中驾驭自我的心理、生理的调节能力，它是大学生就业乃至完成由学生角色向社会职业角色顺利转变的关键。"

二、就业能力的提升

高校毕业生是当今社会重要的人力资源，在人才市场上已经成为一支重要的生力军。随着高校大规模的扩招，在校大学生人数急剧增加，毕业生人数也越来越多。据统计，在我国大学毕业生中，面临就业的人口累积已达到 800 万。在毕业生数量日益增多的同时，大学生就业难这一问题也越来越受到人们关注，而如何提升大学生自身的就业能力则是破解大学生就业难的关键所在。因此，提高大学生的就业能力，使他们找到理想的职业，在事业上做出成绩，是一件利国利民的大事。如何能够有效地提升大学生的就业能力，则是对大学毕业生就业指导的关键。

（一）职业生涯规划，是提升就业能力的基础

就很多毕业生而言，与其说是"就业困难"，不如说是"就业迷茫"，不知道自己应该从事什么样的工作。很多学生在初入大学时持有"大一大二先轻松一下，大三大四再努力也不迟"的心态，对自己的未来发展缺乏科学的规划，这往往成为他们面对就业压力时感到手足无措的一个重要原因。根据对 205 位北京市人文经济类综合性重点大学大学生的调查，62.2% 的人对自己未来的发展和职业生涯没有规划，32.9% 的人不明确，只有 4.9% 的人有明确的设计。

大学作为大学生职业生涯规划的第一站，起着至关重要的作用。首先，大学生要树立正确的职业理想，一旦确定了自己理想的职业，就能够依据职业目标规划自己的学习和实践，并为职业积极准备。其次，正确地进行自我分析和职业分析。自我分析即通过科学认知的方法和手段，对自己的兴趣、气质、性格和能力等进行全面分析，认识自己的优势与特长、劣势与不足。职业分析是指在进行职业生涯规划时，充分考虑职业的区域性、行业性和岗位性等特性，比如职业所在的行业现状和发展前景，职业岗位对求职者的自身素质和能力的要求等。再次，构建合理的知识结构。要根据职业和社会发展的具体要求，将已有知识科学地重

组，建构合理的知识结构，最大限度地发挥知识的整体效能。最后，培养职业需要的实践能力。除了构建合理的知识结构外，还需具备从事本行业岗位的基本能力和专业能力。大学生只有将合理的知识结构和适用社会需要的各种能力统一起来，才能立于不败之地。

具体来看，职业生涯规划应从大一做起，并根据自己的长期目标，在不同阶段制订不同的行动计划。比如，一年级为试探期，这一时期要初步了解职业，特别是自己未来希望从事的职业或与自己所学专业对口的职业，但由于学习任务繁重，不宜过多参加实践活动。二年级为定向期，要通过参加各种社会活动，锻炼自己的实际工作能力，最好能在课余时间寻求与自己未来职业或本专业有关的工作进行社会实践，以检验自己的知识和技能，并根据个人兴趣与能力修订和调整职业生涯规划。三年级为冲刺期，在加强专业学习、寻求工作和准备考研的同时，把目标锁定在与实现自己的目标有关的各种信息上。四年级为分化期，大部分学生对自己的职业都有了明确的目标，这时可对前三年的准备做一个总结，检验已确立的职业目标是否明确，准备是否充分，并对存在的问题进行必要的修补。

（二）社会适应能力，是提升就业能力的关键

学校和社会是有差距的，其运行规则有很大不同。这种环境的隔离，往往使得"象牙塔"里的大学生对社会的看法趋于简单化、片面化和理想化。一些企业对应届毕业生表示出冷淡，其中一个重要原因就是刚毕业的大学生缺乏社会经验，角色转换慢，适应过程长。他们在挑选和录用大学毕业生时，同等条件下，往往优先考虑那些曾经参加过社会实践，具有一定组织管理能力的毕业生。这就需要大学生在就业前注重培养自身适应社会、融入社会的能力。

借助社会实践平台，大学生可以锻炼组织管理能力、心理承受能力、人际交往能力和应变能力等。此外，他们还可以了解到就业环境、政策和形势等，有利于大学生找到与自己的知识水平、性格特征和能力素质等相匹配的职业。

适者生存，不适者淘汰，在适应中求发展。对社会和环境的适应应该是积极主动的，而不是消极的等待。大学生只有具备较强的社会适应能力，走入社会后才能缩短自己的适应期，充分发挥自己的聪明才智。因此，在不影响专业知识学习的基础上，大胆走向社会、参与包括兼职在内的社会活动是大学生提升自身就业能力和适应社会的有效途径。

（三）良好的心理素质，是提升就业能力的根本

近年来，在我们大学生身边经常会发生一些令人难以置信的事情：马加爵一怒之下砍死自己的室友，起因竟是打牌这样的小事，几句争执、一场误解便上演了一出震惊全国的恶性杀人案件；还有大学生自杀、虐待动物事件也时有发生。这些事件不得不引起我们的警惕：大学生的心理健康需要关注。在现实生活中，面对升学的压力和父母的期望，无数学子承受着巨大的心理压力，没有找到合理的解压途径与方法，当代大学生承担着建设祖国的重任，他们的素质体现着一个社会综合素质的高低。而当代大学生在求学期间，只注重专业知识、忽视心理素质的情况，使一些人在面对困惑、逆境时，总是表现出一脸的茫然，影响到自己的择业选择。尤其在求职过程中，有些大学生一旦遭遇失败，便一蹶不振，这也是大学生就业难的原因之一。因此，大学生在求学过程中应注意提高心理素质，尤其是在日常生活中注意锻炼自己坚韧不拔的性格；在求职过程中，应充分了解就业信息，沉着、冷静应对所遇到的困难，用积极的心态扫除成功路上的障碍，直到达到胜利的彼岸。

（四）正确的择业心态，是提升就业能力的保证

据有关对大学生就业现状及发展的调查报告，在"解决当前大学生就业难的方法"的认识上，毕业生和企业的选择截然不同。毕业生更关注于从知识层面提高自己，认为"提高技能"和"提高职业素质"是最主要的；在企业界看来，首要的却是"学生调整就业心态"，"学生提高职业素质"和"提高技能"反倒退居其次。因此，为了提高大学生就业率，应当培养良好的择业心态，树立与市场经济相适应的现代就业观。

1. 要积极、主动寻求就业，而不能被动地"等、靠、要"

很多毕业生把希望寄托在社会关系资源上，出现了求职"全家总动员"的现象；一些毕业生则将就业问题推给了学校。事实上，我国已经实现用工制度的双向选择，大学生主动"推销"自己是一个非常重要的实现就业的途径，因为能否胜任工作还是要靠自己的能力说话。

2. 进一步转变就业观念

大学生作为一个享受高等教育的群体，他们所付出的努力，所拥有的学识、能力以及回报要求，决定了他们具有较高的就业期待，使得大学生在择业时有较

高的职业期待，而且，从人力资源角度来看，大学生也不能等同于普通劳动者。但是，从目前大学生就业观念的现状来看，大学生在就业观念方面受社会各种价值取向的影响，也存在一些误区。主要表现在喜高厌低，盲目从众，不会量体裁衣，期望值过高，生存尚未解决就一心关注发展，凭兴趣找工作，视跳槽为时髦，视自由为自主，想自由有余而思自立不足等。

树立正确的就业理念是毕业生走好人生的第一步，到哪里就业、做什么工作都应该使用辩证的观点，即联系的、发展的、全面的观点来看待。大学生在激烈的市场竞争面前，应转变就业观念，树立正确的、科学的就业观，处理好就业、择业、创业、事业之间的关系。科学的就业观念应该从以下几个方面思考：一是实事求是，二是系统思考，三是辩证分析，四是与时俱进。"实事求是"就是要认清客观的就业形势，大学毕业生大量涌入就业市场，社会可提供的就业岗位是有限的，如果不能降格以求，结果往往会让人失望。"系统思考"就是对自己的知识能力、自身素质、职业取向、职业适应性等，进行全面思考和定位，找准个人和工作岗位之间的切入点。"辩证分析"就是面对比较严峻的就业形势，不要悲观失望，就业形势挑战与机遇并存，压力与动力并存。我国经济发展的态势为不同阶层的社会成员提供了潜在的发展空间，政府实行的持续稳定的改革措施，使人们逐步接受并开始适应改革带来的变化，劳动合同制、社会养老、医疗及失业保险，住房公积金制度的逐步建立和完善使社会成员的自主意识和风险意识较过去都有了较大转变。暂时未签约的人未必素质就差。"与时俱进"即是就业观念要随着市场经济的深入而变化，高等教育到今天已由过去的精英教育转化为大众教育，人们的观念不能再停留在大学生仍是天之骄子的阶段。在当今社会，今后的工作已经没有了"铁饭碗"，终身学习、终身就业应是我们接受的新观念。

3. 要破除传统就业观念，实现多元化就业

大学生在择业时往往承受着来自社会和家庭中传统观念的压力，仍然把留在大城市、端上"铁饭碗"作为首要选择，也有不少大学生倾向于选择外企、合资企业等薪酬较高的职业，但很少有人选择西部和基层，这就使就业成了过"独木桥"。其实，很多岗位还是非常需要大学生的。比如，近年来，一批新型适应非正规就业方式的职业正在不断涌现，自由演艺人员、软件开发人员、翻译人员、美工设计者和自由撰稿人等自由职业岗位在社会上走红，对缓解大学生就业压力

起到了积极的作用。可见，只要大学生能转变观念、面对现实，就不难找到能够发挥自己特长的工作。

4.避免盲目追求，正确认识自我

我国的高等教育正处于从"精英教育"向"大众教育"转变的过渡期，一些当代大学生缺乏应有的危机意识，"眼高手低"，盲目追求就业中的高层次、高薪酬，在择业类型和择业区域上出现"扎堆"现象，造成了供求脱节，这也是造成大学生就业难的原因之一。据调查，我国2016年对大学生的需求量大幅度下降，2016年全国共有413万名高校毕业生涌向就业市场，较2015年增加22%。这一增一减更成为大学生就业难的重要原因。在这种情况下，大学毕业生只有改变以前的"精英就业"观念，树立"人职匹配"的"大众化"就业观，才有可能实现理想的就业。

三、择业时所具备的思维方式

一般来说，科学的思维方式应具有广阔性、深刻性、灵敏性、独立性、批判性等理性思维的特征，培养科学的思维方式是当代大学毕业生职场择业的必备条件。

（一）科学思维方式的主要特征

1.思维的广阔性

思维的广阔性，就是抓住问题的整体，一般表现为善于在不同知识领域和实践领域内全面地、创造性地思考问题。具有广阔性思维的人在解决问题时，善于全面考虑问题，不仅能把握问题涉及的范围，还能注重问题的重要细节。既考虑到整体，又想到问题的主要部分。

2.思维的深刻性

思维的深刻性是指能抓住问题的本质及规律，一般表现为善于思考问题。具有深刻性思维的人，不满足于对问题的表面认识，而是分析事物的现象与本质、主要与次要、基本与枝节，善于从多方面和多种联系中理解事物。思维的广阔性和深刻性是相互作用的，只有对问题进行全面而深刻的思考，才能得出完整而准确的结论。

3. 思维的灵敏性

思维的灵敏性即通常所说的"机智"，一般表现为思维活动依据客观情况的变化而变化。具有灵敏性思维的人，当时间、地点、条件发生变化时，能从实际出发，立即改变原有的解决问题的方案，以适应新情况，灵活采用不同的方法、途径来解决问题。

4. 思维的独立性

思维的独立性，就是对各种问题要有独立见解，表现为善于提出问题和解决问题，不依赖，不盲从。

5. 思维的批判性

思维的批判性，就是善于考虑事物正反两方面的因素，选择正确的一面，放弃错误的一面，分析评价事物从实际出发，不迷信，不轻信。

（二）如何培养科学的思维方式

1. 要不断加强科学理论性学习

大学生接受了高等教育，一般都具备了一定的理性思维能力。要提高理性思维能力、培养科学的思维方式，就必须在大学学习阶段强化马克思主义理论的训练，增强理论思维的素养。马克思主义是关于自然、社会和思维发展的一般规律的科学，其哲学理论内容是辩证唯物主义和历史唯物主义。

2. 要积累丰富的知识和经验

丰富的理论知识和有益的经验，是科学思维方式的基础。一个人掌握的知识越多越丰富，其思路就会越广越深，思维成果就可以越完全越准确。比如，逻辑学的知识对提高人们的思维能力是非常重要的。因为，无论是形式逻辑还是辩证逻辑都是以思维为对象，都是关于思维的规律、形式和方法的科学。

3. 要独立思考问题

独立思考，是指每一个问题从头到尾，由理论到实践都独立地经过思考者的头脑。善于独立思考的人，既能集中别人的智慧，又能超越前人的思想。善于独立思考的关键在于有时间静下来深思，整天忙于事务而不思考，不仅工作搞不好，也谈不上培养思维能力。独立思考需要多思，同时也要博学善问，富于钻研精神。

4.要不断调整自己的思维方式

一个人在得到某一正确认识之前，总是难免要犯各种各样的错误，有时是因为概念不清，有时是因为判断有误，有时是因为缺乏变通等。不断总结在思维上的经验教训，可以不断完善自己，大大提高自己的思维能力，逐渐培养自己的科学思维方式。

对于一个即将择业的大学生来说，掌握科学思维方式的主要特征，正确培养科学的思维方式，学会积累丰富的知识和经验，学会独立思考以及不断、有效地调整自己的思维方式，对提高就业能力是非常必要的。

[思考题] 谈谈你具备了哪些就业力？还缺少哪些就业力？

第三节　做好充分的就业准备

案例导入

一个即将毕业的大学生的心声

即将大学毕业的学生小李给远在家乡的同学写信道："十多年的寒窗苦读，即将画上一个句号了，我好兴奋！我觉得自己就像羽翼丰满的小鸟，即将飞向蓝天。我可以在经济上独立了，可以施展自己的才华了，可以实现自身价值了，可以规划自己的人生蓝图了……时而也会想得更多：立了业，就可以赡养父母，然后成家、房子、车子、孩子……希望这一天早些到来。然而，当前就业形势如此严峻，大学扩招后的毕业高峰已来到，国企改革中的下岗职工再就业，以及用人单位对人才学历要求越来越高，我不得不担心自己能否符合用人单位的需要，与其他求职者相比有没有竞争的优势。如果找不到工作，或者找到的工作不理想：专业不对口，地区不合适，酬金太低，工作太劳累……，我该怎么办？"

[评析] 小李说出了诸多即将毕业的大学生的期望和担心，你是否与他有同感，或者与他有不同的看法？临近毕业，同学们的思想活跃，想象丰富，情感复杂，疑虑重重，忙于各种具体准备，此时的我们，应做怎样

的心理准备？因此，从现在起，我们必须做多种心理准备。你可以这样测试一下自己：

第一，如果没有理想的就业去处怎么办？比如，边远地区、农村、街道社区需要我们，能去吗？

第二，如果没有理想的单位怎么办？单位不理想专业还算对口，你去吗？

第三，如果进了理想的单位，却没有理想的岗位或工种，你能接受吗？

第四，如果单位和专业都不理想，你有没有勇气自主创业？

如果你有了肯定的答复，说明你已经有了择业方面的多种心理准备。

本节学习就业准备以及对其任务的分解，使即将毕业的大学生了解并清楚认识求职前夕以及就业过程中应做好心理素质的准备、自身资料的准备、求职途径的准备、获取信息的准备和参加应试的准备。强化学生做好准备工作的意识，引导学生为毕业求职的诸多方面做好充分的准备。

一、心理素质的准备

大学一、二年级学生刚进入大学集体生活，既有强烈的成才愿望，又容易产生彷徨、松懈的情绪；既有强烈的交往需求，又容易形成个人主义的倾向。此时应结合入学教育，着重开展立志教育和团队协作教育，帮助学生确立正确的人生观、价值观、成才观，引导学生积极投身社会实践，逐步了解社会职业，不断巩固专业思想，夯实知识基础。到了大三，学生进入了择业的萌动期，这时，通过组织走访校友及人才市场、到企业调研等活动，让学生强烈地感受到社会对人才素质的要求，通过一系列有针对性的活动，大力开展素质拓展教育，引导学生不断提高自身的专业素质，特别是实践动手能力、创新能力、人际交往能力等。同时，加强对学生的利益教育、适应教育和心态教育，使学生尽早为踏入社会做好个性品德、心理素质的准备，培养良好的心态，为大学第四年进入实质择业期奠定牢固的基础。在大学第四年应着重就业形势政策、就业程序、方法和技巧、就业心理的指导，教育引导学生加快个人社会化进程，自觉实现从学生角色到职业角色的转换，及时进行择业调整，正确应用政策，抓住机遇，为顺利实现自己的职业理想和目标做准备。

（一）理想期待，多种准备

高校大学生对自己的未来的职业有着美好的期待，这种期待像磁铁那样吸引自己，激励自己努力，这是十分珍贵的。有不少毕业生将自己定位在大城市，外资、合资、独资公司或较大企业，工作在宽敞、明亮、干净、恒温的办公室中，8小时工作，不加班、不上夜班，年薪四五万元，甚至更多。这样期待没有错，有了这样的期待，我们可以调动自己的一切力量争取实现预定的目标。

与此同时，我们必须将自己的理想与现实结合起来。人们的共识是社会就业形势紧张，找到好工作不容易。目前，各地较为普遍的现象是有岗无人和有人无岗、无业可就和有业不就现象并存。有人无岗和无业可就是就业形势紧张的表现，而有岗无人和有业不就则说明包括高职高专大学生在内的劳动者就业范围狭窄。高职高专大学生出现这种问题的原因之一是对自己就业定位时缺少多种准备。有的同学也知道应有这种心理准备，但是不愿做这样的准备，认为这是屈就，对不起自己大学生的称谓。

如果学汽车运行与维修专业的学生不愿从事汽车维修工作；学机电技术应用的学生只想搞管理，不想在机房搞维修；学服装设计与工艺的学生只想画设计图，不想跑市场搞调研……那么就容易造成有岗无人和有业不就的现实。

多种准备还包括专业未对口、专长却对头的职业。例如，商务英语和国际贸易专业的学生期望到涉外贸易公司或企业工作是正常的。但是，如果没有专业对口的单位，却有需要一定外语基础的岗位，就属于专长对口的岗位，大学生也应该予以考虑。

（二）积极主动，敢于竞争

在相对严峻的就业形势面前积极主动，敢于竞争，抓住机遇，在应聘过程中有着举足轻重的作用。积极主动、敢于竞争态度的背后是一个人的自信心。毛泽东有句名言："世上无难事，只要肯攀登。"这句话正是一个具有高度自信者的心声。自信产生勇气，勇气引发进取心，进取心产生积极主动行为，积极主动行为获取良好效果。

自信、勇气、进取、积极行动，将会取得良好的效果，这才是成功的过程。

有的高职高专毕业生看到多人竞聘一个岗位或其他应聘者学历比自己高时，心里就发怵，认为自己竞争不过他人。

从学历看，高职高专生与本科生或研究生相比的确没有优势，但是作为技术应用型人才他们拥有更强大的职业技能。不同岗位需要不同层次的人才，单位需要的是最合适的、最优秀的人才而不是只看重学历。我国正处于经济腾飞的发展时期，许多单位缺少的正是熟练的高级技术人员，高等职业院校的培养目标也正是根据这一社会需要，定位在培养高级技术应用型人才的高度。这就是我们在求职过程中具备自信的基础——高级技术应用型的实力。

（三）挫败心理准备

由于影响求职成功的因素很多，其中有的因素是自己无法控制的，因此，客观上确实存在着失败的可能。面对一时的失败，我们应怎样应对？孟子说："天将降大任于斯人也，必先苦其心志，劳其筋骨，饿其体肤，空乏其身，行拂乱其所为，所以动心忍性，曾益其所不能。"这句话的意思是说，上天要让一个人接受重任之前，一定要让他的身心受到锻炼，经受考验，以培养忍耐的意志、奋斗的精神。只有这样才能使他能够担当重任。我们如果能从这个角度去理解一时的失败，就不会怨天尤人，也不会气馁了。不气、不恼、不怨、不气馁不等于不找失败的原因。平和的心境有利于我们冷静地找出不成功的真正原因。

如果发现应聘失败是由于学历、户籍、性别等问题，这是国家或地方政策、社会偏见或招聘单位的问题，是自己无法控制的因素，属社会问题；如果是品德、能力、知识技能水平、体质等问题则是自身素质问题，虽然不是一时可以改变的因素，但是提示了自己努力的方向；如果是在送交的简历、求职信的内容、格式，求职方式，笔试、面试等环节中的失误，这是求职策略问题，是可以立刻改进的问题。找到了问题所在，要充分利用自己的优势与长处去应对，扬长避短，巧妙运用求职策略，推销自己，让招聘单位发现并了解自己。这意味着，不仅要越败越战，还要越战越理智、越聪明。

（四）寻求社会支持，调节不良心态

求职过程中发挥个人的独立性固然重要，也需要寻求社会力量的支持。例如拜访老师、专业人士，听取老校友以及朋友对自己求职的建议，为自己求职正确

定位。其中要充分重视争取职业指导教师的指导，必要时也可以接受社会上的专职职业指导师的咨询。当求职中出现不良心理时，尤其应求助职业指导师、心理咨询师、辅导员或亲朋好友，在他们面前宣泄一下消极情绪，听取他们的建议，排除不良心理。

在求职过程中，高职高专大学生容易产生一些不良的心理，如盲目心理、偏执心理、攀比心理、慌忙就业、犹豫不决、依赖心理等。

1. 盲目心理

对自己的优势、特长以及劣势知之甚少；对所选的单位、工种、岗位一无所知，只凭招聘单位、学校教师、家长或伙伴的意见选择职业或工种，甚至在应聘时出现从众或随大流行为。这种盲目心理在应聘时由于事前没有明确的期望，因此矛盾斗争较少，表现为比较随和；在适应工作岗位时则需碰运气了。

2. 偏执心理

具有偏执心理的毕业生只依据自己已确定的目标择业，不能根据形势进行调整。如有的一味追求高薪、追求社会声誉，有的讲究地理位置、交通条件，有的则考虑工作环境、人际关系，即使专业性质完全相符，也因某一条件的不满意而舍弃。这样往往容易失去就业的机遇，长时间地等待符合自己预定目标的职业、单位及岗位的出现。

林强是经贸专业的高才生，年年都拿奖学金，参加过英语演讲比赛，也得过名次。他认定自己要进像某国际经贸发展有限公司那样的知名度高、工作环境好、待遇高的单位。他非常坦然地接受了英语面试，最终却因为他缺乏工科背景而落选。后来，他得知一家工艺品外贸公司正在招聘，并顺利地通过了面试。然而，他觉得那家公司规模太小不规范，不想去。过了一些日子，当地一所民办学校招聘英语教师，待遇比较优厚，他想不如先过渡一下，可学校要他去小学部任教，于是他拒绝了。许多同学已经签订了协议，他还在寻找……

3. 攀比心理

有的高职高专毕业生将自己的工作单位、工作条件、工资待遇与同学、亲戚和朋友对比，认为只能比他人强，不能比别人差，这就是攀比心理。拥有这种心理的学生自尊心强、自信心弱、独立性差，重视他人对自己的评价，如果认为自己的工作不如他人，就不想受聘；如果认为自己的工作比他人强，就会得意扬扬。

顾林是学计算机及应用专业的，开始联系工作时有两家公司可以选择，一家是当地有名的房地产公司，试用期每月工资3000元，转正后可达3500元；另一家是软件开发公司，名气不大，公司设在远郊，交通不方便，试用期每月工资2800元，转正后可达3000元，如果软件设计、改革被采纳，可以提成和获得奖金。顾林本想去软件开发公司，认为在专业上有很大挑战，但觉得自己的老乡、同学找到的工作工资都在3500元以上，而且单位的名声也较大，自己如果去了这样一个小公司，人家会认为自己没有本事，于是选择了房地产公司。进公司后他才发现自己主要任务是打字和数据输入，这样的岗位一般中专生就可以胜任。他自己在高职期间学习的计算机网络和程序设计等技能没有用武之地。

4. 慌忙就业

在就业形势不乐观的情况下，有的同学担心"过了这个村就没这个店了"，应聘时未能认真思考就满口答应各种条件，仓促签约，最终上当受骗，使自己的合法权益得不到保障。

小王出生在偏僻的小山村，为了能留在城里，四处打听需要精细化工专业的企业。在招聘会上小王看到一家塑料制品企业正在招聘专业人才，便与招聘人员谈了几句，双方都很满意。招聘人员询问小王可不可以签个协议，他满口答应。回校后小王兴奋地向辅导员作了汇报。第二天，他按照招聘人员提供的地址，换了好几趟公交车，多次问路才找到这家企业。原来这是一个坐落在城乡结合部的小厂，工人大多是四五十岁的妇女，车间设备陈旧、环境昏暗、通风条件差。看到这种情况小王傻了眼，因为已经签了就业协议，他不得不交出3万元违约金终止合同。

5. 犹豫不决

有的同学在就业的机遇面前，思考再三，迟迟不能决定，总希望出现一个更理想的单位或岗位，这山看着那山高，最终也将失去机会。

刘某是市场营销专业的毕业生。他发现当前许多企业都需要市场营销人员，在发送了5份求职信后居然有4家单位表示可以面谈，分别是日资、台资、合资和民营企业。按照约定，刘某一家一家地接受面谈。他发现日资企业和台资企业差不多：规模大，设备先进，工资还可以，只是需要经常加班，节假日也不例外。

而合资企业规定新员工试用期为 3~6 个月，如果没有完成工作指标就要解雇。民营企业规模较小，老板是 20 世纪 90 年代自主创业的大学生，管理相对人性化，但产品不稳定，常出现资金周转等问题。

刘某觉得日资企业与台资企业都不错，但经常加班会影响身体健康会占用谈恋爱的时间；而对于合资企业的硬性指标，他也没有信心能够完成；民营企业的老板虽好，但市场竞争如此激烈，企业又能支撑多久呢？刘某一时拿不定主意，结果错失了签约的时机。

6. 依赖心理

一些同学从小受到父母的精心呵护，自己只负责读书、考试，连高考填报志愿也是父母一手包办。如今要毕业了，找工作也成了父母的事，自己完全不必操心。有的同学甚至在参加笔试、面试、签订就业协议、报到等活动都是在父母陪同下完成的。在父母的这种精心呵护下，孩子是永远长不大的，试想，哪个单位需要一个尚需呵护的孩子来工作呢？

李某是父母的心肝宝贝。从上学起，父母从不让他因家务或生活上的事分心，他的任务就是读书，考出好成绩。可惜高考时发高烧，影响了发挥，只考取了高职学院。在高职学习期间，李某的学习成绩一直很好，但生活能力较差，连脏衣服都是带回家由母亲帮忙洗。现在要毕业了，其他同学都在忙着找工作，他却一点也不着急。父母托关系给他找了一个国营单位，面试时一直将李某送进考场，这让主考官和工作人员瞠目结舌，其结果可想而知了。

二、自身资料的准备

求职时需要准备好各种资料，包括身份证、学生证、学历证、学习成绩单、各种职业资格证书、获奖证明、个人简历表、求职信、学校推荐表及照片，随着网络技术的发展，许多应聘者将求职材料制作成电子版通过网络与招聘公司联系，还有的应聘者将求职材料制作成 VCR 或实物。其中大多数资料只需收集好即可，而个人简历和求职信则需要用心准备。

（一）精心准备个人简历

在双向选择时，用人单位通过阅读个人的相关材料首次了解应聘者，从而建立第一印象。这决定了用人单位是否对应聘者进行面试或作进一步的了解。

1. 个人简历的主要内容

简历所陈述的个人基本情况、学历、工作经历、主要成绩、兴趣特长及求职意向等内容，都将成为用人单位考察录用人员的重要依据。一份客观翔实的简历能为应聘者增色达到包装效果，也能给招聘者留下良好的印象。应聘者与招聘者的交流时间很有限，简历成了重要的敲门砖。

个人简历要体现自己的整体素质、接受教育与参与实践活动的情况，内容要求真实可信、简洁有序、重点突出、语言准确、版面美观，达到推荐自己的目的。它主要包括以下内容：

（1）个人概况

姓名、性别、出生年月日、籍贯、民族、最高学历、政治面貌、毕业学校、所学专业等。

（2）教育程度

介绍个人从中学阶段至今的学习经历，每一阶段的起止时间和所在学校，高等教育还应说明所学专业（包括辅修专业）。

（3）所学课程

列出大学期间所学的主修、辅修及选修的主要课程，尤其要列出与招聘单位工作密切相关的课程。

（4）实践经验

介绍自己曾从事的兼职工作、实习岗位及社会实践活动等内容。如果有工作经历，还应写出自己的业绩。

（5）学生工作

介绍自己在校期间所担任的学生干部工作，包括职务、工作内容和成绩。大学生通常没有正式的工作经验，但会利用假期等业余时间勤工俭学或参加各种社团活动。因此，可在简历上填写在校期间的学生工作经历、社团经验，说明自己的特长供招聘单位参考。这些经验虽然是短期的、幼稚的，仍可以突出个人的一些特性，如组织能力、协调能力、领导能力等，所以备受招聘单位的重视。

（6）专长能力

无论是与你所学的专业有关还是单纯从个人兴趣发展出来的专长，只要是与工作性质有关的才艺，都可以在简历表上列出。这将有助于招聘单位评估应聘者的专长与应聘工作的要求是否相符，是否能给工作的顺利开展带来推动作用。这些专长包括文字能力、外语水平、计算机应用、汽车驾驶、文体艺术等，以及所受到的奖励、获得的荣誉等。

（7）外语能力

在现代经济发展中，招聘单位向国际化迈进已成为不可阻挡的趋势。作为一种必不可少的工作手段，外语能力也显得日益重要，尤其在某些大型跨国公司，具备良好的外语才能的人员很受欢迎。

（8）求职意向

求职简历上一定要注明求职意向，以便招聘单位了解你的志向追求，从而作出选择。每份简历都要根据你所申请的职位来设计，突出你在这方面的优点。要根据工作性质有重点地表现自己，如果你认为一家单位有两个职位都适合自己，可以向该单位同时投递两份简历。

（9）联系方式与备注

求职简历一定要清楚地写明联系方式，如固定电话、手机号码、E-mail 地址、邮政编码等。固定电话可以将宿舍、家庭、学校老师办公室等的电话一并列出，提供给招聘单位的联系电话、E-mail 等不要频繁变更，否则招聘单位无法及时与你取得联系。同时，还可以采用图像、动画、声音等多媒体技术，在互联网上建立个人主页，使个人资料形象化、立体化。

2. 个人简历的写作标准

（1）简洁明了

个人简历一般情况下讲求精短，不宜过长，最好不要超过两页纸。简历用词要简练，内容不要全面描述你的全部经历，内容过多反而会淹没一些有价值的信息，比如你在中学期间的特殊成绩和奥林匹克竞赛中获奖等。简历最好多用动宾结构的句子，做到简洁明了。

（2）真实客观

简历要贯彻一个原则，即真实客观地描绘自己。求职简历一定要按照实际情况填写，即使有的人靠欺骗得到了面试机会，但面试时也总露出马脚的。当然，真实客观并不等于把自己的一切，包括缺点或不足都写进简历中。比如，有的大学生在简历中写道："我刚刚步入社会，没有工作经验，愿意从事贵公司任何基层工作。"这或许是谦虚的表现，但会让招聘者认为你要么什么职位都适合，或者什么职位都不适合。

（3）整洁清晰

招聘单位看到一份整洁清晰的简历，就仿佛看到了你本人。段落与段落、语句与语句之间写得太密会影响美观，不易阅读；该空格的地方要留出空隙，不要硬把两页纸的内容压缩到一页纸上，也不要为省钱而去使用低廉质粗的纸张。

（4）准确无误

一份好的简历在用词、术语及撰写上应是准确无误的。撰写简历时要反复修改、斟酌，确认没有错误后再打印出来。招聘单位最不能容忍的是有很多错别字，或在格式排版上有技术性差错以及折叠得皱皱巴巴、有污点的简历，这会让他们觉得连自己求职都不上心的人工作用心更无从谈起。

（二）精心准备求职信

求职信就是应聘时的书面材料，是应聘者对用人单位介绍、推荐自己，表达自己愿意到该单位工作的强烈愿望。如果说学校统一制作的"毕业生就业推荐表"是产品说明书，那么"简历"和"求职信"则是产品广告。写个人简历和求职信要始终站在阅读你求职材料的人的立场上去考虑，应做到在内容与表达上易理解，在文化上易接受，并证明自己适合这一岗位，能融入招聘单位这个群体。如果你感兴趣的是 IBM 的某个职位，一定要让人感到你稳重、严谨，具有协作精神；如果你感兴趣的是微软的某个职位，不妨张扬一下你的个性。

1. 求职信的格式和内容

求职信也称自荐信、自荐书，它不同于个人简历，一般与简历同时递交。求职信最重要的是具有针对性，能根据用人单位的特点，以满足他们的需求来打动他们。因此，在写求职信前应了解招聘单位的情况、报考条件及招聘岗位的要求。

求职信犹如平时给朋友写信，要有称呼、正文、落款及日期，并在称呼上一行居中加上"求职信"或"自荐信"。求职信的关键是正文内容。除了在开始表示向对方问候致意，以及在最后按书信的格式写上祝语外，在正文部分的第一段应写明写此信的理由及应聘职位，第二、三段叙述应聘动机和自己适合该职位的理由，结尾段对招聘者阅读此信表示感谢，希望得到面试的机会。求职信切忌千篇一律，没有针对性，要注意民族、地区特点；如果向外资企业谋职，还要注意一些细节。

求职信的主要内容包括自己具有招聘单位所需要的哪些条件、才能，以及自己对工作的态度。具体来讲可以分为以下几个方面：①简单的自我介绍，包括姓名、性别、出生年月、政治面貌、学历、毕业院校、所学专业、特长爱好、主要优缺点等；②简述自己对该单位感兴趣的原因；③说明自己期望能在该单位就职。

2. 写好求职信的要点

（1）以"情"感人

写求职信要讲究感情色彩，语言有情会更有助于交流思想、传递信息。而要感化对方，做到以"情"感人，关键在于摸透对方的心理，要通过求职信中字里行间的表达引起对方的共鸣或者得到对方的同情，从而感动对方。此外，从求职信中也能看出你的语言表达能力，好的求职信说明你是一个善于与人沟通和具有一定情商的人。

（2）以"诚"动人

法拉第（1791—1861）之所以能成为全世界闻名的大科学家，得益于他向戴维（1788—1829）写的极具诚意的求职信。戴维是19世纪英国著名的化学家，23岁便被聘为英国皇家学会主讲。法拉第原本只是一个学徒工，每天负责订书的工作，他渴求得到戴维的指教并成为他的助手。1813年，法拉第冒昧地给戴维写了一封信，随信附上自己认真整理好的旁听戴维讲演的记录，并表明自己对科学的热爱和求师的诚意。他当时只是想碰碰运气，谁知戴维被他的诚意所感动，觉得他是一个很有前途的人，于是很快回了信，并约法拉第面谈。见面后，戴维决定请法拉第做自己的助手，并把他安排在皇家实验室工作，就这样，在戴维的帮助下，法拉第成为了伟大的科学家。

（3）以"美"悦人

这里的"美"主要是指求职信文情并茂，富有感染力，阅读者往往会被作者的文笔所打动而爱不释手。

（三）其他材料的准备

除了个人简历和求职信之外，为了加深招聘单位对自己的印象，有时需要进一步提供其他材料。

1. 学校提供的鉴定材料和成绩单

鉴定意见主要反映在毕业生推荐表中，有学校评语、能否毕业推荐、培养类别及就业范围等。学校评语的作用如下：一是对社会和用人单位负责，能实事求是地反映毕业生的综合表现；二是评语中据实表现的描述都会突出学生的个性特点，成绩单必须有学校教务部门的盖章，毕业生可根据用人单位的需要或求职的职位提供相关课程有效的成绩单。有些省、市对成绩证明有具体的要求，进入上海市的毕业生必须提供各个学期所有课程的学习成绩，辅修第二专业的学习成绩也应一并提供。

2. 技能证书

技能证书反映了求职者的某一方面的能力水平，主要有外语和计算机等级证书职业资格证书。外语证书包括四、六级证书；计算机证书有 C 语言、VFP、VB、JAVA、三级偏硬、三级偏软等（可分为全国等级证书和地方性等级证书）。此外，还有驾驶证、律师资格证等。

3. 荣誉证书

荣誉证书是求职者综合素质的重要证明，包括各类奖学金证书、荣誉称号证书以及参加重大竞赛的获奖证书等。重大竞赛诸如高教社杯全国大学生数学建模竞赛、挑战杯全国大学生课外学术科技作品竞赛和创业计划大赛以及各种学科课程竞赛等。有些大学生荣誉证书较多，可挑选一些荣誉等级较高的证书。

4. 学校及学科专业介绍

目前，很多高校因合并而更名，由于种种原因，不少有特色、有影响的专业学科，招聘单位不一定十分了解。求职者在投递简历时，有必要附上介绍自己学校和学科专业的相关资料。

5. 权威人士的推荐信

推荐信是大学生求职过程中的重要材料，一般是指由具有一定权威的人士进行的实事求是、认真负责的推荐。因为写推荐信的通常是教授、学者，他们十分珍惜自己的声望，不会滥用别人对自己的信任，所以许多大公司、企事业单位比较重视这种推荐信。

6. 招聘单位需要的其他材料

有的招聘单位需要应聘者提供身份证，有的录用后还要通过政审。应聘者要根据各招聘单位的不同情况有针对性地取舍。如果面见招聘者或亲自上门推荐自己，材料不妨准备得充分一些，凡能反映自己各方面能力的材料应尽可能携带齐全，而且最好带原件；如果采取寄送自荐材料的方式，则应选择最有针对性和代表性的材料，一般先提供复印件，以免丢失。

（四）求职材料的个性化设计

1. 准确定位求职材料

为了确保"出师告捷"，必须对求职材料进行准确定位。求职中，一份好的求职材料能发挥的作用是无法估量的。

（1）求职材料是书面的推销员

求职的本质与商业行为无异，一方求售，一方求购。招聘单位是买主，精挑细选，寻觅好货是它的发展之道；人才是商品，充实了内涵，做好了包装，待价而沽；求职材料无异于推销员，将人才引介到招聘单位跟前，使出浑身解数说服招聘单位接纳。

（2）求职材料是虚拟的求职者

求职材料可以充分展现一个人的学历、经历、专长、爱好及其他，勾勒出求职者的完整样貌，甚至根据书写的格式、排列逻辑、用词等，还能解读出撰写者的气质、内涵。求职材料可以起到未见其人、胜见其人的功效。

（3）求职材料是明察秋毫的检验官

求职材料完整浓缩地记录了个人资料，是求职者成长过程中学习生活的精彩缩影。求职材料必须忠实呈现求职者的背景细节、经验技术以及优势弱点。求职者还可以通过撰写个人资料重新回顾自己的过去，从中审视求学过程中的收获和遗漏，相当于是一个客观检验自己的过程。在求职面试等诸多环节中，求职者应清楚手中拥有哪些筹码、应补充哪些能量，这样面对求职时才能气定神闲、游刃有余。

2. 精心设计个人主页

为了让招聘单位全面了解你的情况，还可以建立个人主页。一个制作精美的个人主页能体现出求职者拥有相当高的计算机综合处理能力,包括文字处理能力、图像处理能力及信息综合处理能力。招聘单位根据个人主页的制作情况,可对其计算机水平作出初步评判。求职者只要告诉招聘单位个人主页所在的网址,招聘单位就可以随时随地调阅,方便而快捷。由于网络具有超越时空的特点,使得求职者的信息能快速、便捷地传遍全国甚至全球。求职者可以将专业介绍、学校概况、个人简介、家庭环境等内容上传到个人主页,以便招聘单位对自己有一个更为全面、深入的了解。然而,制作个人主页对求职者的计算机、文字写作、创意策划、版面编排等各方面能力都提出了较高的要求。据悉,目前大多数国内人才网站纷纷开通了个人主页的业务,使之成为网上求职的新时尚。

3.VCD 简历

有些毕业生用 VCD 代替原始简历,少数招收美工、文档、软件开发人才的单位表示可以接受,并将会对其优先考虑;然而,绝大部分用人单位却对此举不予赞同。

(五)求职材料编写的误区

1.目标定位不准确

目标定位不准确具体表现在写求职信或填写简历时,将自己的求职目标定位过高或过低。定位过高的大学生往往目标远大,心高气盛,标榜自我,开口就是"跨国公司""某某经理职位",不切实际的理想化反而令他们错失了许多良机,最终导致求职失败。另一种现象则是走到一个极端,简历写得过于谦虚,将自己的求职目标定位过低。过分谦虚的人,行文小心翼翼,缺乏自信,招聘者会对其胜任工作的能力产生怀疑,最终导致求职失败。

薪水是个很敏感的话题,在求职材料中最好不要涉及,你未来的雇主通常会在决定聘用你后对薪资待遇作出解释。此外,如果对月薪要求过低,会显得你对自己的价值缺乏信心,而且会给招聘单位留下你在以前的工作中不称职的印象。最有效的方法是提出一个合理的薪资范围。

2.内容平淡不突出

刚毕业的求职者缺乏社会经验,写简历眉毛胡子一把抓,无关紧要的内容写一大堆,结果把真正的要点遗漏了。撰写简历应以简洁精练、重点突出为好,避免虚夸。有的求职简历言辞过于华丽，形容词、修饰语过多，如"我希望这样一个人生，它在经历了无数场风雨后成为一道最壮丽的彩虹……请用您的目光告诉我海的方向……"；不要写套话，如"我是生在红旗下的一名新中国好青年"。最有效的求职信要目标明确，贴近公司的用人要求和条件，针对不同职位对应聘者的不同要求设计不同的自荐书，突出行业所需要的个性。言辞要简洁直白，少用豪情壮语和华丽词汇，让人读来亲切、自然、实实在在，这样才能吸引人。

（六）对于准备求职材料，必须精心考虑以下 5 个方面的问题

在求职过程中，简历无疑是大学生向用人单位展示自己的第一个平台，能给人留下深刻印象，需要遵循 5 个原则：简明性、真实性、匹配性、针对性和严谨性，主要在下述几个方面入手。

1. 简历——力求最简

大学生制作简历时，往往抱着尽善尽美的心态，总觉得为了充分展示自己的才能，就要把简历制作得面面俱到，生怕疏漏一些用人单位比较关注的细节部分，而使自己在最初步的竞争中处于下风。因此，制作精美、内容翔实往往是大学生制作简历时普遍的心理标准。有很多学生为显得简历厚重，把自己有的东西全部附上，让用人单位去选，这样的简历给人的印象是没有重点，同时也缺乏竞争力。用人单位只是想通过个人简历大概地了解应聘者的一些初步情况。大学生缺乏实际操作经验，他们的能力高低难以通过简历表现出来，写得再多再详细也是纸上谈兵，没有实际工作成果，不足以让用人单位信服。另外，用人单位会收到许多应聘者的简历，长篇累牍式的简历往往让招聘者看得头昏眼花。所以，建议求职简历最好不要超过两页纸，第一页是基础简历，第二页则是求职信。两页纸虽然简单，但那些真正用心制作的学生几乎每次投递都有面试机会。在向外资或合资企业投递的简历中可附英文简历，国内的企业则不必附带。

2. 经历——展示成果

工作经历可分为在校工作经历和实习经历。工作经历中取得的突出成果，要着重表达，包括在某单位做过某工作，取得什么样的成果。面试时，面试官如果对你的经历感兴趣，会向你进一步询问，此时你可以详细地介绍自己，进一步加深别人对你的印象。所有有关能力信息的表达，都要与所求的岗位相匹配，包括知识结构、能力和经历，而不是把大学的各科成绩及四年的所有经历像流水账一

样全部附加。

3. 变通——不违真实

简历的真实性原则是指真实地填写自己的各项信息，不能杜撰个人能力和经历。在不违背真实原则的基础上也可稍做变通。比如，知识结构一项中可以包括你"学"过但是没有"考"过的各种课程。有的学生在得知某企业的招聘信息后，明知其岗位要求的知识结构自己还有所欠缺，但是可以通过自学获得，于在简历中先行填写这一部分，在投送简历以后再努力学习，这样并不违背简历的真实性原则，也是可以借鉴的。真实性原则基础上的变通，都必须在个人的可控范围之内，受他人或外在条件所控制，不可随便乱写。

4. 岗位——明确表达

求职意向一定要明确到岗位，而且要打印出来。一些学生职位的意向写得非常抽象或笼统，比如"企事业单位及政府机关"，还有的学生把求职意向一栏空出来到求职现场再写，这样会给用人单位一个印象：你其实并不明白自己要做什么以及能做好什么。

5. 特备——为求职单位写一封特定的求职信

特别为招聘单位准备一封求职信在整个求职资料中占有很重的分量，前提是对企业和岗位有足够的了解。写求职信的程序如下：首先说明是从哪个渠道获得招聘信息的，你要应聘其中的哪个岗位，你对这个岗位的理解，岗位的价值是什么，要做好这个岗位需要具备哪些能力。其次说明一下自己的学习和工作经历，有何业绩，工作过程中对岗位的认识，即表明自己的能力与该岗位的匹配性。接下来要简单地写一下对企业的发展历史和文化的了解，如果能够有幸进入单位自己会以什么样的态度投入工作。求职信必须表达出四层意思：我了解和认同这个企业的文化并愿意成为其中的一员；我是可以胜任岗位的；我是愿意在工作中主动成长的；我愿意为企业的发展做出贡献。

三、求职途径的准备

由于社会失业率仍保持在 4%~6%，求职人员数量不少。打开报纸杂志、招聘网站，不难发现各行各业同样提供着许多就业岗位。招聘信息通过各种途径广而告之，以吸引求职者。商品经济社会的一个特点是人们价值观的多元化，在利益驱动下，求职广告鱼龙混杂，真假难辨，良莠难分。对于涉世不深的大学毕业生而言，在求职时一定要寻求正确的途径并能够分辨出有价值的招聘信息。

1. 通过大众媒介寻找工作机会

大众媒介包括报纸杂志、广播电视以及就业网站。通过大众媒介提供的信息，不仅能了解具体的招聘单位，还可以获取当前人才需求的总体状况与发展趋势。招聘广告面向全社会，社会上符合条件的人都可以前往应聘。与此同时，大众媒体招聘广告不同于学校作为组织发布的信息，更不同于熟人提供的信息，求职者要考察、检验广告的可靠性、真实性，避免上当受骗。

2. 校内人才市场应聘

学校职业指导中心或相关组织提供信息，用信息发布、招聘消息之类的方式在校对外公布，或提供具体招聘单位，或组织双向选择会。学校职业指导中心发布的信息已经过多方了解与搜集，在可靠性上一般可以保证，目的是帮助大学生顺利就业，这是大学生首先应充分利用的就业信息。同样，这是每个大学生都可以获得的信息，自己的首选也可能成为他人的首选，优秀的单位与岗位竞争相对也比较激烈。

3. 校外人才市场或人才交流会应聘

校外人才市场或人才交流会这一般由行政或单位联合举办，其目的是使用人单位与大学生得以双向选择，供需见面。这类活动招聘单位多、地区广、专业齐全。大学生不仅可以直接获得许多招聘信息，还因为供需双方能够见面，可以抓住时机，果断决策，甚至签订协议。

毕业生参加校外人才交流会不仅可以寻找空缺职位，还可以调查招聘公司的情况、发现招聘人员的特点、练习面试技能以及练习与人交流的技能等。

4. 职业介绍所求职

人才市场以中介服务机构的形式出现。通常情况下这些中介机构是经过当地政府人事部门或其他有关部门批准，专门从事人才市场中介服务，其业务是搜集、整理、储存和发布人才供需信息，开展职业介绍。当然，这类人才市场是面向全社会的，并不是只针对大学生，而且提供的是有偿服务，因此毕业生必须对有关信息进行甄别、筛选。

5. 熟人介绍求职

熟人包括亲戚、朋友、同学、老师等，他们提供的招聘针对个人信息往往是针对个人而言，具有独特性，也是其他同学不能获得的。这种信息一般是可信的、具体的，但是信息量小，没有比较、挑选的余地。

四、获取信息的准备

利用求职信息的步骤如下：多搜集招聘信息—列表整理—排序—了解重点招聘单位—对所有单位发送个人资料—询问结果—辨别反馈信息。

1. 多一条信息，多一种机会

尽可能通过多种渠道搜集与自己专业相关的招聘信息。应注意的是一定要搜集最新的信息，淘汰过时信息，为此应注意信息发布的时间及有效时限。即使已经进行了面试，还要继续搜集，直到与招聘单位签订就业协议。一般来说，协议具有法律效应，协议双方都应遵守。有的应聘者在签订协议后仍继续搜集招聘信息，希望找到更理想的工作，最终出现撕毁协议进行经济赔偿的情况，这需要引起我们注意。

2. 列表整理，排除重复性信息

一些招聘单位利用不同渠道发布招聘信息，求职者也可能从不同渠道获得完全一样的信息，这时需要列表整理，删除重复项。

3. 按自己感兴趣和最有可能成功的顺序排列招聘单位

将招聘单位排序能够更好地调配自己的力量。最感兴趣和最有可能成功的单位是自己需要花较多精力和时间去争取的，在招聘活动有冲突时，可以有所取舍。

4. 对重点单位的性质、地点，招聘岗位职责，负责人姓名、职务、特点进行了解

这种了解很重要，可以使自我介绍更具针对性，使对方感觉你正是他们所需要的人才；了解负责人的姓名、职务，在称呼时更显尊重、亲切，对接待者特点的了解，便于顺利沟通。

5. 对所有感兴趣的单位发送简历和有针对性的求职信

发送个人资料范围可以广一些，同时，求职信必须具有针对性，不能千篇一

律。发信时应做记录，以免重复发信或因遗忘而失去机会。因为这两种做法都会让招聘单位觉得你不够严谨，使你错失机会。

6. 用合适的方式及时询问结果

根据招聘单位要求在规定时间内采用电话、电子邮件、信件或亲自登门询问的方式，询问面试机会。

7. 辨别招聘单位反馈信息，防止陷阱

对那些把工作职位与工资待遇说得很高的、工作条件说得很好的招聘单位，对要求你先交纳中介费、保证金，或急于签订就业协议的单位，尤其要注意仔细考察。

五、参加应试的准备

用人单位的考试有笔试、面试与操作技能测试，这是衡量应聘者在某方面的知识、技能、能力、个性特征、心理素质及发展潜能的手段。

（一）笔试的一般内容与应对策略

在应聘人员较多或需要考核与专业有关的知识时，尤其是考核文字能力、心理素质时，有的招聘单位会运用笔试加以筛选。常见的笔试有专业知识、综合能力测验和心理测验。如国家公务员考试、企事业单位的招聘考试，行政职业能力倾向测验、外语能力测验、人格测验等。面对笔试，应聘者主要应了解以往考试的一般内容、题型及考试方式等。在参加考试时，首先要提高自信心，因为越有自信，头脑越清醒，就越能冷静应对和调动自身潜力。其次，答卷时要讲究技巧，先要快速浏览全卷，有一个整体印象，然后从容易的题目做起，具体答题时必须仔细审题，认真作答，字迹清楚工整。最后，对心理测验，按自己真实情况作答即可。

（二）面试基本内容与应对策略

1. 面试

面试也称面谈、口试，是招聘单位在指定时间与空间内，对应聘者进行当面考试的方式，主要解决笔试中难以完成的考试任务。例如，了解应聘者对实际问题的解决能力、应变能力、口头语言表达能力、逻辑思维能力、自控能力、性格特征等。

2. 面试方式

（1）初试性面试

在应聘人数较多时，招聘单位希望通过面试选出条件较好的应聘者，以便进行复试。该面试是一对一进行，由单位人事部门人员主持。这类面试的问题比较简单，以了解应聘者的个人背景为主，同时考察应聘者的谈吐、风度及表达能力、应对能力。

（2）标准化面试

标准化面试也称结构化面试，应聘者可能接受一名主考官的面试，也可能接受由几个人组成的面试团面试。该面试有一套标准化程序，面试的题目、程序、评分标准、时间控制、考官组成、分数统计等都有明确的规定。考官不能更改增删试题，最多只能在试题范围内进行一些追问，这种面试方式减少了考官的主观因素，比较容易作到公平、公正。

（3）无领导小组讨论

这是一种集体面试的方式，由考官提出问题，小组成员自由发言进行讨论。考官在大家讨论过程中对成员的表现进行评分。考官可以将评分项目制作成表格进行当堂记录。评分项目有发言次数、意见的质量，如独到性、合作性、引导性、概括性，语言表达能力，领导能力以及风度等。小组成员一般以 6 人左右为好，以便每个人都能得到发言机会并形成良好的氛围。

（4）实践能力处理测验

这类测验是考查应聘者完成岗位职责的能力。测验中要求应聘者扮演某一角色，在规定时间内处理角色工作范围内的各种文件、报表、信件和其他信息。考官由此考查应聘者的计划、组织、分析、判断、决策、分派任务的能力和对工作环境、任务的敏感性和理解能力。考官提出要求，应聘者按情境目标完成一个或一系列任务（如推销产品），考官在应聘者完成模拟任务中考查他们面对问题的耐心、思考问题的逻辑性、解决问题的弹性、面对挫折的坚韧性、团队合作精神及气质修养等素质。

（5）答辩法与演讲法

这两种方式都是考查应聘者的口头表达能力、逻辑思维能力，前者还要考查应聘者对问题的敏感性、思维的灵活性及应变能力。一般由考官提出一个题目或一个问题，给予一定的准备时间后，通过三种方式进行考查：一是演讲，应聘者根据自己准备的内容宣讲；二是由考官提问，应聘者一个个回答，或进行抢答；三是将应聘者分成正反两方进行辩论。

[思考题] 准备你的求职资料——求职信和简历。

【拓展阅读】

感恩母校 文明离校
——毕业生文明离校的系列报道

又是一年毕业季，为了确保 715 名毕业生安全、文明、有序地离校，6 月 27 日至 29 日，电子通信工程学院开展以"感恩母校、文明离校"为主题的 2014 届毕业生离校系列活动。

提前谋划，精心布置，充分营造和谐离校氛围

6 月 19 日上午，该院召开 2014 届毕业生离校工作专题会议，制订了 2014 届毕业生离校工作方案，对全体工作人员作出明确分工和具体要求。

电子通信工程学院大力提倡营造文明、和谐的离校氛围。在教学楼前的 LED 显示屏上打上精心挑选的离校标语；在教学楼前安装了"寄语 2014 届毕业生"大型桁架，寄语毕业生，"致青春，话离伤"；在教学楼进口、办理离校手续教室门口、毕业班辅导员办公室门口张贴《文明离校倡议书》，祝福同学们一帆风顺，告诫同学在今后的工作中要务实做事、奋发成才。

为了让毕业生尽快熟悉离校办理流程，少走弯路，节约时间，该院采取集中办公的形式，把办公地点安排在教十四号楼一楼的三个相邻教室；制作了"安徽新华学院 2014 届毕业生办理离校手续流程图""电子通信工程学院 2014 届毕业生离校须知"挂在一楼入口处。

齐心协力，团结协作，各项毕业生离校工作有序开展

6 月 26 日晚、27 日早晨、28 日晚，该院分 8 场召开专科、本科毕业班最后一次班会，电子通信工程学院院长卢胜参加了会议。这是毕业生在校的最后一次班会，会议由辅导员解读毕业生离校办理流程及注意事项。卢胜寄语广大毕业生，希望大家恪守"厚德、求真、博学、创新"的校训，好好工作，做一个对家庭、对社会、对国家有用的人。

6月27日，在教十四号楼106、108教室办理专科及未取得学位的本科毕业生离校手续；6月29日在教十四号楼105、106、108教室办理本科毕业生离校手续。办理现场秩序井然，一切顺利。

6月28日下午，电子通信工程学院党总支召开2014届毕业生党员最后一次民主生活会。毕业生党员纷纷发言，分享了他们在大学里的收获，特别是踏上实习岗位半年来的经历与感悟，充分肯定了实习对大学生的重要影响。针对就业，毕业生党员提出了一些宝贵的意见，希望学院在学生的成长和发展中更加重视专业素养和综合素质的提升，更好地与社会接轨。针对考研，毕业生党员强调考研既是脑力战也是体力战，要有足够的毅力，适时地调整自己的心态应对考研。这些发言充分显示了毕业生党员在实习期间的成长与成熟，也表露了自己对于母校的感怀与留恋。最后，由毕业生代表向母校赠送"水能性淡为吾友，竹解心虚是我师"书法一幅，表达对母校的感恩之情。

【课后深化】

1. 根据教材所述，分析你具备哪些通用就业能力？

2. 简明扼要地拟写一份自己的就业简历和求职信。

3. 请快速做完以下10道问题，每题只能选择一个答案。

（1）你骑车闯红灯，被警察叫住。后者知道你着急赶路，却故意拖延时间，这时你（   ）。

A. 急得满头大汗，不知怎么办才好

B. 十分友好地、平静地向警察道歉

C. 听之任之，不作任何解释

（2）在朋友的婚礼上，你未料到会被邀请发言，在毫无准备的情况下，你会（   ）。

A. 双手发抖，结结巴巴说不出话来

B.感到很荣幸，简短地讲几句

C.很平淡地谢绝了

（3）你在餐馆刚用过餐，服务员来结账，你发现身上带的钱不够，此时，你会（　　　）。

A.感到很窘迫，脸发红

B.自嘲一下，马上对服务员实话实说

C.在身上东摸西摸，拖延时间

（4）假如你乘坐公共汽车时忘了买票，被人查到，你的反应是（　　　）。

A.尴尬，出冷汗

B.冷静，不慌不忙，接受处理

C.强作微笑

（5）你独自一人被关在电梯内出不来，你会（　　　）。

A.脸色发白，恐慌不安

B.想方设法让自己出去

C.耐心地等待救援

（6）有人像老朋友似的向你打招呼，但你一点也记不起他是谁，此时你（　　　）。

A.装作没听见似的不搭理

B.直率地承认自己记不起来了

C.朝他瞪瞪眼，一言不发

（7）你从超市里走出来，忽然意识到你拿着忘记付款的商品，此时一个很像保安人员的人朝你走过来，你会（　　　）。

A.心怦怦跳，惊慌失措

B.诚实、友好地主动向他解释

C.迅速回转身去补付款

（8）假设你从国外回来，行李中携带了超过规定的烟酒数量，海关人员要求你打开行李箱检查，这时你会（　　　）。

A.感到害怕，两手发抖

B.泰然自若，听凭检查

C.与海关人员争辩，拒绝检查

（9）老师布置了作业，你不但没做完，而且忘带了。当老师检查时，你的回答是（　　）。

A."老师，对不起，我做了，但忘带了"

B."老师，对不起，有的题不会做，而且忘带了"

C."老师，对不起，我忘带了"

（10）考试中，当监考老师走到你面前时，你经常会（　　）。

A.观察监考老师要做什么，直到走开

B.无视监考老师，继续做自己的事

C.观察监考老师要做什么，然后继续答题

算出总分数：选 A 得 0 分，选 B 得 5 分，选 C 得 2 分。

根据自己的总分数，能大致了解你的心理素质和应变能力（供参考）。

0 ~ 25 分：你承受压力的心理素质比较差，很容易失去心理平衡，变得局促不安，甚至惊慌失措。

26 ~ 35 分：你的心理素质比较好，性情还算比较稳定，遇事一般不会十分惊慌，但往往采取消极应付的态度。

36 ~ 50 分：你的心理素质很好，几乎没有令你感到尴尬的事，尽管偶尔会失去控制，但总体来说，你的应变能力很强，是一个能经常保持镇静，从容不迫的人。

建议：做完之后，把结果和心得写下来，同学们共同分享一下。

第四章　储备专业技术知识　探索个性特征

纵观目前的就业形势，人们越来越懂得专业水平的高低对就业带来的巨大冲击和提出的更高要求，知识面狭窄已难以适应未来社会经济发展的需求。目前，招聘单位录用员工的标准普遍提高，既要看学历，又要看能力；既要看是否懂专业，又要看是否懂管理。应聘者必须根据自己的个性特征进行相应的职业定位，更多地积累专业技能，不断地培养和提高自己的综合能力和社会化专业水平，以适应市场择业的激烈竞争。本章分为以下三节：储备积累自己的专业技术水平；根据自己的个性特征择业定位；具备良好的就业心理状态和潜质。

政策链接

2017 年国家有关大学生最新的就业政策

一、鼓励高校毕业生到基层和艰苦地区工作。各级政府要为高校毕业生创造工作条件，主要充实城市社区和农村乡镇基层单位，从事教育、卫生、公安、农技、扶贫和其他社会公益事业。在艰苦地区工作 2 年或 2 年以上者，报考研究生的，应优先予以推荐、录取；报考党政机关和应聘国有企事业单位的，同等条件下，应优先录用。

二、党政机关录用公务员和国有企事业单位新增专业技术人员和管理人员，应主要面向高校毕业生，公开招考或招聘，择优录用。

三、鼓励各类企事业单位特别是中小企业和民营企事业单位聘用高校毕业生，政府有关部门要为其提供便利条件和相应服务。对企业跨地区聘用的高校毕业生，省会及省会以下城市要认真落实有关政策，取消落户限制。

四、鼓励高校毕业生自主创业和灵活就业。凡高校毕业生从事个体经营的，除国家限制的行业外，自工商部门批准其经营之日起 1 年内免交登记类和管理类的各项行政事业性收费。有条件的地区由地方政府确定，在现有渠道中为高校毕业生提供创业小额贷款和担保。

五、为高校毕业生办理户口和人事档案手续提供便利。对毕业离校时未落实工作单位的高校毕业生，本人要求户口和人事档案保留在学校的，按规定保留两年。在此期间，档案管理机构对保管其档案免收服务费用；本人要求将户口转回入学前户籍所在地的，公安机关应当按照户籍管理规定为其办理落户手续，人事、教育部门所属人才交流服务机构负责办理相关手续，人事部门所属人才交流服务机构免费提供人事代理服务。本人落实工作单位后，公安机关按有关规定办理户口迁移手续。

六、毕业半年以上未能就业并要求就业的高校毕业生，可持学校证明到入学前户籍所在城市或县劳动保障部门办理失业登记。劳动保障部门所属的公共职业介绍机构和街道劳动保障机构应免费为其提供就业服务。对已进行失业登记的高校毕业生，有条件的城市、社区可组织其参加临时性的社会工作、社会公益活动，或到用人单位见习，给予一定报酬。对于因患病等原因短期无法工作并确无生活来源者，由民政部门参照当地城市低保标准，给予临时救助。此项费用由地方财政列支。

七、鼓励中小企业和民营企事业单位聘用高等职业学校（大专）毕业生，对就业困难的应届高职（大专）毕业生，由劳动保障、人事和教育部门共同实施"高职（大专）毕业生职业资格培训工程"，对需要培训的应届高职（大专）毕业生进行职业技能培训和职业技能鉴定。培训费由教育系统承担，职业技能鉴定费由劳动保障部门适当减免。

第一节　积累专业知识和技术知识

案例导入

一次成功的应聘考试

某高职学院土木工程专业学生小孙的一次应聘经历很有传奇色彩。与他同时去应聘的有5人，彼此都不认识。主考官为他们每人准备了一台计算机，让他们在上面回答问题。当他们快要完成时，突然停电了。大部分应聘者当时只顾回答问题，没有保存。主考官抱歉地说："电路出了点问题，如果刚才没有保存，电路修好后，重新做。"于是有的人生气，有的人开始埋怨，有的人无奈地坐着等。10分钟过去了，仍没有来电，主考官显得很着急。这时，小孙向主考官走去，问道："需不需要我去看看？今天凑巧，我带着电笔。"原来他用的是多功能圆珠笔。他很快发现是保险跳闸了，线路并没有问题。

　　其实这才是真正的考试题：对待偶发事件的心态与解决问题的能力。电来了，主考官宣布招聘考试结束，小孙被录取了！1

　　［评析］从此案例可以看到：对那些刚刚毕业的大学生，为什么有的人会找到很好的工作，有的人却还在为找工作而烦恼呢？就是因为成功者在学校期间已经积极地为将来的就业作了充分的准备，努力学好专业知识，博览群书增长见识，参加各种社会实践提升自身的素质和能力，从一开始他们就在为自己的将来做积极的准备；而一些失败者，很有可能他们在四年的大学生活里碌碌无为，过着得过且过的生活，整天沉迷于网络游戏，没有奋斗目标，四年美好的青春岁月就如此逝去。总之一句话：成功永远青睐有准备的人！

一、知识结构概述

（一）知识结构的构成

　　知识结构是指科学知识的内在联系和规律。它不是杂乱无章的知识的堆积，而是真正能发挥作用、相互协调，具有一定层次的知识单元组成的知识体系，是一种多层次、多序列的动态综合体。大学生的知识结构主要由基础知识、专业基础知识和专业知识三部分构成。

　　基础知识包括社会科学知识、自然科学知识、人文科学知识等方面，具有一定的稳定性，是大学生知识结构的核心和基础。基础知识犹如大厦的基石，宽厚坚实才能构筑起稳固的知识大厦。拥有良好的知识基础，有利于大学毕业生在工作中适应各种变化，灵活自如地发展。

　　专业基础知识介于基础知识和专业知识之间，是基础知识的深化和发展，是专业知识的先导和基础，起着承上启下的作用。大学生只有掌握稳固的专业基础知识，才能进一步深入学好专业知识。

专业知识是从事专业工作所需的最直接的知识。随着生产的不断发展和科学技术的进步，知识在不断更新，在学好专业理论的基础上，大学生要加倍学习、钻研专业知识；同时，要注意本学科、本专业的发展动态，使所学专业知识能步入学科、专业的前沿。

关于大学生知识结构的构建途径，应从下述方面考虑。

1. 激发学习动机

学习动机是激发个体进行学习活动、维持已引起的学习活动，使行为朝向一定的学习目标的一种内在过程或内部心理状态。在大学期间，大学生要热爱自己的专业，只有形成对本学科知识的浓厚兴趣，才能积极主动、心情愉快地学习，把社会需要与个人成才统一起来，在满怀兴趣的状态下开垦新的园地，合理地构筑自己的知识结构，既在本专业所涉及的学科领域内博览群书，又对本专业的某一方面有深入的了解和钻研。

2. 夯实基础

所谓基础，一是指根据教学计划开设的各门基础课，二是指各门课程中的基本理论，这些都是终身受用的基本知识。基础科学在全部科学知识中最稳定、持久、不易老化、使用领域广、频率高、覆盖面大，是根底之学。打好底子、练好基本功是大学生优化知识结构的关键。

3. 专博结合

博是专的基础，专能推动博的延伸。在建立合理的知识结构时，大学生要尽量做到：首先，广博而不零散，把知识的广度延伸为知识的深度，做到博中求专；同时，术业有专攻但不单打，窄化领域而不窄化视野。研究领域要专，了解的领域要博，既是自己领域的专家，又对邻近领域有所了解。要做到纵向与横向相结合，既适应科学的高度分化，又适应科学的高度综合，既是专才，又是通才。

4. 适时调整

大学生在学习过程中，要及时掌握学科领域信息，寻找新知识、新方法，及时调整自己的知识结构，把握本学科的新动向、新思想、新成就，并根据自身的具体情况扬长避短，建构独具特色的知识结构，使所学知识具有时代性、新颖性、再将积累的知识转化为与社会需求密切适应的有效内容。

（二）知识结构模式

知识结构是指一个人经过专门学习培训后所拥有的知识体系的构成情况与结合方式。知识结构没有绝对的统一模式，但同样具有共同的特性。合理的知识结构，就是既有精深的专门知识，又有广博的知识面，具有事业发展实际需要的最合理、最优化的知识体系。建立起合理的知识结构，培养科学的思维方式，提高自己的实用技能，以适应将来在社会上从事职业岗位的要求。目前，比较有代表性的知识结构模式有下述 6 种。

1. 宝塔形知识结构

宝塔形知识结构把基础理论知识形象地比喻为宝塔的底部，然后从下往上依次为基础知识、专业基础知识、专业知识、学科前沿知识。宝塔顶部是主攻目标或从事的职业目标。这种知识结构有 3 个主要特点：其一，侧重于基础知识的广博性和宽厚性；其二，侧重于专业知识的精深性；其三，强调主攻目标的明确性。这种知识结构容易把宽厚的知识集于一点，突破主攻目标，取得成绩。

2. 蛛网形知识结构

蛛网形知识结构是国外经济管理学派提出的知识结构模式。这种知识结构由 3 部分组成：第一部分是以自己本学科的专业知识为蛛网中心；第二部分是把专业知识相近、直接与专业知识相关学科的知识作为蛛网的结；第三部分是把离专业知识较远，间接影响专业的基础理论、一般知识作为蛛网的外围。其主要特点：其一，侧重于专业知识的核心地位；其二，侧重于广泛知识的互相联系，强调发挥整体知识的协调作用。这种知识结构模式比较形象、直观，易为人们所理解，尤其有利于大学生通过图解，发现自己知识结构的直观缺陷，以随时调整不同知识的学习时间和精力。保证专业知识的核心作用，使人能在较大范围内汲取营养，充分发挥其潜在的才干。

3. 飞机形知识结构

我国企业界人士翟新华，根据自己在实际工作中的经验和体会，针对优秀企业管理人才，提出了飞机形知识结构。机头部分是宏观经济理论，机身部分是宏观与微观经济活动的实践经验，机尾部分是微观经济理论。这三部分构成了优秀企业管理人才知识结构的主体。然后还需要两翼部分，即外语和数学。这种识结构的特点：它把经济理论和经济实践活动经验作为主体，强调理论和实践的结合，是一种新颖而全面的知识结构模式。

4. 纵横形知识结构

纵横形结构也称"T"形结构，是由日本学者提出的一种适应性较强的知识结构，也是在现代社会经济发展中有较为广泛用场的知识结构。在这种知识结构中，"T"字形的横杠是指一般知识和基础理论知识，竖杠是指专业知识。其特点是既强调基础知识的宽厚，又强调专业知识的精深。对在校大学生来说，大学学习毕竟还是打基础的阶段，大学生有别于一个有实践经验的建设者。所以，对于大学生应该具备的知识结构尚需进行专门研究和设计。

求职者在择业时，不但要注意所选职业类型在整体上对求职者知识结构的要求，还要了解所选职业岗位在社会组织中的位置及具体层次，以此来调整自己的知识结构，增强就业后的适应性。

5. 交织形知识结构

这是由"宝塔形"向"蛛网形"纵横发展的知识结构，由下而上包括基础知识、专业基础知识、专业知识、学科前沿知识。这种知识结构既具有扎实的基础知识，又具有在专业方向上精、深、实的扩展，是随着现代科学技术的发展，特别是众多新学科的出现而产生的，对政治领导人才、高级智囊人才、高级经营管理人才、超大规模工程指挥人才等是很重要的。

6. 幕帘形知识结构

幕帘形知识结构是指一个具体的社会组织对其组织成员在知识结构上有一个总的要求，而作为该组织的个体成员，依其在组织中所处的层次的不同，在知识结构上又存在一些差异。以一个企业为例，企业要求其成员的整体知识结构具有财会、安全、商业、保险、管理等知识。而对企业中处于不同层次的个人来说，要求掌握上述知识的比例是截然不同的，从而组成各自不同的知识结构。这种知识结构强调个体知识结构与组织整体知识结构的有机结合。

（三）建立合理的知识结构的原则

1. 广博性与精深性相结合

合理的知识结构是广博性与精深性的有机统一体。它既是在广博基础上精深，又是围绕精深目标的广博。所谓"广博"即广采博学，"精深"即精通一门学科或方向。广博是基础，有了广博的知识，才能使人们眼界开阔、思想活跃、触类旁通。现代科学技术发展日新月异，边缘学科和横断学科的不断出现，技术上的高度综合、学科间的相互渗透，要求人们具有相当宽广的知识面，知识面过窄则难以适应科学技术发展的需要，也很难在事业上有所建树。强调广博并不是不要精深，只有广博而不精深，则只能是"样样通，样样松"。成功的人才往往在具有宽厚的基础知识上对专业知识精益求精，最终成为某一学科、某一方面颇有造诣的专家。

广博与精深相结合，就要处理好主攻学科与相关学科的关系。要集中主要精力学好主攻学科知识，同时要有计划地学习一些跨学科知识。只有知识丰富的人，才可能有旺盛的创新精神和创造能力。诺贝尔毕生献身化学，但他对电学、光学、机械学、生理学也很感兴趣，同时，他还是一位诗人和文学爱好者。正如他自己所说："各种学科彼此之间是有内在联系的，为了解决某一科学领域的问题，应该借助于其他有关的科学知识。"

2. 层次性与比例性相结合

合理的知识结构既是由低到高的几个不同层次的知识构成，也是多种不同比例的知识恰当组合。大学生在建立知识结构时，要坚持层次性与比例性相结合的原则。一般来说，大学生的知识可分为3个层次：基础层次、中间层次和高级层次。基础层次是指大学生应该必备的各种科学文化和基础知识，它是大学生参加实践活动不可缺少的条件；中间层次是指一般的、系统的专业知识，它是大学生在专业方向上得到发展，投入创造的基础和前提；高级层次是指关于某个专业或某项事业的最新成果、攻坚方向和研究动态的知识，它是大学生走向社会和开创事业的直接准备。3个层次的各部分知识的比例必须恰当和协调，既要将那些对实现目标有决定意义的知识放在中心位置，又要使一切相关的知识在整个结构中占有相当的位置。

3. 知识积累与调节相结合

合理的知识结构既需要大量的知识积累，也需要适宜的知识调节。大量相关学科知识的积累，有利于强化整体效应，能适应当代科学技术相互渗透、不断分化综合的发展趋势。调节知识，一方面是要更新知识，防止知识的老化；另一方面是要增强实用性，防止与自己主攻方向无关的知识所占比例过大，最终不适应职业岗位的要求，影响个人能力的充分发挥。

4. 理论与实践相结合

合理的知识结构不仅是理论知识的有效积累，而且也是实践经验的结晶。在理论与实践的天平上忽视或缺乏任何一个方面，都会导致知识结构的倾斜。缺乏理论指导的实践是盲目的，而缺乏实践的理论又是空洞的。没有实践，理论就会枯萎；而没有理论，实践就会缺乏指南。建立合理的知识结构，就是要坚持理论与实践相结合的原则，除了重视"第一课堂"的学习外，还应积极参加"第二课堂"的活动，走向社会，重视在实践中学习。

（四）建立合理知识结构的途径

1. 博览群书

书籍是人类知识的综合和储存，博览群书，使人视野开阔，思路灵活。在人类历史上，一切优秀的人才无不是博览群书的典范。中国的孔子、欧洲的亚里士多德，都因其知识的广博而被尊为圣贤。控制论的创始人维纳，从小就广泛涉猎书籍，在大学学习期间，他充分利用图书馆，广泛阅读小说、杂志、期刊以及哲学、心理学等方面的书，为他养成全面的品格和积累系统的知识奠定了坚实基础。

2. 按主攻目标积累

积累知识的过程中，按主攻目标学习的知识最有效。这是因为有了主攻目标，才能制订可实施的学习计划；有了主攻目标，才能明确积累什么知识；有了主攻目标，才能判断知识的相对价值，积累最有效的知识，最大限度地发挥知识结构的作用。一个人要有所成就，就必须专注一事，不可把精力分散于多方面。因此，在具备了一定广博的知识后，应按主攻目标积累知识，善于限制阅读范围，严格慎重地选择阅读的书籍和杂志，切忌漫无边际地浏览。

3. 注意动态调节

世界上一切事物都处于不断的运动、变化和发展之中。作为反映客观事物的知识结构，也必然是不断变化的。建立合理的知识结构，就是要注意动态调节。在实际生活中，需要调节知识结构的情况有 3 种：一是由于科学技术的迅猛发展引起的知识更新，需要调整知识结构，以适应形势的需要；二是开辟新学科或探索新的科学领域，需要建立与之对应的新的知识结构；三是职业或工作性质变动，需要调整原有的知识结构，使其保持高效状态，发挥潜在的效能。

4. 内储与外储相结合

记忆是掌握知识的基本手段，人们的记忆一般通过两种方式进行：内储和外储。内储就是用大脑记忆知识，其储存范围因人而异，通常是常用的、能够举一反三的知识，这些知识是人们进行思维活动的工具。外储就是利用记忆工具储存知识，其储存对象是与本专业、特别是与主攻目标相联系的知识。外储主要包括做笔记、积卡片、编索引、剪辑资料、作摘录、照片、录音、录像等。知识的内储与外储，是记忆的两个方面，二者关系密切、不可偏颇。忽视知识内储，会导致思想迟钝，忽视知识外储，会使记忆负担过重，只有二者协调发展，才有利于实现成才的目标。

二、就业对大学生知识结构的要求

现代社会职业岗位对求职择业者的知识结构、文化素质的要求越来越高，用人单位为适应现代社会发展的需要，为在市场经济的激烈竞争中求得生存和发展，就必须合理配置企业的人力资源。

（一）对学生知识结构合理性、实用性的培养

各类现代职业对于就业者文化素质和合理知识结构的要求越来越高。就知识结构而言，不仅对知识技能共性的要求越来越多，同时对就业者知识和技能的适应性要求也越来越强。因此，更应该加强对学生知识结构合理性、实用性的培养。

1. 培养学生宽厚扎实的基础知识

基础知识是知识结构的根基。近年来科技发展迅猛、知识更新加快，基础知识是知识更新的原动力。一位著名的科学家讲了一段极为深刻的话：现在的学生一进大学即分系、分专业，由于急于求成，急于专业化，学生仅学到本专业的一些基础知识，将来毕业后适应性较差，换一个方向（更不要说换专业）就晕头转向，不知所措，这怎么能适应社会发展的需要呢？大学教育的根本目标，是要扩大学生的知识面，把基础知识的面拓得尽可能宽一点，这样，学生才有"后劲"。

随着社会产业、行业、职业结构调整速度的加快，大学生无论是选择职业，还是适应工作性质的变动，都离不开宽厚扎实的基础知识的储备。这不仅关系到

大学生是否能进一步发展，是否在专业上有所建树，而且关系到将来走向工作岗位之后能否尽快适应、胜任工作。同时，基础理论的学习，还有助于科学思维方法和良好心理素质的培养，而这又是工作中必备的优秀品质。所以，大学生在大学阶段要认真系统地学习基础知识，扎实地掌握基础理论，特别是有关专业最基础、已被普遍运用的理论，绝不能为了培养其他方面的能力而忽视了基础知识的学习。现实生活中往往有一些毕业生初到工作岗位就给人好高骛远的印象，在本学科基础理论还没有掌握的情况下，总试图进行深入的研究，结果只能是只知其一，不知其二，最终难免碰壁。

在学习基础理论的时候，大学生还要不断拓宽自己的知识面，这是提高实际工作能力的基础。拓宽知识面并不是什么都要学，而是要科学地、有选择地学，要根据自己的情况，考虑自己的精力和承受能力，量力而行，才能达到学习的目的。首先要学好必修课，把基础打牢固；其次尽可能多读书，了解和掌握本专业国内外当代新的科学技术成就；最后是学习同本专业发展相关的基础知识，以适应社会的需要。

随着科技和经济的高速发展，社会的产业、行业、职业结构调整的速度必然加快，毕业生在择业上已不可能从一而终，职业岗位随时变动的状况不可避免。

2. 培养学生精深的专业知识

大学毕业生是将要从事较强专业性工作的人才，因此，专业知识是知识结构的核心部分，也是科技人才知识结构的特色所在。所谓精深，是指大学生对自己所从事的专业知识和技术，在一定的范围具有一定的深度，既有对概念体系、理论体系、研究方法、学科历史和现状等量的要求，又有对本专业国内外最新信息及与其专业邻近领域知识的了解和熟悉，并善于将其与本专业领域紧密联系起来。

3. 培养学生涉猎现代管理和人文社会知识

现代化的社会，需要大学生具有一定的社会知识、经济与管理知识以及人文社会知识。目前，在高中阶段就开始了文理的分班学习，文科班的学生不学物理、化学，理科班的学生不学地理、历史。而进入大学后，学生们又只在本专业知识范围内学习，即使学些其他学科内容也是极为有限的，所以普遍存在知识面太窄的问题。作为一名大学生，应该利用在校学习的时间，多读一些社会科学、管理科学方面的书籍，增加自己的知识面，开阔自己的视野，不断增加对社会和现代管理科学的了解，从而不断提高自己的能力。同时，有意识地培养自己的形象思维和抽象思维，从而提升思维的品质。

4. 促进学生大容量、新技术、新知识的储备

21世纪以来，人类知识总量正以几何级数剧增。据统计，16世纪各种新发现、新发明不过26项，17世纪106项，18世纪156项，19世纪546项，20世纪前半叶961项，而仅20世纪60—70年代短短10年的新发现和新发明就已超过了过去2 000年的总和。知识转化为直接生产力的过程也大大加快。例如，16—17世纪照相技术的理论从1727年提出，到1839年的首次应用经历了112年；19世纪电话从理论到应用经历了56年；20世纪初的电视从理论到应用则经历了11年；到了20世纪50年代太阳能电池从理论到应用只用了2年的时间。

科学杂志的数量也按指数规律递增，自1665年第一本科学杂志《伦敦皇家学会哲学学报》出版以来，1750年的科学杂志仅有10种，19世纪初为100种，1900年达1万种，现今已达到约3.5万种。学科数目发展迅速，最初的学科只有很少的几门，后来向专业化发展，出现了物理学、化学、生物学、地理学。20世纪30年代以后，学科之间相互交叉和渗透，出现了一些综合学科和边缘学科。现代科学的出现，高度分析与高度综合相结合，使科学发展出现了一体化的态势，一些新的科学技术越来越多地出现在学科之间的空白区，出现在科学的交叉渗透和转移之中。

在现代科学技术发展如此迅猛、科学知识量急剧增长的今天，面对全面改革开放的形势，如果只掌握本专业现阶段的知识，是很难适应社会的。大学生应该利用在校学习的宝贵时间，在不断加深对本专业知识了解的同时，跨学科学习更多的知识，以充实自己，在基础知识学习的宽度和深度上下功夫。要自觉地阅读现代科学书籍，掌握本专业国内外研究的新动向、新成果，了解世界科技新动态，注意本专业的科学前沿状况，掌握专业知识的精湛性和先进性，这样在毕业后，才能在实际工作中不断追踪国际上的先进技术。当然，要求大学生同时掌握多种专业知识是不现实的，除了要精通自己的专业知识，并在实际中运用以外，还要掌握或了解与专业相关或相近的其他专业知识和技术。毕业生要有"通才"意识，

这是市场经济发展对人才提出的新要求。在古代，科学处于萌芽时期，人才曾以"通才为主"；在近代，科学不断分化，人才则以"专才为主"；目前，科学高度分化与高度综合，人才以"通才取胜"。诺贝尔奖获得者中，多是进行综合性研究的通才，而诺贝尔本人则是化学家、发明家、语言学家和企业家。

目前，国外的高等院校都十分注重通才教育。美国强调培养学生的"适应社会环境"的能力，提倡"百科全书式"的教育；比利时根特大学提出，要培养"能看到最不同的科学领域间的相互关系的人，而这种人，应是人文科学和自然科学的内行"；法国学者也曾指出，高等教育应培养"既有广阔的视野，又对某些新的问题或新的设想有高度的造诣，不受学科的历史界限束缚的人"。

（二）不同职业对知识结构的特殊要求

在此仅对社会需求较高的管理类、工程类、科研类、教育类职业的知识结构要求进行阐述。

1. 管理类职业的要求

管理类职业主要包括经济管理、企业管理、金融管理、财政管理、外贸管理、行政管理等社会工作。根据管理职业的实际需要和管理科学的发展规律，必须掌握党的方针政策和相关法律知识。在知识结构中，除管理理论和知识占较大比例外，还应了解税务、工商、外贸等知识，一般要求具有"蛛网形"知识结构。

2. 工程类职业的要求

工程类职业范围包括从事工程技术应用工作的职位。要求就业者在文化素质上应具备：牢固掌握专业知识，具有较新的现代专业理论，熟练掌握并能应用于实际工作中的应用技术及一定的管理知识，一般要求具有"飞机形"知识结构。

3. 科研类职业的要求

科研类职业主要指基础理论研究、信息情报研究、学科应用技术研究等职业。要求：具有丰富坚实的专业基础知识；掌握严谨的科学研究方法并运用于实际研究；掌握大量的本专业的前沿信息；熟练掌握本专业的各种实验方法和调查方法，一般要求具有"宝塔形"知识结构。

4. 教育类职业的要求

教育类职业范围包括大学教师、中学教师以及各类职业教育教师、干部培训教师等。要具备以下条件：掌握基础理论和深厚扎实的专业知识；熟悉本专业最新研究成果及发展趋势；了解与专业相近的新兴边缘学科或交叉学科的情况；具有较高的有关知识(含教育学、心理学、教育心理、课程教法等)，该类职业要求就业者的知识结构为"网络形"。

大学生应当根据社会需要，结合个人专长，充分了解各种职业对求职者知识结构的特殊要求，在就业前和就业后注意建立和调整自己的知识结构，并使之日趋合理，不断精进，为成才奠定坚实的基础。

三、注重实践能力的培养和锻炼

大学生应把积累知识、建立合理知识结构和培养能力统一起来，这样才能使自己在择业、从业中立于不败之地。

（一）能力与知识

能力是人们认识和改造世界时所需要具备的综合素质。完成任何一种活动要靠多种能力的有机配合，如学习活动需要阅读能力、记忆能力、理解能力和抽象能力等的配合。能力高的人之所以能取得较好的成果，是因为他们的各种能力能够围绕某项活动有效调动起来，从而取得较高的效益。而知识是人的能力形成的基础，是能力的"营养"。学生掌握知识，就是把教师传授的以及自己从书本上、实践中学得的知识，变为个人的知识，并熟练地运用这些知识来回答或解决有关理论上和实践中的问题。学生在学习知识的过程中，汲取前人总结的经验教训，同时也发展了自己分析、综合、抽象、概括的能力。所以，任何能力都是在掌握和运用知识的过程中完成的。一个人有了知识，会增添无穷的智慧，如果再具有很强的能力，就如同插上翅膀，在天空中翱翔。我国一位著名的教育家在谈到对学生的培养教育时，形象地讲了一个故事：孩子要离家远去，妈妈主张给孩子多带些干粮，爸爸主张给孩子猎枪，以使孩子无论走到哪里都能凭手中的猎枪有吃有穿。这位教育家认为，我们应给学生"猎枪加干粮"，"干粮"即知识，"猎枪"即能力。只有获得"猎枪"的人，才能在复杂的科学研究、生产实践中，主动学习新知识，提高自己的工作能力，适应日新月异的新情况，研究新问题，有所发现，有所发明，有所创造，有所前进。"送人一条鱼，只够他吃一顿；教人去钓鱼，就够他吃一辈子"，讲的是同样的道理。国外在评价研究人员时，十分重视能力的考核，不少科研机构从学识、工作态度、创造能力、计划能力、决断能力、指导管理能力 6 个方面对研究人员进行评分，学识仅占 20%~30%，而能力却占 70%~80%。大学生在掌握基础理论的同时，不能忽视对自己能力的培养，只有把理论和实践结合起来，把知识和能力结合起来，才能有所成就。

（二）大学生应具备的基本能力

1. 适应能力

人与环境的关系是适应与改造的辩证统一。适应就是改变自身以迎合客观环境的要求；改造就是改变客观环境使之符合自身发展的要求。人们在谈到人与环境的关系时，往往注重了后者而忽视了前者。在人类社会的进步与发展中，人对环境的改造固然起着主导作用，但改造不能离开适应。社会生活的纷繁多样和生活环境的不断变化，要求每一个人必须培养自己适应环境的能力，只有这样才能在社会上立足，也才能谈得上对环境的改造。

目前，高等教育从运行机制、专业设置、教学内容等方面正在进行全方位的改革，作为一名大学生必须努力提高自身的整体素质，以适应市场经济的要求。事实上，现在很多大学生已经开始意识到这个问题的重要性，也愿意和要求加强自身实际工作能力的锻炼，以增强自己的社会适应性。近年来，一些工科高校毕业生出现了学习计算机的热潮，一些学生跨专业选修自己感兴趣的课程等，也从一个侧面反映了这个问题。

2. 人际交往能力

以社会认可的方式，妥善处理人与人之间的关系，并与他人和谐共处、共同发展的能力即为人际交往能力。作为大学生，只有具备一定的人际交往能力，善于处理各种人际关系，才能在工作中充分施展自己的才能。在人际交往中，要以我们民族善良、诚实的传统美德，"将心换心，以诚相待"，要学会尊重他人，多为他人设身处地着想，这样才能得到他人的尊重；要既能干大事，又能做小事，不妄自尊大，要有甘当"小学生"的精神；要学会处理具体问题，既要坚持原则，又要不失灵活，以免贻误总目标的实现。

3. 表达能力

表达能力是指人们以语言或其他方式展示自己思想感情的能力，是交流科学技术思想、交流感情的工具。人们在日常学习、工作和生活中，要交流思想、讨论问题、互通情况、阐述观点等，不注意表达能力的培养，有再好的见解和办法，表达不确切、不清楚，也会直接影响本领的施展。口头表达能力要求的是语言的流畅性、灵活性和艺术性；书面表达能力要求的是文句的逻辑性、艺术性和条理性。对一名大学毕业生来说，表达能力在将来的工作岗位上是极为重要的。有的大学生在工作岗位上，动手写东西很费劲，拿起笔来不知从何入手，写出来的东西，文字不顺，逻辑不通。有的连通知、申请都写得不像样；有的会设计，写不好说明；有的外语不错，中文却不通等。因此，大学生在校期间要努力加强锻炼，不断提高表达能力。要多读书，以增加自己表达思想的深刻性、观点的新颖性、内容的丰富性；要多实践，以培养自己思路的敏捷性，表达的条理性、准确性和生动性。

4. 开拓创新能力

开拓创新能力是人们用已经积累的丰富知识，通过不断地探索研究，在头脑中独立地创造出新的形象、提出新的见解和做出新的发明的能力。它是人才素质的核心，包括发现问题、提出问题的能力，发现规律的能力，创造性地分析问题和解决问题的能力，发明新技术、创造新产品的能力等，它是由观察敏锐性、思维灵活性、独立思考能力、创造性思维、创造性想象和创新意识等基本要素构成的。大学生毕业后，在实际工作中，将会遇到一些前人从未问津的新课题，有的人能把这些问题进行科学的分析，理出头绪、分清主次、抓住本质、提出方案，充分利用自己解决实际问题的能力进行不断的探索研究，得出科学的结论，取得创新的成果。相反，也有的人面对无成规可循的新问题，不知所措、不敢问津，或者乱撞乱碰，费了不少精力和时间，到头来一事无成。这些差异正是因开拓创新能力的不同所致。所以，大学生在学校期间，要不断加强自己的开拓创新能力的锻炼，增强开拓创新意识，为在今后的工作中有所发明、有所创造奠定良好的基础。

5. 动手能力

把创造性思维变成实际的物质成果，或是用生动形象的实验过程呈现创造性思维的转化能力即为动手能力，也称为实验操作能力。这种能力对于大学生，尤其是工科生来说尤为重要。现实工作中，尤其是在科研、生产第一线，要求的是理论上要懂，实践中会干的人才，要求讲能讲出科学道理来，动手能干出样子来。而目前的问题是，有些大学生对于工作中遇到的问题，理论上懂，道理也讲得出来，但要动手来解决这些问题，往往就显得能力欠缺，直接影响了自己能力的充分发挥。所以，大学生在学校不仅要积累知识，还要通过参加科研活动，利用生产实习和勤工俭学等机会，着力培养和提高实际动手能力，以满足今后的工作需要。

6. 组织管理能力

组织管理能力包括计划能力、组织实践能力、决断能力、指导能力和平衡能力。随着毕业生就业制度的改革，具有一定的交往能力和组织工作能力的大学生越来越受到用人单位的欢迎，许多单位挑选大学生时在注重学生的学业成绩的同时，对学生是否担任过学生干部、担负过社会工作很感兴趣。因为，大学生将来无论从事何种工作，要把工作开展起来，把计划付诸实施，把他人的积极性调动起来，把大家的智慧发挥出来，没有一定的组织管理能力是不行的。因此，在学校大学生应积极参加社会活动，尽量做些社会工作，不断增强自己的组织工作能力，以利于今后的工作。

（三）大学生实践能力的培养与锻炼

①要积极参加各项社会活动，有计划有针对性地进行社会调查，接触校门外广阔的天地，学习书本外的知识，从而增进对社会的了解。并在此过程中，不断调整自我评价，摆正自己在社会活动中的位置；同时提高自己的社会活动能力和社会交往能力，提高自己分析问题和解决问题的能力。近几年，大学生积极参加社会实践、勤工助学活动形势喜人。在社会实践中学生们开展了以向社会学习为宗旨的各种形式的社会调查，以校内外相结合的科学研究、科技协作、科技服务，以参加校内建设或社会生产建设为主要内容的生产劳动，以举办学习班、讲学班、担任家庭教师等为主的智力服务活动等，在广阔的社会舞台上锻炼了自己，将会受益匪浅。

②要珍惜实践环节，虚心向有经验的人学习。目前，学校在教学环节已经安排了金工实习、生产实习、毕业实习等实践环节，大学生一定要充分利用好这些机会，向现场有经验的技术人员学习，向工人师傅学习，汲取他们多年的实践经验，来充实自己。特别是毕业前的实习阶段，是学生从校门走向社会、理论联系

实际的第一步，是对社会、未来从事的职业一次直接接触，是大学教学活动的最后一个但又是十分重要的环节，是对学生智力和能力的一次总检验和总训练。重视这一环节，可以学到很多书本上学不到的知识，既能培养和锻炼自学能力、综合运用知识能力和实际动手能力，又能使自己的创造性思维能力、工作学习的独立性和主动性得以提高。同时，通过实习，还可以增加对未来工作环境、工作性质、工作要求以及自己所学专业的应用范围有全面了解，从而发现自己的长处与不足，明确自己为适应未来工作再学习、再努力的方向。

③在实践中，要有意识地注重培养自己分析问题、解决问题的能力。大学生分析、解决问题的能力需要通过实践去获得。在校期间，大学生应该把课堂上、书本里学到的普遍理论同具体实践结合起来，在实践中培养自己分析问题和解决问题的能力，培养真才实学。要认真搞好课程设计、毕业设计。在设计中，不能简单地咀嚼别人的东西，要在一定程度上以新的实践和新的理论来充实新的内容。这就要求在完成设计的过程中，不断增强自己全面运用所学知识的能力。

④积极参加课外科技活动。现在越来越多的学校开始重视学生的课外科技活动，全国每年举办"挑战杯"全国大学生课外科技学术作品比赛，不少品学兼优的大学生在参与和组织学生的课外科技活动中，学到了知识，提高了能力，树立了为人民服务、为社会奉献的精神。

实践证明，大学生的课外科技活动促进了大学生的科学研究能力、动手能力和创造能力，提高了他们分析问题和解决问题的能力，还学会了科研器材的使用技巧，增强了组织管理、独立工作和社会活动的能力。有关资料表明，参加过课外科技活动的大学生走向工作岗位后，能很快适应环境，独当一面地开展工作，有的大学生工作仅几个月就被选送出国进修，有的工作两年后就被破格聘为工程师。所以，在校期间积极参加课外科技活动，是锻炼提高实践能力的重要途径。

［思考题］根据你所学的专业，写一份专业的知识结构构成。

第二节　根据个性特征择业定位

案例导入

有充分的准备才能获得求职成功

小钱是某重点大学的毕业生，学习成绩非常优秀，而且在校期间曾多次组织和策划大型的社团活动，有很强的综合能力。在得知国际知名企业微软公司来校招聘后，他拿起自己的简历前去应聘。笔试轻松通过并参加了面试环节。考官："你知道 Windows 7 专业版在中国大陆地区的零售价是多少吗？"小钱："5 元。"考官："可以了，下一位。"结果小钱被淘汰了。但是他不气馁，在投了多份简历以后，终于得到了 Google 的面试机会，考官问："你是从哪里得到 Google 招聘信息的？"小钱说："从百度上搜到的，我有使用百度搜索的习惯！"考官："可以了，下一位。"结果可想而知，小钱又被淘汰了。

[评析] 小钱拥有很强的专业能力和不错的简历，但没有面试成功。究其原因，是因为他每次面试都没有做好准备，也没有在面试以后总结经验教训。到一个公司面试以前，应该对这个公司进行全面的了解，知道什么是企业最为需要的。准备不充分是很多大学生求职时的一个通病，也是面试失败的一个重要因素。如果你真的渴望得到这份工作，请在面试前做好充分的准备。

成功心理学的理论告诉我们，判断一个人是否成功，最主要看他是否做了充分的准备。因此，若想获得求职的成功，首先要作准备，如学会识别、发现自己天生的才干与优势。

一、性格探索及相应的择业定位

近年来，许多用人单位在选人时出现一种新观念，他们认为，性格比能力重要。其原因是，如果一个人能力不足，可通过培训提高，但一个人的性格不好，要改变起来可就困难多了，所以在招聘新人时，往往将性格测试放在首位。当性格与职业相吻合时，才会有进一步对其能力测试考察的意愿。对性格引起重视的另一个原因是，性格是个性中具有核心意义的成分，几乎涉及人的心理过程和个性特征的各个方面。观察日常生活中的人群，我们就会发现千差万别的性格特征。

1. 性格的态度特征

有的人诚实、正直、谦逊；有的人自私、虚伪、自傲；有的人勤奋、认真、创新；有的人懒惰、自卑、墨守成规。

2. 性格的意志特征

有的人自制、果断、勇敢；有的人冲动、盲目、怯懦；有的人顽强、严谨、坚持；有的人优柔寡断、虎头蛇尾、轻率马虎。

3. 性格的情绪特征

有的人情绪体验微弱，意志控制能力强，不易被情绪左右，情绪对工作影响较小；有的人情绪体验深刻，易被情绪支配，控制力较弱，对工作影响较大；有的人情绪稳定持久，情绪起伏波动较小；有的人则易激动，情绪不稳，在成功面前忘乎所以，在失败面前又可能垂头丧气；有的人经常精神饱满朝气蓬勃，乐观向上；有的人则经常抑郁低沉，无精打采。

每个人在选择职业时，应根据自己的性格，选择适合个人性格特点的职业和工作。一般来说，外向型性格的人更适合与外界广泛接触的职业，如管理人员、律师、政治家、推销员、记者、教师等。内向型性格的人比较适合从事有计划的、稳定的、不需要与人过多交往的职业，如科学家、技术人员、会计工作、统计工作、资料管理工作、办公室职员等。在实际生活与工作中，纯属于外向型或纯属于内向型的人并不多，大部分人属于混合型性格。因而在实际过程中，应根据个人的性格与职业的要求，具体情况具体处理，不能一概而论。当然，人的性格在一定阶段还具有可塑性，对此，每个人在选择职业时都应当作适当评估。

二、兴趣探索及相应的职业定位

不同的人有不同的兴趣，不同的职业也需要有不同兴趣的人。一个对技能操作感兴趣的人，靠他灵巧的双手，在技能操作领域得心应手，但如果硬要他把兴趣转移到书本的理论知识上来，他就会感到无用武之地。正是这种兴趣上的差异，构成了人们选择职业的重要依据。所以，兴趣在职业活动中的作用应引起人们的重视，特别是对即将选择职业的大学生，更应引起注意。

1. 兴趣可以开发智力、激发斗志

兴趣是一种强大的精神力量，它可以使人集中精力去获得知识，并创造性地开展工作。当一个人对某种事物发生兴趣时，就能调动整个身心去积极地感知、观察事物，积极思考，大胆探索，想象丰富，并具有克服困难的意志。

2. 兴趣可以提高人的工作效率

一个人对某一工作有兴趣时，枯燥的工作也会变得丰富多彩，趣味无穷。兴趣使工作不再是一种负担，而是一种享受。兴趣可以调动人的全部精力，使人以敏锐的观察力、高度集中的注意力、深刻的思维和丰富的想象力投入工作，从而有助于工作效率的提高。据研究，如果一个人对某一工作有兴趣，就能发挥他全部才能的 80% ~ 90%，并且长时间保持高效率工作而不感到疲倦；而对工作没有兴趣的人，只能发挥其全部才能的 20% ~ 30%，而且容易使人感到筋疲力尽。多方面的兴趣可以使人善于应对多变的环境，如需变换工作，只要自己感兴趣，也能很快熟悉、适应新的工作。

3. 兴趣是行动的动力

英国著名人类学家古道尔女士从小喜欢生物，她中学毕业后，对黑猩猩产生了强烈兴趣，于是她不畏艰险，只身进入热带森林与黑猩猩一起"生活"了 10 年之久，并获得了极宝贵的第一手资料，为揭开黑猩猩的秘密作出了贡献。

在学校里被人骂为"傻瓜""低能儿"而被勒令退学的爱迪生，在发明的王国里却显示出了其杰出的才华。在课堂上"智力平平"的达尔文，在大自然的怀抱里显得异常聪明和敏锐，最后成为进化论的创始人。一个人如果找到了自己最感兴趣的工作，他就等于踏上了通向成功的道路。因为对一个人来说，对工作感兴趣，就有钻劲，有钻劲就会作出成就，这就是兴趣的作用所在。由上面的分析可以看出，兴趣对事业的发展至关重要，所以兴趣是职业选择应考虑的重要因素之一。

三、能力探索及相应的择业定位

（一）能力的定义

能力是人成功地完成某种活动所必备的个性心理特征。例如，画家必须具备

色彩鉴别能力、形象记忆能力、估计比例能力。现代心理学上所指的能力，有两种意义：一种是指个人已经具备并在行为上表现出来的实际能力，又称为成就。例如，某人会说英语，能操作计算机等。另一种是个人将来可能发展并表现的潜在能力，又称为性向。如人们常说的，某人是"可造之材"，或某人具有文学、音乐方面的"天赋"，就是这个意思。潜在能力是实际能力形成的基础和条件，实际能力是潜在能力的展现，二者有着密切的联系。

（二）能力的发展

1. 能力发展的一般趋势

心理学研究表明，在人的一生中，能力的发展趋势如下：在总体趋势上，学习能力是随着年龄的增长而变化的。能力结构中不同成分的发展是不一致的。通常感知能力达到高峰和下降的时间比较早，而推理能力发展较慢，下降也较为迟缓。心理学家塞斯顿在考察了7种基本能力的基础上发现，知觉速度、空间知觉、推理能力、计算能力和记忆能力发展较早，语词理解和语词流畅发展较迟。

2. 能力发展的个体差异

人与人之间在能力发展上存在着明显的个体差异。研究能力发展的个体差异，可为教师因材施教，让学生"各尽所能"提供理论依据。一般认为，能力发展的个体差异主要表现在类型、发展水平和表现早晚三个方面。

（1）能力类型的差异

能力类型的差异是指个体的能力结构差异，表明每个人的能力各有所长。能力是由多种因素构成的，各种因素发展的不平衡导致人的能力发展存在质的差异。能力类型差异在性别上也有明显表现。研究发现，女性在知觉速度、语言理解、机械记忆能力、形象思维和模仿能力等方面占有优势；而男性在空间想象力、理解记忆能力、抽象逻辑思维能力和创造能力等方面占有优势。

（2）能力发展水平的差异

能力发展水平的差异是指个体之间同种能力的发展在量上存在着差异，表明每个人的能力有高低之别。能力发展水平的差异主要指智力发展差异（即一般能力差异）。美国心理学家推孟等曾对2 904名儿童进行智力测验，将结果按智商高低把人的智力划分为9类，见表4.1。

表 4.1　人的智力划分

智　商	类　别
25 以下	白　痴
25 ~ 50	无　能
50 ~ 70	低　能
70 ~ 80	近　愚
80 ~ 90	迟　钝
90 ~ 110	中　才
110 ~ 120	聪　颖
120 ~ 140	上　智
140 以上	天　才

　　智力在人口中的表现呈正态分布：两头小，中间大。智商为 90 ~ 110 者称中等智力，约占总人数的 50%；智商在 130 以上者称资赋优异，智商在 70 以下者称智能不足，他们在全人口中各占 2% ~ 3%。资赋优异又称智力超常，是指智力高度发展或某方面才能异常突出。研究发现，资赋优异者的求知欲旺盛，兴趣浓厚，观察细致，注意力集中，记忆力强，思维敏捷灵活，富有创造性，自信好胜。资赋优异者的智力因素和非智力因素都优于同年龄常态儿童的水平。智能不足又称智力落后或智力低常。现代心理学常根据智商、社会适应、问题发生时间 3 个指标来判定儿童是否为智力低常。智能不足者并不是某一种心理活动水平低，而是整个心理能力的低下。为便于开展教育，我国心理学工作者将智能不足者从程度上分为 4 级：极重度（智商为 20 ~ 25）、重度（智商为 25 ~ 40）、中度（智商为 40 ~ 55）、轻度（智商为 55 ~ 70）。

　　（3）能力表现早晚的差异

　　个体能力发展有早有晚，有些人在童年期就表现出某方面的优异能力，称为能力的早期表现，也称人才早熟。能力的早期表现在音乐和美术领域中最常见。有些人的才能表现较晚，常被称为"大器晚成"。人的能力表现虽有早晚差异，但就多数人来说，中年时期则是成才或出成果的最佳年龄。美国心理学家莱曼曾研究了几千名科学家、艺术家和文学家的年龄与成就，认为 25 ~ 40 岁是个体成才的最佳年龄。他的研究还表明，从事不同学科的人最佳创造的年龄是不同的。

3.根据能力进行择业定位的原则

每个人的能力有大有小，在选择职业时，能力倾向具有特别重要的意义。从能力差异的角度来看，在职业选择时应遵循下述原则。

（1）能力类型与职业类型相匹配

人的能力类型是有差异的，因而应注意能力类型与职业类型的匹配。例如，从思维能力来看，形象思维型的人比较适合从事文学艺术方面的职业和工作；抽象思维型的人比较适合从事哲学、数学等理论性较强的职业和工作；而具体动作思维型的人则比较适合从事机械等方面的工作。

（2）能力水平要与职业层次相匹配

对一种职业或职业类型来说，由于所承担的责任不同，又可分为不同层次，不同层次对人的能力有着不同的要求。因而，在根据能力类型确定了职业类型后，还应根据自己所达到或可能达到的能力水平确定相匹配的职业层次。只有这样，才能使能力与职业的匹配具体化。

（3）优势能力与职业选择相匹配

每个人都有一个由多种能力组成的能力系统。在这个能力系统中，各方面能力的发展是不平衡的，常常是某方面的能力占优势，而另一些能力则不太突出。大学生在进行职业选择时，应主要考虑自己的最佳能力，选择最能运用其优势能力的职业。

四、气质探索及相应的择业定位

气质是指人们心理活动的速度、强度、稳定性和灵活性等方面的心理特征。气质对人们所从事的职业并不具有决定性作用，其作用主要表现在对工作性质和效率的影响上。不同职业对人的气质特点也有一定的要求。因此，在职业选择中不仅要考虑自己的职业兴趣和职业能力，还要考虑自己的职业气质特点。人们一般把气质分为4种，即多血质、黏液质、胆汁质和抑郁质，4种不同的气质类型具有不同的心理特征。

①多血质的心理特征属于敏捷而好动的类型。其神经过程平衡且灵活性强，这种人更易于适应环境的变化，性格开朗、热情，善于交际。在群体中精神愉快，

相处自然，常常能机智地摆脱窘境。在工作和学习上肯动脑筋，常表现出较强的工作能力和较高的办事效率。对外界事物有着广泛的兴趣，不安于循规蹈矩的工作，情绪不够稳定，易于浮躁，时有轻诺寡信、见异思迁的表现。

②黏液质的心理特征属于缄默而安静的类型。其神经过程平衡且灵活性低，反应较迟缓，无论环境如何变化，都能保持心理平衡。凡事力求稳妥、深思熟虑，一般不做无把握的事，具有很强的自我克制能力。与人交往时，态度持重适度，不卑不亢，不爱抛头露面或做空泛的清谈。行动缓慢而沉着，有板有眼，严格恪守既定的生活秩序和工作制度。因此，能够高质量完成那些需要长时间地集中注意力的工作。其不足之处是过于拘谨，不善于随机应变，常常墨守成规、故步自封。

③胆汁质的心理特征属于兴奋而热烈的类型。其表现为有理想，有抱负，有独立见解，反应迅速，行为果断，表里如一。在言语、面部表情和体态上都给人以热情直爽、善于交际的印象。不愿受人指挥而喜欢指挥别人。一旦认准目标，就希望尽快实现。遇到困难也不折不挠，有魄力，敢担当，但往往比较粗心，自制力较差，容易感情用事，有时有刚愎自用、鲁莽粗率的表现。由于神经过程的不平衡，会使他们的工作带有明显的周期性。他们能以极大的热情投身于事业，一旦筋疲力尽，情绪顿时转为沮丧而心灰意冷。

④抑郁质的心理特征属于呆板而羞涩的类型。其精神上难以承受神经紧张，常为微不足道的小事引起情绪波动。情绪体验的方式较少，极少在外表流露自己的情感，但内心体验却相当深刻。性格孤僻，交往拘束，喜欢独处，兴趣爱好少，在友爱的集体里，可能是一个很易相处的人。对力所能及的工作能认真完成，遇事三思而后行，求稳不求快，因而显得迟缓刻板。他们对学习、工作易产生疲倦之感，在困难面前怯懦、自卑、优柔寡断。

由于气质带有自然的属性，它们没有好坏之分。任何一类气质的人在现实生活中，既可以是优秀的人才，也可能成为碌碌无为之辈，问题的本质不在于气质类型及其心理特征，而在于对生活的信念和追求。大学生在择业时，要根据需要对气质类型作进一步划分。根据现有研究成果，可以把职业气质分为以下 12 类，每一种气质类型都有与之对应的一系列典型职业。

（1）变化型

变化型的人在新的工作情境中会感到心情愉快。他们喜欢工作内容经常有些变化，在有压力的情况下他们也能工作得很出色。他们善于将注意力从一件事情转移到另一件事情上。适合这一气质特点的典型职业有记者、推销员、演员等。

（2）重复型

重复型的人适合连续不断地从事同样的工作，他们喜欢按照别人安排好的计划或进度办事，喜欢重复的、有规则的、有标准的职务。适合这一气质特点的典型职业有纺织工、印刷工、装配工、电影放映员、机械工及中小学教师等。

（3）服从型

服从型的人喜欢按别人的指示办事，他们不愿自己独立作出决策，而喜欢让他人对自己的工作负起责任。适合这一气质特点的典型职业有秘书、办公室职员、翻译人员等。

（4）独立型

独立型的人喜欢计划自己的活动和指导别人的活动。他们在独立的和负有职责的工作氛围中能感到愉快，喜欢对将来发生的事情作出决定。适合这一气质特点的典型职业有管理人员、律师、警察、侦察人员等。

（5）协作型

协作型的人在与人协同工作时感到愉快，他们想得到同事的认可。适合这一气质特点的典型职业有社会工作者、咨询人员等。

（6）孤独型

孤独型的人喜欢单独工作，不愿与人交往，适合这一气质特点的典型职业有校对、排版、雕刻等。

（7）劝服型

劝服型的人喜欢设法让别人同意自己的观点。一般通过谈话或写作来表达自己的看法，他们对于别人的反应有较强的判断力，且善于影响他人的态度、观点和判断。适合这一气质特点的典型职业有政治辅导员、行政人员、宣传工作者、作家等。

（8）机智型

机智型的人在紧张的和危险的情况下能很好地执行任务。他们在危险的状况下能进行自我控制，他们在意外的情境中能工作得很出色，当事情出了差错时，他们不易慌乱。适合这一气质特点的典型职业有驾驶员、飞行员、警察、消防员、救生员、潜水员等。

（9）经验决策型

经验决策型的人喜欢根据自己的经验作出判断。当别人犹豫不决时，他们能当机立断作出决定，他们喜欢处理那些能够直接经历或直接感觉到的事情。适合这一气质特点典型职业有采购、供应、批发、推销、个体摊贩等。

（10）事实决策型

事实决策型的人喜欢根据事实来作出决策。他们要求根据充分的证据来下结论，他们喜欢使用调查、测验、统计数据来说明问题，引出结论。适合这一气质特点的典型职业有化验员、检验员、自然科学研究者等。

（11）自我表现型

自我表现型的人喜欢表现自己的爱好和个性的工作，他们喜欢通过自己的工作来表达自己的理想。适合这一气质特点的典型职业有演员、诗人、音乐家、画家等。

（12）严谨型

严谨型的人注重细节的精确，他们按一套规则和步骤将事情尽可能做得完美。他们倾向于严格、努力地工作，以便能看到自己出色完成工作的效果。适合这一气质特点的典型职业有会计、出纳、统计、档案管理等。

[思考题] 根据你自身的兴趣和性格特征，分析一下你将来的职业定位。

第三节　具备良好的就业创业心理潜质

案例导入

心态的考量

有一次，松下电器公司计划招聘10名基层管理人员，报名竞争者达数百人。经过严格的笔试和面试之后，计算机计分系统评选出前10名优胜者。当公司总裁松下幸之助对录取人员名单进行逐个审阅时，发现有一位在面试中给他留下深刻印象的年轻人未在这10人之列，松下当即令人复查。结果发现，这位年轻人总分名列第二，只因计算机出了差错，把分数和名次排错了。松下立即派人给这位年轻人寄发录用通知书。第二天，有关人员报告了一个令人震惊的消息给松下：那位年轻人因未被录取而跳楼自杀了。

松下闻讯沉默了许久。这时，一位助手忍不住说："真可惜，这么一位有才干的青年，公司没有录用。"松下沉重地摇了摇头："不，幸亏公司没有录取他，意志如此脆弱的人是难成大业的。"

[评析] 大学生求职择业，不仅应具备良好的思想道德素质、科学文化素质，还要具备良好的心理素质。的确，案例中的意志如此脆弱的人是难成大业的！只有那些具有坚韧不拔的毅力、百折不挠的意志以及荣辱不惊等良好心理品质的人才有望成就一番事业。

大学毕业生走向社会，涉世不深，社会经验不足，对社会缺乏深刻的了解和认识，对自己究竟适合什么工作缺乏客观、科学的分析和判断，以致在众多的职业岗位面前眼花缭乱、无所适从。高校就业指导将帮助他们分析主客观条件，理性看待不同工作岗位的利弊得失，教会学生如何在市场竞争日益加剧的环境下把握住机会，从而找到一个比较满意的工作岗位。

就现代大学生就业现状及发展状况来说，在"解决当前大学生就业难的方法"的认识上，毕业生和用人单位的观念有所不同。毕业生更关注从知识层面提高自己，认为提高专业技能和提高自身的职业素质是最主要的；而在用人单位看来，首要考虑的是学生如何调整就业心态和心理素质。因此，为了提高大学生就业率，在培养与锤炼就业素质和专业能力的前提下，培养良好的就业心态和潜质也是非常重要的。

当前高校毕业生就业、择业的形势比较严峻，竞争非常激烈。在求职、择业的过程中，会遇到一些难以想象的困难和阻力。如果没有良好的心理素质，不能保持良好的心态，不能适时调整自己的行为，就不能顺利实现就业和择业。因此，做好充分的心理准备，对求职、择业极为重要。

一、大学生就业心理潜质分析

（一）大学生就业心理维度分析

大学生就业心理潜质是指大学生在就业和择业过程中的心理及其内在的状态，它包含三大维度，分别是认知心理维度、情绪维度和社会心理维度。

1. 认知心理维度

大学生就业的认知心理是指大学生在择业过程中对自己、对职业及其周围社会环境等的认识、了解和对事物的推理与判断。大学生对就业形势的认知主要存在两个方面的问题。

第一，自我认知不准确。表现之一是自负心理，具体表现为择业期望值很高，把工资是否优厚、城市位置是否有地理优势、住房是否宽敞等作为选择标准，不愿承担艰苦的工作，不愿到经济欠发达地区和基层去工作，往往会给用人单位留下"眼高手低、浮躁虚夸"的不良印象；表现之二是自卑心理，主要表现为对自身的素质和就业竞争能力评价过低，不敢主动向用人单位推销自己，不敢主动参与就业竞争，陷入不战自败的困境之中。

第二，对外围环境认知不确切。对环境估计不足会产生错误的求职心理。

2. 情绪维度

情绪维度主要有以下 3 种类型：

①悲观情绪。

②不满情绪。

③焦虑情绪。

面对纷繁复杂的社会、严峻的就业形势以及日趋激烈的就业竞争，缺乏社会经验的大学生们深感困惑，容易出现焦虑不安、悲观失望及不满的情绪。

3. 社会心理维度

（1）从众心理

传媒对社会精英，特别是对"数字精英""管理精英"的大力宣传，容易导致大学生忽视自身的个体特异性与自我的创造性，使大学生形成个人价值取向的从众心理。

（2）攀比心理

攀比心理将导致大学生不能积极地对自己进行正确、客观、公正的分析，而且相互攀比，舍其所长、就其所短。

（二）保持良好就业择业心态的重要性

择业是大学生人生的一次重要选择，也是对大学生综合素质特别是心理素质的一次检验。保持良好的心理状态，对求职、择业的各个环节都有着十分重要的作用。

1.有利于大学生确定择业目标

合理确定求职、择业目标是大学生完成学业，走向社会、服务社会的需要。求职、择业中的首要问题是目标的确定，择业目标确定得是否合理，对目标的能否实现起着基础性作用，目标确定得合理则有助于择业成功。良好的心态可以促使大学生在择业中客观地分析自我、认识自我，客观地分析现实和社会的需求，从而使自己的理想与现实、抱负与职业有机地结合起来，并在择业的坐标中找到自己确切的位置，不至于因为过于自卑而降低目标或期望值过高而脱离实际。良好的心态还有助于大学生及时协调个人志愿与社会需要的关系，理智地调整自己的目标，使自己的主观愿望尽可能地与客观实际相吻合，做出恰到好处的选择。

2.有利于大学生择业目标的顺利实现

择业是选择与被选择的过程，也是大学生施展才华、敲开职业大门的过程，同时也是用人单位评判、筛选大学生的过程。良好的心态，有助于大学生择业目标的实施，在自荐、面试中保持良好的情绪状态，乐观向上，积极进取，面对现实，敢于竞争，不怕挫折，勇于创新，无论成功与否，都能及时进行情绪的自我调整，有效控制自己的感情和行动，对外界刺激能做出被社会认可的反应。在失败时，能有效地克制自己，控制自己的情绪，尽快摆脱消极情绪的影响，以便总结经验，另辟蹊径。

具有良好的心态可使大学生意志更加坚定，使大学生的行动既有自觉性，又有果断性，从而避免盲目草率和优柔寡断，并以顽强的意志克服各种困难和挫折，以便择业目标的正确实施。

择业目标的实现，既是对大学生专业知识和综合能力的考察，也是对大学生心理、意志品质的检验。择业目标的实现，没有全方位的努力是难以达到的。良好的心态，有利于大学生充分发挥自己的聪明才智，挖掘自己的潜力，综合自己的优势，扬长避短，实现自己的择业目标。

3. 有利于大学生顺利完成由学校走向社会的转变

良好的择业心态，可以保证大学生主动自觉地完成由学校走向社会的这一转变，有准备地应对转变过程中可能会遇到的种种事件，防止过度紧张的反应和其他心理异常。

4. 有利于大学生就业后的职业适应

大学生就业后的职业活动，并非原来学习活动的简单迁移，职业适应需要一个过程。这个适应过程有长有短，其中的快或慢、顺利或曲折，固然受多方面因素的影响，但是否具有良好的择业心态无疑是一个重要的前提条件。

综上所述，良好的心态对大学生择业前后的各个环节都有着十分重要的作用，尤其是在面临重大抉择、心理矛盾突出、情绪起伏较大的情况下，其作用更为明显。

二、正确认识就业、择业和创业的关系

每个大学生都要面临就业，就业是大学生学有所成，走向社会的一个抉择点，也是人生道路上的一个转折点。当前实行的"双向选择，自主择业"的就业制度，一方面给大学毕业生带来了更多机遇和择业空间，另一方面也使他们面临着比以往更大的挑战，尤其是在经济不景气的大环境下，大学生就业形势更为严峻，就业难度日趋增大。作为即将毕业的大学生，懂得就业是基础，择业是过程，创业是目标，对于个人的求职之路是至关重要的。

①大学毕业生首先应该认清形势、摆正心态，树立"先就业，后择业，再创业"的观念，始终坚信"金子到哪里都会发光"，踏踏实实从简单的工作做起的健康心态。

农业经济时代就业靠的是体力，工业经济时代就业靠的是技能，知识经济时代就业靠的是知识的转化率。大学生在就业市场中与各种群体人员在一个平台上

竞争岗位，其核心竞争力是学得多、学得快且转化率高。这就说明大学生应该先选择就业，在就业的过程中学习如何将书本知识转化到实际工作中，以及学习社会综合知识，进一步提高自身的技能和综合素质来完善自己，为以后"就业（择业）"打下坚实的基础。

②"先就业、后择业、再创业"也是符合个人成长规律的。个人成长分为两部分：一部分是相当于文化形成的本能成长，一部分是相当于文化转化的自主成长。

理想追求和事业心是人才成长的内在动力。不断学习和实践是人才成长的关键要素。当今世界科学技术的发展日新月异，要成为不断创新的人才，必须善于学习和掌握前人积累的知识，深入工作实践中去。而对刚出校门的大学生来说，只有从简单的、能够胜任的工作开始做起。正如华罗庚先生所说："惟有学习，不断地学习，才能使人聪明；惟有努力，不断地努力，才会出现才能。"勇于创新和持之以恒是个体成功的前提。就业可以拓展人脉、积累工作经验，还可以积累客户资源，这才是一种真正的实践学习。只有通过这样的学习才会认识到什么样的工作才适合自己；自己应该要选择什么样的职业，这对以后的创业而言是不可缺少的必要准备。

③调整好求职心态，最关键的是要确立正确的思路。从客观现实出发，大学毕业生应该选择"先就业、后择业"的道路。先就业，就是要先适应社会，熟悉社会，先打好经济上的基础。后择业，就是要在适应工作的基础上根据自己的特点选择自己能够有所建树的事业。在就业、择业之后，大学生们有了一定的社会经验和一定的经济基础，就有条件根据自己的意愿和想法去干一番事业了。

总之，求职之路是一个漫长的过程，是有了一定的经济基础和丰富的经验以后再按适合自己发展的方向去选择。相对来说，就业是择业的基础，择业是就业的后继发展阶段。希望毕业生们在迈向社会的第一步时应具有良好的心理素质和过硬的专业技能，珍惜就业机会，坦然面对可能遇到的挫折，通过自己的努力去实现人生的价值。

三、创业意识的培养与提高

创业一方面可以解决自身的就业问题；另一方面也可创造就业机会，在一定程度上解决了更多人的就业问题。这无疑是缓解就业压力的一个现实途径。众所周知，就业压力的缓解对于家庭和谐、社会稳定、民族经济发展强大至关重要，并构成稳固社会主义建设事业环境的一个必备因素。要大学生创业就得从培养他们的创业意识入手，因为意识是行动的指南。创业意识集中体现了创业素质的社会性质，支配着创业者对创业活动的态度和行为，是创业素质的重要组成部分。为此，我们要强化大学生的创业意识，在学校就做好创业的准备，开拓进取，有所作为。

1. 理解创业概念，树立创业意识

社会经济的发展使成功的创业者和企业家成为人们，尤其是青年人仰慕的对象。这一客观因素在一定程度上影响了大学生对创业概念的理解及创业意识的树立。在有关创业的问卷调查中，79%的大学生认为只要创立一份事业都可以称为创业，64%的大学生有创业的想法。这表明，当今大学生能较为清晰地认识创业的价值与意义，并对创业抱有较强的热情和愿望。创业的目的取决于个人的价值观。积极向上的价值取向可以给予创业者强大的动力。当代大学生自主独立意识不断增强，张扬自我个性，实现自我价值的信念在大学生心目中日趋强烈，这也为大学生实施创业活动提供了必要的心理准备和精神动力。创业的过程就是开辟新基业的过程。要创新就会有风险。需要有正确面对创业中的困难的心理准备，因为只有在创业之前清楚认识到创业的风险，才能有的放矢地处理创业中可能遇到的困难。

2. 创业意识的培养与提高

但凡有成就的人，无不经过艰苦创业。创业的过程也是锻炼的过程，是不断学习提高、不断发展的过程。通过创业，自己的事业得到发展，可实现自身价值的最大化；激活人才资源和科技资源，使得许多新创意、新科技、新发明、新专利迅速转化为现实的产业和产品，实现对社会贡献的最大化。21世纪的知识经济给社会带来了巨大变革，尤其是知识产业化、信息产业化的迅速发展，这既给我们带来严峻的挑战，也给我们提供了发展的机遇。树立与培养毕业生的创业意

识，指导毕业生走上自主创业之路不仅能帮助毕业生成长、成才，而且可以拓宽毕业生就业渠道，增加社会就业岗位，实现就业渠道的多元化。

（1）树立远大理想，坚定报国信念

坚持用科学的理论武装头脑，树立正确的人生观、价值观和世界观，坚定为实现中华民族的共同理想，为祖国的现代化建设奉献自己的智慧和力量的决心。

（2）不畏艰难，敢于拼搏

培养强烈的事业心和责任感，刻苦钻研，勤奋工作，努力学习，牢固掌握专业知识及技能；树立高标准、严要求，不怕困难，勇于创新、敢于创业，争创一流的思想，从而激发创业意识。

（3）培养脚踏实地的工作作风

在日常的工作与学习中，要坚持解放思想与实事求是相统一，既要敢想敢干，又要求真务实；积极参与各种创业与创新活动，在活动中感受创业情境。

（4）积极投身社会实践，养成善于观察、勤于思考的良好习惯

在实践中锻炼自己，了解社会、了解自我，完善素质、提高能力；通过对事物的观察和思考，激发创业需要，树立创业理想，坚定创业信念。

（5）摒弃安逸思想，培养个人求发展的心理

在创业活动的过程中会遇到很多困难，如果没有坚定的创业信念，仍抱着随遇而安的安逸思想是不可能成就一番事业的。在生活工作中要注意培养个人求发展的心理，积极进取，不安于现状，使创业需要发展为创业动机。

（6）发展健康个性与兴趣

健康的个性与兴趣可以激发创业者的创业热情，升华创业意识，是创业意识形成的重要因素。因此，要创造可发展健康个性和兴趣的自由空间，积极参加兴趣小组和社团的活动，有意识地培养兴趣、发展兴趣。

3. 创业精神的确立和升华

创业精神是一种理念，这种理念贯穿于高等学校的课堂教学和课外活动之中，培养学生的创新意识、创造精神和创业能力，可使大学生毕业后大胆走向社会、自主创业。开展大学生创业教育，包括课程设置、实践活动、教学体制改革、教育评价模式的改革等。一方面是创业思想教育，另一方面是创业技能教育。创业

思想教育是创业技能教育的基础，创业思想教育包括创业意识的培养、创业动机的确立和创业心理品质的养成，目的是让受教育者形成正确的创业思想。开展创业思想教育，关键的一点就是创业意识的培养，使大学生变被动接受就业指导为教会大学生主动或自主创业。既要鼓励大学生敢于在新兴的领域和行业去艰苦创业，也要支持学生自主创业，学会发展自我，培养大学生具有创业的胆量、勇气和开拓创新的精神。

（1）要有独立生存的自信心

从"学会学习""学会生存"到"学会关心"主题的转换，意味着当代教育的一种转型。显然，这里所谓的"生存"，不是指一个人自然生命的存在与延续，而是指具有主体意识的人独立开辟生活道路并自主创造人生价值的能力，对国家、对社会、对家庭具有较强的人身依附性，"在家靠父母、出门靠朋友"，"工作靠国家、发展靠关系"等就是这种依附心理的体现。而现代人格强调生命独立自主，有独立面对生活、迎接挑战的勇气和信心，其中包括在不同环境中从事不同职业、遇到各种情况时人际交往能力、应对和处理问题的能力。

（2）要有不断创新的进取心

"创新是一个民族的灵魂"，是一个国家兴旺发达的不竭源泉，也是中华民族最鲜明的民族禀赋。创新是时代的最强音。首先要保持开放的心态，思想创新。其次是技能创新。最后是知识结构的更新和调整。

（3）要有责任心

具有独立创业精神的人，不应当是信奉个人主义的人；相反，他应当具有广泛的人文关怀，充分表现出个人对社会、对国家、对他人的道义责任和法律责任，并自觉履行这种责任，在社会生活中自觉把握和促进人与自然、人与社会的和谐发展。即使是在市场经济时代，真正接受过高等教育和大学文化熏陶的人，也应当超越现实功利，树立崇高的人生目标，不仅要知道"何以为生"，掌握生存的知识和技能，而且更要理解"为何而生"，认识生存的意义和价值，并始终坚持真、善、美的价值原则。

具有独立创业精神的现代人，必然具有较强的环境适应能力，在人与环境的互动过程中，个体能够以前瞻性的思维与眼光作出预测与判断，并及时调整自己的行动方案和人生目标，保持与变化着的环境的协调统一，而不是消极被动地等待和忍耐。特别是在知识经济、市场经济时代，知识技术的不断更新，职业岗位的不断转换，人际关系的不断变化，使得人们几乎始终处在一个陌生的社会环境中，这就尤其需要当代大学生具备良好的自我调适能力，做到"与时俱进"，无往而不胜。

四、创业心理品质

创业心理品质对创业活动起着重要的调节作用。研究表明，下述 6 种心理品质对创业活动有着极大的影响。

1. 独立思考、判断、选择、行动的心理品质

创业既是社会积累物质财富和精神财富的手段，又是谋生的手段。创业者首先要走出依附于他人的生活圈子，走上独立的生活道路。因此，独立性是创业者最基本的个性品质。这种品质主要体现在：一是自主抉择，即在选择人生道路，选择创业目标时，有自己的见解和主张；二是自主行为，即在行动上很少受他人影响和支配，能按自己主张将决策贯彻到底；三是行为独创，即能够开拓创新，不因循守旧，步人后尘。当然，人们提倡创业者具有独立性的人格，但这种独立性并不等于孤独，也不是孤僻，因为，创业活动尽管是个体的实践活动，但其本质是社会性的活动，是在人与人之间的交往、配合、协调中发生、发展并且取得成功的。因此，创业者具有独立性品质的同时还应具有善于交流、合作的心理品质。

2. 善于交流与合作的心理品质

在创业道路上，人们必须摒弃"同行是冤家"的狭隘观念，学会合作与交往。通过语言、文字等多种形式与周围的人们进行有效的交流与沟通，从而提高办事效率，增加成功的机会。在创业过程中，需要与客户和顾客打交道，与公众媒体打交道，与外界销售商打交道，与企业内部员工打交道，这些交往、沟通，可以排除障碍，化解矛盾，降低工作难度，增加信任度，有助于创业的发展。

3. 敢于行动、敢冒风险、敢于拼搏、勇于承担行为后果的心理品质

在市场经济大潮中，机会与风险共存；只要从事创业活动，就必然会有风险伴随，且事业的范围和规模越大，取得的成就越大，伴随的风险也越大，需要承

受风险的心理负担也就越大。立志创业，必须敢闯敢干，有胆有识，才能变理想为现实。只要瞄准目标，判断有据，方法得当，就应敢于实践，敢冒风险。对瞄准的目标敢于起步、对选定的事业敢冒风险的心理品质又称为敢为性。敢为性的人对事业总是表现出一种积极的心理状态，不断地寻找新的起点并及时付诸行动，表现出自信、果断、大胆和一定的冒险精神；当机会出现时，往往能激起心理冲动。敢为不是盲目冲动、任意妄为，不是凭感觉行动，而是建立在对主客观条件科学分析的基础上的行动。成功的创业者总是事先对成功可能性和失败的风险性进行分析比较，选择那些成功可能性大的目标。创业者还要具备评估风险的能力，具有驾驭风险的有效方法和策略。

4. 敢于克服盲目冲动和私利欲望的心理品质

在创业过程中，创业者要善于克制、防止冲动。克制是一种积极的、有益的心理品质，它可使人积极有效地控制和调节自己的情绪，使自己的活动始终在正确的轨道上进行，不会因一时的冲动而引起缺乏理智的行为。创业者在创业过程中要自觉接受法律的约束，合法创业、合法经营、依法行事；自觉接受社会公德和职业道德的约束，文明经商、诚实经营、互助互利，当个人利益与法律和社会公德相冲突时，要能克制个人欲望，约束自己的行为。

5. 坚持不懈、不屈不挠、顽强努力的心理品质

创业者需要百折不挠、坚持不懈的毅力和意志。能够根据市场的需要和变化，确定正确而且令人奋进的目标，并带领员工战胜逆境实现目标。创业者必须有一颗持之以恒的进取心，三心二意，知难而退，或虎头蛇尾，见异思迁，终将一事无成。创业者的恒心、毅力和坚韧不拔的意志，是十分可贵的个性品质。遇事沉着冷静，思虑周全，一旦做出行动决定，便咬住目标，坚持不懈。创业过程是一个长期坚持努力奋斗的过程，立竿见影、迅速见效的事是极少的。在方向目标确定后，创业者就要朝着既定的目标一步步走下去，纵有千难万险、迂回挫折，也不轻易改变初衷、半途而废。

6. 善于进行自我调节，培养适应性强的心理品质

面对市场的变化多端，竞争激烈，创业者能否因客观变化而"动"，灵活地适应变化，成为创业成功的关键所在。因而，创业者必须以极强的信息意识和对

市场走向的敏锐洞察力，瞄准行情，抓住机遇，不失时机地、灵活地进行调整。在外部环境和创业条件变化时，能以变应变。善于进行自我调节并处理各种压力。能用积极的态度看待来自工作和生活的压力，冷静分析，控制压力，找出原因，缓解压力，甚至消除压力。能够保持良好的心理，勇敢地面对压力，力争将不利变为有利，将被动变为主动，将压力变为动力。创业可使真正有实力的人的才华得到充分的发挥和展示，整体促进社会的发展。

　　［思考题］目前大学生综合素质的培养存在哪些问题？

【拓展阅读】

不可忽视的"校漂族"

　　近年来，大学生因职业选择引发的心理问题和心理障碍有逐年上升的趋势，据有关调查其已跃居大学生心理障碍的第4位。针对目前毕业生在就业过程中出现的各种心理问题和心理障碍，高校应广泛开展心理辅导，加强对毕业生心理的个案研究、指导和心理辅导，解决毕业生在择业中表现出来的因就业心理不成熟造成的就业期望值过高、追潮流、爆冷门、择业标准不现实或遇到困难就紧张、焦虑、恐惧、自卑等不良心理状态。"校漂族"就是不可忽视的高校毕业生一族。

　　"校漂族"是指大学毕业后因各种原因仍然滞留在学校周围的人群。他们是生活在曾经熟悉的环境中，不愿踏入社会就业而漂流在原来就读的校园以期达到自己理想目标的人群。通常情况下，大学毕业生都必须迈出校园，跨入社会，开始新的生活。然而，有些人却选择了第三条道路——他们以各种理由滞留在学校，成为寄居在高校周围的一个特殊群体——"校漂族"。"校漂族"其实不是一个新概念，这个群体在不断扩大，人数也越来越多，其心理状况折射出了时代的特征。根据其动机的不同，"校漂族"的心理特征也不尽相同，不可一概而论。

　　"校漂族"在2004年前还是一个新兴的名词，却为大众耳熟能详。高校扩招之后，大学生就业困境所催生出来的许多社会问题使"校漂族"现象备受社会学家和心理学家的关注。因此，"校漂族"背后总有一个问题令人费解，那就是：这一或是在等待就业，或是在准备考研，毕业后仍然滞留的群体为何选择停留？"校漂族"每天像在校生一样，严格地执行着学习计划。在许多高校周围有这么一批人，他们有的是考研落榜的学子，有的是在职人员，有的是辞了职专门回来充电、考研的，这些人大多租住在学校附近，出现在学校的自习室、食堂等地方。他们称自己为"校漂族"。他们早已完成学业，却仍然漂泊在学校周围，没有固定的工作，没有稳定的收入；他们大多结伴而居，出入在学校的自习室、图书馆、食堂、体育馆等，充分享受校园的硬件资源；他们摇摆在理想与现实之间，对未来有些茫然，但又充满期待。

高校态度

各高校对"校漂族"的态度不尽相同，其中一些学校采取积极措施，为他们建立信息管理系统，按申请出国、复习考研、求职择业等不同意向进行分类指导，以帮助他们早日结束"校漂"生活。

也有部分高校认为"学生既然毕业，就应该离校，但不会采取强制手段，毕竟这都是自己的学生"。但有的在校生对于"校漂族"的存在却表示出不满，他们认为"校漂族"占用了本来属于自己的有限资源。"去自习室，这些人比我们还积极，去晚了都没座位，这让我们怎么学？""校漂族"的出现在无形中给学校的住宿、餐饮、保卫等工作带来了压力。

专家提示

专家认为，"校漂族"的行为从心理层面上看，主要源于安全需要、依赖心理、逃避心理等原因，许多毕业生把"校漂"作为人生的缓冲期，他们选择漂泊是为了寻找更好的人生起点，这类"校漂"有一定的积极作用。但高校毕业生不要因为逃避社会而把学校当作"避风港"，要勇于克服困难，努力提高个人心理素质，勇于在新环境中闯出一片新天地。

"校漂族"长期在一个相对封闭的环境中生活，人际关系单一，缺乏必要的交流和大范围的交际活动，容易孤立、焦虑甚至抑郁。从本质上讲，"校漂族"是逃避社会现实，逃避应承受的社会责任的表现。"校漂族"应该直面社会上的激烈竞争，认清自己的优势与特点，为自己做一个符合自身的职业定位，去迎接快节奏、高消耗、高强度的生活。

学校要加强专业教育与素质教育相结合，解决学生的心理素质问题是解决"校漂族"问题的关键。实行"校漂族"管理的规范化。如今已经有部分高校把"校漂族"

纳入管理范围，帮助他们尽快落实工作单位，利用校园网、电子邮件等渠道及时发布就业信息，利用"未就业毕业生综合保险"为自愿参保的人员解决后顾之忧。学校需加强毕业生的就业指导工作，帮助毕业生提高自我调节能力，正确认识自我、对待挫折；家庭、学校、社会齐抓共管，家庭应强化教育和干预，高校要根据市场需求对专业进行相应调整，社会应尽可能为毕业生多提供就业机会。

校漂族的启示

"校漂族"长期在一个相对封闭的环境中生活，人际关系单一，缺乏必要的交流和大范围的交际活动，容易孤立、焦虑甚至抑郁。从本质上讲，"校漂族"是逃避社会现实，逃避应承受的社会责任的表现，"校漂族"也就成了"啃老族"。"校漂族"应该直面社会上的激烈竞争，认清自己的优势与特点，为自己做一个符合自身的职业定位，以迎接快节奏、高消耗、高强度的生活。

社会、学校以及有关部门要对"校漂族"进行有效的就业指导。就业指导能有效解决"校漂族"就业过程中可能遇到的各种现实问题。它包括以下几个方面：一是帮助"校漂族"树立正确的职业观念，把职业选择和社会需要结合起来，把自我价值和社会奉献统一起来。二是帮助"校漂族"了解相关职业及其所需的相关专业知识和技能，使"校漂族"人群能够及时地调整知识结构，弥补自己实际技能的不足，提高自身的综合素质。三是求职技巧的传授，包括简历的制作、面试的准备与技巧、求职策略等。四是提供有关就业信息服务，包括向"校漂族"分析就业形势、进行政策咨询、发布就业信息等。五是精心组织就业招聘会，以期为"校漂族"提供更多的就业机会。

目前，国家高度关注高校毕业生就业工作，并采取了各种措施不断扩大高校毕业生就业渠道，完善就业保障体系，这为"校漂族"早日走出"校漂"提供了良好的机会。为此，社会和有关部门还应进一步加大舆论宣传，让更多的人和企业关注"校漂族"，给予他们更多的理解和帮助。一方面，要用创业先进事迹鼓励他们自强、自立，并在社会上形成一种关心、帮助未就业大学生的氛围；另一方面，可以通过免费职业介绍服务或网络信息平台，建立用人单位和未就业大学生之间的联系，拓宽就业渠道。同时，还要帮助"校漂族"转变就业观念，鼓励他们到基层去，到祖国最需要的地方去，激励他们自主创业，并在贷款、技术、市场信息等方面提供更好的服务和指导。

家庭是"校漂族"温暖的港湾，父母的理解与关心是"校漂族"战胜困难，早日走出"校漂"的无穷力量。作为父母，一方面，要对子女给予更多的理解和关注，经常和他们联系，关心他们的生活，了解他们的思想，激励他们努力拼搏、自强、自立；另一方面，父母也应做好参谋工作，向他们分析就业形势，提供就业信息，传授就业经验，鼓励他们勇敢地走出"校漂"，早日步入工作岗位。

【课后深化】

1.根据自己所学的专业，总结一下自己目前的专业知识结构，简单地拟写一份专业能力方面的自荐报告。

2.你怎样理解"校漂族"？

3.将同学们分成若干小组，每组 6 人左右，选出一名组长，组织讨论"人品素质—社会能力—专业技能"三者之间的联系，形成简单的提纲材料，并进行各组分享。

4.认真阅读并参考以下资料，根据你自身的兴趣和性格特征，分析一下你将来的职业定位？

【参考资料】

下述是加拿大职业分类词典中的十种职业兴趣类型与职业的吻合度。

（1）喜欢与事物打交道。相应的职业如制图、勘测、工程技术、建筑、机器制造、精算师、会计等。

（2）喜欢与人接触。相应的职业如记者、推销员、服务员、教师、行政管理、公关等。

（3）喜欢从事有规律的工作。相应的职业如邮件分类、图书管理、档案管理、文字录入、统计等。

（4）喜欢从事社会福利和助人工作。相应的职业如律师、咨询、科技推广、医务等。

（5）喜欢做领导和组织工作。相应的职业如行政、企业管理、学校领导和辅导员等。

（6）喜欢研究人的行为。相应的职业大都是研究人、管理人的工作，如心理学、政治学、人类学、人事管理、思想政治教育等研究工作以及教育、管理工作。

（7）喜欢从事科学技术事业。相应的职业如生物、化学、工程学、物理学、地质学等研究工作。

（8）喜欢抽象的和创造性的工作。相应的职业如社会调查、经济分析、各类科学研究工作、化验、新产品开发等。

（9）喜欢操作机器的技术工作。相应的职业如飞行员、驾驶员、机械制造、建筑、石油、煤炭开采等。

（10）喜欢具体的工作。相应的职业如室内装饰、园林、美容、理发、手工制作、机械维修、厨师等。

第五章　收集求职信息　通晓应试技巧

　　收集就业信息是高校毕业生求职择业前的一项重要任务，就业信息越广泛，择业的视野就越宽阔；在此基础上掌握良好的求职自荐技巧（特别是面试），才能在求职者心里建立确实可行又符合自己要求的求职目标，以提高求职效率，使求职者走向成功。为此本章内容分为收集整理有效的就业信息；了解求职自荐的种类、技巧和礼仪以及应聘时如何应对面试三个部分。

政策链接

关于支持 2016 年高校毕业生就业创业促进中小企业创新发展的通知
（来源：工信部企业函〔2016〕214 号）

各省、自治区、直辖市及计划单列市中小企业主管部门，部直属高校：

　　为贯彻落实2016年全国普通高校毕业生就业创业电视电话会议精神，按照国务院就业工作部际联席会议《重点工作分工方案》，现就做好2016年高校毕业生就业创业工作，促进中小企业创新发展，推动部属高校开展创新创业教育改革有关事项通知如下：

　　一、充分认识当前做好高校毕业生就业创业工作的重要性

　　高校毕业生是我国宝贵的人力资源，高校毕业生就业事关经济发展、民生改善和社会稳定。近年来，各地中小企业主管部门和部属高校主动作为，多措并举促就业扶创业，做了大量卓有成效的工作。今年经济下行压力依然较大，高校毕业生数量再创历史新高，各级中小企业主管部门要把促进高校毕业生就业创业作为当前十分重要而紧迫的任务，充分发挥中小企业、民营企业吸纳就业的重要作用，将高校毕业生就业创业与促进中小企业创新发展相结合，把吸纳高校毕业生就业作为优化中小企业人才结构的重要途径，积极配合有关部门，切实做好高校毕业生就业创业工作，措

施要定得更实，工作要抓得更紧。部属高校要主动适应就业创业新格局，深化高校教育教学改革，推动人才培养与产业发展有效对接，为经济社会发展提供坚实的人才支撑。

二、促进高校毕业生就业创业工作的主要任务

（一）实施"中国制造2025"和"互联网+"行动，加快发展新经济，促进新技术、新产业、新业态、新商业模式加快成长，改造提升传统动能，推动中小企业加速转型升级，鼓励和引导中小企业在转方式、调结构的进程中，积极改善人才结构，创造更多适合高校毕业生的工作岗位，吸纳高校毕业生就业。

（二）优化创业创新环境，为高校毕业生创业创新清障减负，发挥创业带动就业的倍增效应。配合有关部门对自主创业高校毕业生进一步放宽准入条件，降低注册门槛，落实好创业担保贷款及贴息、税费减免、场地扶持等政策，鼓励高校毕业生自主创业。鼓励企业、行业协会、天使投资人和中小企业发展基金以多种方式向自主创业的大学生提供资金支持，设立重点面向扶持高校毕业生创业的天使投资和创业投资基金。

（三）加强创业创新服务。充分发挥小企业创业基地、中小企业公共服务示范平台和平台网络作用，提高服务能力，完善服务功能，为自主创业高校毕业生提供创业孵化场地，强化服务，深入园区（基地）、校区、社区，为高校毕业生精准推送就业政策、岗位信息和创业指导服务。

（四）大力宣传民营企业、非公有制经济组织对经济社会发展的重要意义和突出贡献，引导高校毕业生树立正确的就业观和择业观，到民营企业、中小微企业就业。

（五）做好2016年"全国中小企业网上百日招聘高校毕业生活动"的后续工作，积极开展中小企业与高校毕业生创业就业对接服务，推动建立各类中小企业信息库和高校毕业生信息库，开展创业大赛等各类创业活动。

（六）持续推进深化创新创业教育改革，健全课程体系，促进专业教育、实习实践等与创新创业教育有机融合。抓紧制定鼓励学生创新创业的学分

转换、弹性学制、保留学籍休学创业等具体政策措施。要根据学生创新创业不同阶段的实际需求，不断提高指导服务的针对性和有效性。

（七）健全就业指导、服务体系，充分发挥校园招聘主渠道作用，主动"走出去，请进来"，采取网上网下相结合，多渠道收集发布就业信息，办好各类招聘活动。建立健全有就业意愿尚未就业毕业生统计机制，切实帮助解决就业中遇到的困难和问题。对家庭困难毕业生、少数民族毕业生等各类就业困难群体，要建立台账，通过发放求职创业补贴、开展个性化辅导、推荐岗位信息等多种方式，帮助尽快就业。

（八）加大在科技成果转化、场地建设、资金投入等方面的帮扶，开辟专门场地用于学生创新创业。组织学生积极参加第二届中国"互联网＋"大学生创新创业大赛等活动，通过各类大赛激发学生创新创业热情。

三、工作要求

各地中小企业主管部门和部属高校要进一步增强促就业、稳增长、促发展的大局意识，积极做好高校毕业生就业创业相关工作，并将工作进展情况于 2016 年 12 月 20 日前书面报送我部（中小企业局），并将电子文档发送至 cxfwc@sme.gov.cn。

联系电话：010-68205301　010-68205918

工业和信息化部
2016 年 6 月 8 日

第一节　收集整理有效的就业信息

案例导入

学会收集有效的招聘信息

颇有名气且管理严格的某公司拟招聘文教用品营销人员，该公司在报纸上刊登了一则招聘信息，应聘条件、工资待遇等内容一应俱全，唯独没有联系方式。多数人认为，这可能是招聘单位的疏忽或是报社排版疏漏而致，于是耐心等待。然而，却有三位应聘者有不同的看法，他们不管是谁的疏忽造成了联系方式的缺失，于是他们分别通过网络、查号台等方式找到了该公司的联系电话，并加以确认，同时收集到了该公司的有关文教方面的诸多信息。当多数应聘者还在等待之时，这三位应聘者已顺利通过面试且被录用了。

[评析]

1.信息的收集是多方面的，包括应聘者去完善招聘单位的重要信息（如该公司的联系方式），再结合自己的实际情况，对这些信息进行有目的、有针对性的排列、整理和分析，最后致用。

2.要善于深入挖掘。许多信息的价值往往不是直观的，需经过思考，加以引证才能发现其使用价值。现在是信息时代，通过互联网等很多渠道都可以得到有关招聘单位的有关资料，这就是收集有效信息的能力。

3.信息具有很强的时效性，对信息进行整理鉴别后，应尽早向招聘单位反馈意向，取得联系。该实例也充分说明："被动等待就会坐失良机！"

大学生要顺利实现就业，就必须了解国家和相关主管部门有关高校毕业生就业的方针、政策和规定，掌握用人单位的招聘以及本人自身的择业程序，获取必要的、真实的、准确的就业信息。就业信息是指经过加工整理，能被择业者接收并对其选择的职业或职位有价值的消息、资料和情报。就业信息可分为广义就业信息和狭义就业信息，或称为宏观信息和微观信息。宏观信息是毕业生就业的总体形势、社会对人才需求、就业政策、就业活动等。微观信息是具体用人信息，如需求单位性质、单位的特色、专业要求、行业现状及发展前景、岗位描述、用人单位提供的条件。收集就业信息是高校毕业生求职择业前的一项重要任务，就业信息越广泛，择业的视野就越宽阔；就业信息质量越高，择业的把握性就越大。而高质量的就业信息存在于广泛的信息之中，因此，必须利用各种渠道、手段，广泛、全面地收集与择业有关的各种信息，为就业做好充分的准备。下面就从就业信息的特点、内容、收集就业信息的方法、渠道以及就业信息的筛选整理和使用等方面加以阐述。

一、就业信息的特点

1. 社会性

就业信息的社会性表现在与就业信息相联系的是人们的活动，并且它与很多部门及个人相关联。与个人就业相关的信息必然存在于个人所能认知的社会关系中，这就要求大学生利用一切可以利用的社会关系来获取就业信息。

2. 时效性

就业信息的效用是有一定期限的，过了期限，效用就会减少，甚至丧失。比如某企业近日欲招聘两名技术员，当日若有人去应聘并被录用，那么这条信息在次日就失去了效用。信息只能在得到并及时利用的情况下才会有理想的使用价值。

3. 可变动性

就业信息在不同时期、不同环境下受国家政治、宏观经济形势的影响，一些符合国家产业政策的行业将得到大力发展，不在国家产业政策支持范围内的行业发展相对缓慢，与国家产业政策相背离，对环境、生态有危害性的行业将逐步淘汰出局。所以，就业信息总是随国家政策支持的力度而变化。同时，高等教育人才培养是周期性的，大学生入学时选择的是热门专业，就业需求量很大，并不意味着毕业时同样能有当初的就业需求量。例如，前些年金融、会计、财贸专业人才紧缺，就业需求量很大，而这几年这类人才相对饱和，用人需求量下降，获得职位的机会相对较少。反之，如食品、纺织专业人才，人才供给量较少，需求量增加，就业机会相对也会相应增加，由此可见，就业信息总是随着人才的供需矛盾而变动的。

4. 承载传递性

就业信息总是处在一定的流动过程中，大学生必须善于在信息变化过程中获取与自己相关的信息。就业信息总是通过一定的载体（媒介）来进行传递的，如网络、报纸、电话等。学校、学院（系）就业指导机构获得用人信息后，应及时公布给学生，使学生从中获得最新资料。

5. 共享性

就业信息可同时被众多的使用者看到或使用。大多数著名的或有一定规模的企业、单位，会在网上或通过电话向全社会及具有某一专业的各高校，同时发布就业信息。这就要求大学生在获得就业信息后必须快速作出决断。就业信息的共享性意味着择业的竞争对手并不局限于你周围的同学，还有全国其他高校同一专业的学生。

6. 效用性

就业信息的效用性就是它的使用价值。毕业生根据就业信息找到了适合自己的工作岗位，既满足了个人生存发展的需要，也使企业用到了合适的人才，取得了社会效益，这是就业信息的正效用；当然，如果就业信息不准确或对就业信息认识不深，也会给个人和社会带来负效应。

7. 可积累性

就业信息具有可积累性，因而它更有收集和整理的价值。就业信息虽然会老化、过时，但就业信息积累越多，对就业的形势、特点认识就越清楚。

8. 价值的相对性（即信息的两面性）

就业信息的价值不是绝对的，从严格意义上讲，任何就业信息的价值都是相对的。同样一个信息，对一部分人来说是非常有价值的，对另一部分人来说就会变得毫无价值。值得强调的是，人们所获取的就业信息并不是每一条都是有价值的，有时会由于传递过程中的失误，产生"伪信息"；有时个别招聘单位会出于某种目的，故意采用捏造、欺骗、夸大、假冒等手段制造人为的"伪信息"，这就提醒择业者在使用信息时要学会甄别，以免失误或者上当受骗。

二、就业信息的内容

1. 政府部门的就业决策信息

政府是对社会进行统一管理的权力机构，如果个人能了解政府政策并遵循政策，充分利用政策提供的条件，那么就能顺利就业。反之，政策不明或违背政策，将妨碍个人的顺利就业，因此必须收集和研究国家和各级地方的政策与规定。

2. 国家颁布的有关就业的法律法规信息

国家通过法律法规来管理和规范组织和个人的活动，排除组织之间的纠纷，制裁违法行为。法律法规既赋予了组织和个人进行各项活动的权利，又赋予了组织和个人同一切侵犯自己合法权益的行为作斗争的有效手段。如果依法办事，不仅可以取得合法权益，而且可以捍卫自己的正当权利，减少不必要的损失。由于我国人才市场机制尚不完善，因此出现了不少违纪犯规现象，作为大学毕业生，必须清楚地了解有关就业的法律法规，学会用法律来保护自己。目前已出台和执行的有《中华人民共和国劳动法》《中华人民共和国劳动合同法》等。

3. 有关社会职业方面的信息

现代社会有许多行业、职业的划分，其中具有代表性的观点包括：第一，从行业上划分，可分为第一、第二和第三产业职业类别，从目前我国产业分布状况来看，第一产业（农、林、渔、畜、牧业）人数比重明显偏高，而第三产业（商业、服务业、旅游业、信息业等）人数比重明显偏低，比例失调；第二，从所有制上划分，可分为全民所有制、集体所有制、劳动者个体所有制、私营以及中外合资、合作经营和外资独营的所有制职业类别；第三，从各级各类学校的专业来分，可分为高等学校专业、中等学校专业和职业技术学校专业；第四，从工作特点上划分，可分为实务、社会服务、文教、科研、艺术及创造、计算及数学、自然界、户外、管理等十种类型职业；第五，按职业横向分类，可分为各类专业技术职业、国家机关、党群组织、企事业单位、商业工作、服务性工作、农林牧渔劳动、工业生产和运输及不便分类的其他职业。

4. 来自有关用人单位的就业信息

掌握招聘单位的信息，不仅指在招聘广告和职业信息中选择出最适合自己的求职机会，而且还包括在初步确定了自己想应聘的职业或岗位后，对该招聘单位及应聘岗位工作要求有所了解。对招聘信息多掌握一点，求职的选择机会就多一点；对招聘单位多了解一点，求职的成功率则会高一点，掌握和了解用人单位的信息量越大，判断的准确率就会越高，反之，则越低。对于招聘单位的信息，可以从该单位的介绍资料中获得，也可以到当地的工商管理部门或企业的主管单位了解。如果能认识一些已在该单位就职的人员，从他们那里也能获得更多、更有价值的信息。到单位去进行社会实践、生产实习和参观考察，也会对单位有更多的了解，以便作出适合自己的职业选择。

三、收集就业信息的方法

1. 广泛与重点相结合

当今社会科学技术迅猛发展，边缘学科、交叉学科不断出现，知识的渗透性更加明显，社会行业也由过去的专项性向综合性发展，所以在收集信息时不要仅局限于专业对口单位，对非对口单位的需求信息也要注意收集。但是在广泛收集的基础上，要确保重点，要全面了解专业对口单位的需求，因为这样的单位对相应人才的需求量才更大。

2. 纵向与横向相结合

市场经济的发展要求地域之间加快人、财、物的流动和流通，取长补短，相互促进，以形成合理完善的人才机制。所以，在收集人才信息时，一方面，要把本省、地（市）的人才需求信息收集起来；另一方面，也要注意收集不同省份的人才需求信息。

3. 动态与静态相结合

社会各行业对人才的需求具有相对的连续性和稳定性，需要及时准确地获取当年的需求信息（静态）；此外，各行业又是在竞争中求生存，随着经济的发展、市场的调节而变化，因此，必须同时了解、掌握、预测社会各行业在一个时期内对各类人才需求的动态信息，增强就业指导的预见性和主动性。

4. 注重用人单位对毕业生招聘条件的信息收集

社会对人才的需求，既有数量的限制，又有质量的要求，当前则更注重质量。在收集就业信息时，要注意各单位对毕业生的具体要求。总的来看，社会上急需德才兼备的人才。在信息化发展迅速的今天，社会对大学生提出了新的、更高的要求，政治素质、知识、实际工作能力乃至身体状况，都要适应时代的发展，大学生不仅要有远大的理想，还要有丰富的专业知识、较强的竞争意识、勇于开拓和脚踏实地的苦干精神。

四、收集就业信息的渠道

（一）学校的主管部门

各高校就业指导中心是组织协调全校毕业生就业工作的职能部门，一般都设有"毕业生就业信息专栏"，及时发布就业信息。各院（系）就业指导办公室是组织协调本院（系）毕业生就业信息的职能部门，一般也都设立"毕业生就业信息发布专栏"。毕业生可以直接到校就业指导中心、院（系）就业指导办公室咨询就业信息。就目前状况来看，毕业生从学校得到的就业信息数量大，可信度高，其针对性、准确性均较强，是毕业生就业信息收集的主要渠道。校就业指导中心和各院（系）就业指导办公室通过组织招聘会，架起供需桥梁，可使大学生顺利就业。

（二）各级政府主管部门和就业指导机构

为了适应毕业生就业制度改革的需要，县级以上各级政府多数都成立了毕业生就业指导机构，这些机构的主要职责就是制订所辖区域的毕业生就业政策，交流毕业生和用人单位的供求信息，为毕业生提供各种咨询和服务。

（三）各级人才交流会

全国及各省、市举办的规模不等、形式多样、定期与不定期的"双向"活动或招聘会，具有时间集中、信息量大、针对性强、双方面对面接触的特点，是毕业生了解信息、成功择业的好机会。

（四）师长和校友

在高校中，有许多专业教师与校外的研究机构、企业、公司等进行合作，共同开发科研项目，也有许多教师在行业协会中兼职，并参加各类行业年会与学术交流会，大学生可以通过有关教师获得用人单位的信息。同时，校友也是获取用人单位信息的有效途径，大学生可以利用学生干部经历，参加学校组织的学生活动的经历，甚至是"老乡"关系，尽可能多地认识一些"学哥""学姐"，请他们帮忙收集其所在单位或行业内的就业信息。另外，也可以与已在自己感兴趣的单位供职的校友联系，请他提供其单位的招聘信息。

（五）家长和亲友

大学生在收集就业信息时，动员家长、亲戚、朋友为自己收集就业信息，也是一个非常有效的途径。家长和亲友的社会交往广泛，社会经验丰富，对你的人品、学业、能力、个性等情况也相对比较了解，容易提供适合供需双方要求的信息。

（六）社会实践和毕业实习

按照学校的教学安排要求每一名在校学生利用寒暑假进行社会实践。大学生应充分利用业余时间在校外兼职，到各单位挂职锻炼，利用为公司宣传、推销产品的机会，了解单位对大学毕业生的需求情况。同时了解现有的职位、职业竞争机会和其内部管理情况，为日后的择业增添竞争砝码。并且，最后一学期的毕业实习是大学生踏入社会的前奏，是参加工作的预演，所以每个人都必须充分重视这一难得的经历。通过实习，一方面可使用人单位对你有所认识、了解，另一方面可使自己对社会工作有深入的认识。如果你向单位证明你是一个有价值的职员，在实习过程中展现出你的才华、能力与敬业精神，将会为你应聘该公司奠定良好的基础。

（七）有关新闻媒体发布的招聘信息

许多用人单位通过新闻媒体发布招聘信息。这类信息经常公布在当地的日报、晚报、广播电视报及各类相关行业的专业性报纸上，大学生应注意定期收集，并向他们查询有关资料。同时，也可以查阅电话簿的分类目录而获取有关企业的名称、地址及联系方式。

（八）网络平台

网络作为开放式的信息平台，正以日新月异的速度发展，并使人们生活的各个领域发生了突飞猛进的变化。而网上求职正以其开放、全面、快捷的特点逐步形成规模。我国各地纷纷建立人才信息网，以实现网上就业信息查询，网上招聘。大学生要学会利用网络进行就业信息的搜索。

（九）其他途径

通过参加各级各类"博览会""产品展销会"等了解企业情况，收集就业信息，如广交会、中国春季服装发布会、中国高新技术成果展、中国机械产品博览会等。

五、就业信息的筛选整理

在广泛收集信息的基础上，结合国家有关的政策、法规及自己的实际情况对信息进行去伪存真、去粗存精，有目的、有针对性地对信息进行筛选、整理和分析是非常必要的。只有当信息具有准确性、全面性和有效性后，才能更好地为就业决策服务。

1. 就业政策信息筛选整理

就业政策信息筛选整理可分为国家就业政策信息与各地方政府就业政策信息两类。国家就业政策信息较为稳定，对其主要内容要记录下来，如有调整应及时更新；各地方政府就业政策是各不相同的，每年都有适度的"从宽"或"从紧"的调整，在初步确定求职地域后，应关心当地的人事政策，包括户口迁移、养老保险、应届大中专毕业生准入条件等相关内容，对比整理，以便于进一步使用。

2. 单位分布区域筛选整理

单位分布区域筛选整理一般可分为东南沿海单位与内地单位。分布在东南沿海地区的单位又可分为中心城市，如上海、北京、天津、广州、深圳等；大城市，如厦门、青岛、宁波、南京、苏州、无锡等；中小城市，如昆山、张家港、漳州、绍兴等。同时，目标单位是分布在市区、郊区还是开发区，也可以进行分类整理。

3. 企业品牌知名度分类整理

企业品牌知名度分类整理是在调查研究的基础上，对企业的知名度、资产规模、产品的市场占有率、发展潜力等进行综合排序，适度归类整理。

4. 网上就业信息筛选整理

对从互联网上收集的就业信息进行及时的整理也会对就业有很大的帮助。除用笔记本记录外，也可以用文本文档或写字板，把网上有用的信息摘录下来。对填写过简历的网站和单位要重点记录。有的网站有个人信息登录密码，最好把密码写在本子上，以免遗忘。值得一提的是，在网上获取的就业信息必须经过反复筛选整理才有参考价值。

六、就业信息的使用

在就业信息的使用中一定要注意下述几点。

①就业信息有很强的时效性，要及时使用，过期就成为无效信息，当收集到广泛的信息并加以分析处理后，应尽早决断并向用人单位反馈信息，因为条件较好的职业人人都会被吸引，而录用指标是有限的，所以犹豫不决可能会痛失良机。

②对于就业信息要善于拓展分析，许多信息的价值往往不是直观的，必须经过使用者深入思考，加以引证才能发现。当获得一定量的就业信息时就必须善加利用，否则将一无所获。

③就业信息的选择是一门集思想性、政治性、科学性、综合性于一体的学问，其中也包括方法论科学。要选择得好，就必须在较短的时间内查阅大量的信息，以便从中迅速发现最有用、最重要的信息；要学会鉴别、判断，善于识别信息的准确性、有效性和可行性。

信息在传递过程中由于信息来源和人为的一些因素，会造成部分信息的失真是在所难免的，这就必须通过查询、核实来加以修正、充实，使信息具有有效性。同时，必须依据各自的实际情况和有关方针政策找到最适合自己的信息，使信息具有可行性。择业的成败在很大程度上取决于对就业信息如何进行选择。

[思考题] 如何选择适合自己的就业信息？

第二节　了解求职自荐的种类、技巧和礼仪

案例导入

善于在发现问题中推荐自己

北京某高校计算机专业毕业生阿土曾到一家著名软件公司应聘，因为没有工作经验而遭拒。为了能到这家心仪的公司工作，他没有气馁，偷偷花了几天时间在那家公司的废纸堆里寻找，发现了公司废弃的部分程序资料，并逐一修正，然后再次跑到公司求职，详细分析了公司程序设计上存在的问题。公司老板被他的才华所折服，破例给他安排了一个职位。

[评析] 想方设法找到自己心仪公司的"软肋"，并依靠自己的实力大胆设想并付之行动，以此吸引对方的眼球，可大大提高应聘的成功率。

求职需要的是实力，择业需要的是智慧，自荐需要的是勇气。市场经济是竞争的经济，有竞争就有挑战和风险，没有竞争意识是不能适应环境、取得择业成功的。高校毕业生要积极培养主动参与竞争的勇气和胆略。通过"双向选择"，毕业生与招聘单位相互认识、相互了解、相互认可，在这个过程中，为使招聘单位了解、认识、选择、接纳自己，毕业生就要利用各种方式和机会，全面、主动地介绍自己、装饰自己、展示自己、推销自己，这就是"自荐"。自荐是就业的起步，也是就业的基础，自荐的艺术和技巧如何，会直接影响到择业的效果。

一、大学生求职自荐的种类

从目前就业市场看，自荐分为口头自荐、书面自荐、广告自荐、网络自荐、电话自荐等形式。

1. 口头自荐

口头自荐是求职者来到招聘单位或招聘现场，进行面对面的自我推荐。求职者直接面对招聘单位，便于展示自己的形象和才华，容易给招聘单位留下比较深刻的印象。如果自己风度潇洒、谈吐自如、反应敏捷、表现出色，便更有利于发挥自己的优势，被招聘单位现场录用。其缺点是涉及面有限，尤其是对路途遥远的单位较难实现。新闻、旅游、外贸、外事、教育等单位会更青睐此种方式。

2. 书面自荐

书面自荐就是通过寄送自荐材料的形式向招聘单位推荐自己。这种方式覆盖面较宽，可扩大自荐范围，不受时空限制。科研、出版、金融单位和工矿企业等注重实际的用人单位乐于接受此类自荐方式。招聘单位为了节约人力和时间，一般不采用直接面试的形式，要求求职者先寄送自荐材料，然后进行比较、筛选，通知求职者是否参加面试。求职者因不能赶上招聘或面试不便等原因，也经常选择这种形式。

3. 广告自荐

广告自荐是一种借助于新闻媒体进行自我推销的自荐形式。这种方式具有覆盖面宽、自荐范围大的特点，部分长线专业、非通用专业的毕业生，以及一些有特殊专长的毕业生往往乐于采用此种自荐方式。

4. 网络自荐

网上求职已成为大学生择业的一种重要的自荐方式。通过求职者的个人主页，招聘单位可以随时随地访问，突破时空界限，十分方便、快捷，求职者和招聘单位可以全天候地接收、发送信息，相互沟通、了解。版面制作精美、内容丰富的个人主页，不仅可以用来介绍自己，还能体现求职者的工作实践信息、计算机操作水平，使招聘单位对自己有一个更为全面、深入的了解。

5. 电话自荐

电话自荐是指求职者通过电话推荐自己的一种求职方式。现代社会，电话已成为人们日常生活中不可缺少的通信工具，求职者在电话里可以用简洁明了的语言清楚地表达自己的意愿，充分展示自己的优势，这种方式也比较方便、快捷。

二、大学生求职自荐的技巧
（一）自我介绍的技巧

自我介绍是大学生求职过程中的重要环节，重视和掌握好自我介绍的基本技巧，将有助于求职者顺利打开求职之门。在进行自我介绍时，一般应注意下述几个方面。

1. 积极主动

自荐是求职者的主动行为，不能消极等待。自荐信、个人简历等自荐材料的呈交、寄送要及时进行。为使招聘单位更全面地了解自己的情况，应事先做好各种自荐材料的准备，选择适当时机，主动呈交、主动介绍、主动询问。这样会给人一种"态度积极，求职心切，胸有成竹，准备充分"的感觉。

2. 突出重点

在自我介绍时，应重点突出自己的能力和知识，对个人基本情况和家庭情况可作简单介绍，对自己的专长、经验、能力等，可以作比较详细的介绍，有时还要举例说明，比如，在大学期间发表过的论文，参加的有关研究课题，获得的各种奖励，组织的各种大型活动，承担的社会工作或某些工作经验、社会阅历等。要尽量突出自己的优势和闪光点，因为与众不同的特点，可能就是求职者的魅力所在。

3. 如实全面

在自我介绍中，一定要实事求是，优势不羞谈，缺点不掩饰，做到全面客观，不能吹嘘或夸大，尤其是在介绍自己以往学习、工作上所取得的成果时，一定要切合实际。同时，自我介绍材料要全面、完整，切忌丢三落四，个人基本情况、社会关系、工作简历、学习成绩、业务特长及爱好等关键的内容不可缺少，否则会给人一种不全面的感觉。自荐信、推荐表、个人简历、证明材料一应俱全，才能给人以系统全面的整体印象。

4. 有针对性

要针对招聘单位的具体要求，强调自己的社会经验和专业特长，做到"适销对路"，这样才能使招聘者相信你就是最合适的应聘者。比如招聘单位拟招聘文秘人员，你如果介绍自己如何去公关，就不如介绍自己的写作、计算机操作方面的能力有效；用人单位拟招聘科研人才，你如果展示自己的语言才能，就不如学业成绩和科研成果来得实在；用人单位拟招聘管理人员，你的学生干部经验及组织管理才能可能会更受重视。但是，在强调针对性的同时，也不能忽视相关知识、才能的作用，只有把专业特长和广泛的知识面、兴趣爱好有机结合，才会更受招聘单位的青睐。

（二）电话自荐的技巧

当你递送了一份求职自荐材料后，最重要的就是保持和自己所中意的单位之间的联系了，虽然上门拜访、亲临招聘现场是展示自己的最好的途径，但是，在没有取得对方同意之前，电话联系则是最好的方式。为了充分利用电话接通后那短暂的几分钟，用最简洁明了的语言清楚地表达自己的意思，充分展示自己的优势，在电话中给对方留下良好而深刻的印象，掌握和了解电话自荐的技巧是很有必要的。

1. 选择恰当的通话时间

如果给招聘单位打电话，应当尽量避免在刚上班和快下班的这两个时间段。在这两个时间段打电话，不仅可能因为时间仓促而无法清楚地表达，而且很可能会因为对方即将开始工作和结束工作而给对方增添麻烦，给对方留下不好的印象。如果是给个人打电话，则应当根据受话人的工作时间、生活习惯选择好打电话的时间，最好是在约定的时间里和对方通话。电话自荐要注意控制双方通话时间，尤其要控制自我介绍的时间，力争在不超过两分钟的时间里，把自己的情况介绍清楚，并且能够引起对方的注意。通话时，要努力控制自己的语音、语速、语调，以保证全面完整地表达自己。

2. 通话前的内容准备

首先，要尽量收集了解用人单位的有关情况，包括单位的全称、性质、隶属关系、主要业务范围、用人计划、人才需求方向等。只有在此基础上，才能对如何包装自己做到心中有数。其次，要对自己有一个客观、公正的认识，包括自己的专业特长、性格爱好等。最后，要根据用人单位的需求情况，结合自己的特点，对自己的谈话内容有一个全面的考虑。最好在打电话之前列出一份简要的提纲，然后按照拟订的提纲全面、条理清楚、重点突出地介绍自己的有关情况，力争给受话人留下深刻的印象。

3. 通话前的心理准备

对于性格开朗外向的求职者来说，电话自荐虽不能说驾轻就熟，但也不是难事。而对于一些性格内向、较少与外界打交道的求职者来说，电话自荐过程中就存在一个需要克服紧张、不安、焦躁情绪的问题。要善于推销自己，就要努力控制自己的一些不良情绪，保持良好的心理状态，让受话者能在与你交谈的过程中感受到你的朝气蓬勃，以及积极向上、有礼有节的良好修养。打电话之前要调整好自己的心态，不能过分紧张。要告诉自己这不过是打一个电话而已。即使效果不尽如人意也不必太在意，还有许多别的机会可供选择。电话接通之后，整个过程应注意用礼貌语言，在询问得到肯定性答复后，即刻作自我介绍，并说明来电意图。由于电话交流条件的限制，通话双方不是面对面的交流，而且受话人接电话时可能正忙于处理某件事务，无暇多谈，因此，求职者一定要注意言简意赅。

（三）网络求职的技巧

网上投递简历是毕业生网络求职的重要步骤。简历是沟通毕业生与招聘单位的桥梁，一份好的简历可能是求职成功的开端。电子简历的内容应包括基本情况、教育状况、技能与专长、社会工作经历、联系方式等。

①在电子简历中一定要留下联系方式。简历中的联系方式包括电话、通信地址、个人的电子邮箱等。与纸质简历一样，毕业生在展示个人风采的同时，要有重点地突出个人适合招聘单位的特点。在网上投递简历切忌千篇一律，毕业生可针对个人特点制作一系列的简历，以适合不同的单位、不同的工作需要。要做到与其他求职者不同，求职信是一个非常好的突破口。求职信要与简历分开，最好每封求职信都针对不同的单位撰写，表明你了解该公司的需要。

②有些招聘单位会在网上提供一个固定的表格，要求毕业生填写个人简历，表格中的每一项内容都是要重点了解的，所以毕业生要在真实、简练的基础上，有针对性地填写，这样才能引起招聘单位的注意。

③用电子邮件发送简历时要写明主题，最好注明应聘的职位。电子邮件的内

容要简明扼要，正文不要有太多的内容。尽量不要把简历粘贴在附件内。目前，网络病毒多是以附件形式存在的，所以有些招聘人员对简历的附件是十分小心的。这时候，发送纯文本的简历是非常必要的。

④在发送邮件时不要短时间内向同一招聘单位重复发送简历，以免单位对求职者反感而过滤掉这些邮件。因此，要及时记录发送过邮件的单位和应聘的职位，避免重复发送简历。有些毕业生认为在一个单位从策划到营销、从管理到财务全部投放简历，总有一个职位会适合自己。其实对于招聘单位来讲，求职者采取这样的策略既是对自己定位的不准，也缺乏一个基本的职业素质。没有目的地投放简历等于没有简历。发送简历也不要主送、暗送、抄送不分顺序，网络求职虽然速度快、成本低，但是不能同时给几家招聘单位发简历。招聘单位在查收时如果看到求职者还在其他单位谋职，对求职者是非常不利的。招聘活动需要一定的时间，所以在发送邮件一周后询问招聘单位是比较合适的。

⑤网络求职有许多好处，但是也有一些不法人员利用网络做一些损人利己的事情。毕业生在选择求职网站投放简历和应聘时，要辨别是非，不可盲目和轻信别人。

三、大学生求职自荐的礼仪

在现代社会中，求职择业的大学生如何在众多竞争者的队伍里脱颖而出，给招聘单位留下美好印象，已经越来越被大学生所重视。注重礼仪，用礼仪来展示自己的最佳形象，让自己在自我推荐中一举成功，显得十分重要。

（一）着装礼仪

衣着素养与人的学识、审美有着紧密的关系，衣着显现了人们的心灵和思想。服饰是一种非语言的视觉符号，它能反映出穿着者的个性、文化心态和生存的境遇。

普通的服饰装扮要求：男生在正规的场合下，一般穿西服，打领带，领带的选择应与衬衫和西服的色调相协调。女生穿职业套装最为适宜。这里需要切记的一点是，大学毕业生的着装修饰要尊重社会规范，要符合社会大众的心理，不要穿奇装异服，着装关键是整洁、大方、朴素。

首先，要选择一套适合自己的服装。这套衣服应是合体的，大小适中，还要注意所选服装与你的整体相协调，能反映出你内在的气质。不要选择过于孩子气的服装，尽量使自己看起来成熟稳重一些。

其次，要注意着装的细节问题。有的男生穿着一身笔挺的西装，却不知道要撕下衣袖上的商标；有的女生穿着漂亮的裙子，可腿上的丝袜却破了一个洞。这些情况都会给人不舒服的视觉感受。有些人虽然很费心地去打扮自己，却不得要领。虽知道穿西装潇洒，却不知道要把里边那件领口发黄的白衬衣换掉；虽知道穿长裙端庄，却不知道它不适合矮胖的身材。穿衣打扮是有学问的，原则就是要使自己看上去大方得体、干净利落。如果做不到让人眼前一亮，至少也得做到让人看起来顺眼。服饰颜色的选择，要根据自己的特点、性格和爱好，选择自己喜欢、使自己自信，并且与自己的皮肤、头发、眼睛颜色相配或对比感强的颜色。

最后，要考虑季节因素。冬季选择暖色调，夏季选择冷色调，同时还要注重全套服装颜色、样式的和谐，所选服装样式应避免过于时尚，以选穿传统样式或基本样式为佳。女生忌穿无袖、露背、迷你裙等装束，裙装长度应适当，太短有失庄重。男生忌穿大方格图案的服装，否则会产生与预期相反的效果。

（二）仪表礼仪

尽管一个人的外貌仪表与其工作能力并无本质关系，但有相当多的招聘者常常会把外表看作决定是否录用的一个方面，因为你的形象不仅代表你自己，更重要的是将代表你所在的公司。

1. 发型宜简洁

发型上应力求简单、自然，男生不要留长发，还要注意保持头发的清洁。总之，要给人以精力充沛、容光焕发、神采奕奕的清新形象。

2. 妆容要淡雅

化妆是人们在政务、商务及社交生活中，用化妆品来装扮自己，达到振奋精神和尊重他人的目的。女生的妆容应以轻柔、优雅的淡妆为主，切忌浓妆艳抹。

3. 饰品少而精

对女生来说，适当地搭配一些饰品会使自己的形象锦上添花，但饰品的搭配应讲究少而精，宜求简洁、高雅。有时，一条丝巾、一枚胸花，就能恰到好处地体现一个人的气质和神韵。如果搭配造型过于夸张、叮当作响的饰品，会给人以庸俗、轻浮的印象。因此，不宜佩戴过多、过于夸张或有碍工作的饰品，应使饰品真正起到画龙点睛的作用。

（三）举止礼仪

在求职面试过程中，每个毕业生都不能忽视举止礼仪。女大学生在求职面试中的外在表现很重要，故意撒娇、忸怩作态，或者过于泼辣、随便，不懂得基本礼仪，无所顾忌，都不可取；而过于羞羞答答、畏畏缩缩，也会给人缺乏为人处事能力的印象。通常，要注意以下基本的礼仪。

1. 坐、立、行的礼仪

在与招聘单位交谈中，应保持大学生应有的热情、大方、端庄，表现出一定能够胜任工作的自信心和干练的作风。坐的时候，如有领导或长者在场，不要抢先就座；坐下时尽量不要发出响声。着裙装的女生，应先双手拢平裙摆再坐下；坐定后，双腿宜并拢，不要跷起二郎腿，更不能脱下鞋子。"立"则要求头正肩平，挺胸收腹，男生要稳健，女生要优雅。"行"则讲究昂首阔步。在坐、立、行走时，都要注意面露微笑，表情舒展。

2. 握手的礼仪

坚定有力地握手，给人一种自信的感觉，反之，握手时软弱无力，则表示信心不足或漫不经心。握手时要把握时机。一般来说，如果有上司或长辈在场，绝不能贸然抢先伸手；男女之间，女士伸出手后，男士才能伸手相握；握手时应神态专注、友好、自然；单手握时，手掌应基本垂直于地面，以显得不卑不亢；而双手握只适宜至交；握手时可稍许用力，以示热情、友好；握手持续的时间一般在 3 秒以内；注意不要用左手握手；握手时忌戴手套、墨镜，忌只握指尖，忌另一只手乱放。

3. 餐桌礼仪

在餐桌上能看出一个人的基本素养，有些用人单位因领导或招聘人员比较忙，就把面试选在餐桌上，因此，餐桌礼仪也是不能忽视的。用餐时须等主人坐定后，才能入座，按主次顺序，年长者和领导先入座。用餐时必须等主人开始用餐后，客人才能动筷。餐巾可以用来擦嘴角和指尖，但是不可以用来擦桌子。用餐巾时，餐巾往内折约 1/3。女生应先用面纸将多余的口红擦掉，以免弄脏杯子。吃饭时，手肘靠在餐桌上或放在桌下，都是不符合礼仪要求的。正确的做法是，手腕或手腕和手肘的中间点轻靠在桌边，放在餐盘的两侧，进食后，手腕微微离开桌面。吃菜时，尽量避免嚼出响声；应聘者最好不要喝酒。

[思考题] 领导将一份重要任务交给你和小李一起处理，但是由于小李工作做得不细致，事后领导只表扬了你，没有表扬小李，小李很不服气。现在领导又将一项工作交给你和小李，小李却不配合。你如何说服小李和你一起完成工作？请现场模拟一下。

第三节　应聘时的技巧

案例导入

灵活性、全面性考量

有一个公司准备招聘既懂业务又头脑灵活、看问题全面的总经理助理一名。广告见报后仅一天时间，应聘材料便如雪片般飞来。公司人事经理在斟酌挑选后，近 30 人有幸被通知参加笔试。试卷上试题是这样写的：

综合能力测试题（限时两分钟答完），请认真阅读试卷。

1. 在试卷的左上角写上姓名；

2. 写出三种热带植物的名称；

3. 写出三座中国历史文化名城；

……

不少考生眼睛匆忙扫了扫试卷，马上就动笔"沙沙沙"地在试卷上写起来，考场上的空气因紧张而显得有些凝固。一分钟，两分钟，时间到。除了有四五个人在规定的时间之内答完起身交试卷外，绝大多数人都还忙着在试卷上答题。人事经理宣布考试结束，未按时交试卷的一律作废，考场上顿时炸开了锅，未交卷的考生纷纷抱怨。人事经理只是面带微笑地说："请诸位再仔细看看试题。"众人仔细观瞧，只见后面的试题是这样的：

14. 写出三句常用歇后语；

15. 如果阁下看完了题目，请只做第一题。

[评析] 既然是招聘既懂业务又头脑灵活、看问题全面的助理，就要对面前的事情审时度势、通盘考虑，短短的两分钟是答不完15道题的。因此，你的能力不在于你答对多少题，得了多少分，而是看你是否能出色地完成你眼前最重要的事情。

面试即当面测试，是用人单位对应聘者进行选拔而采取的诸多方式中的一种，也是应聘者取得求职成功的关键一步。在整个应聘过程中，面试无疑是最具有决定性意义的一环。同时，面试也是求职者全面展示自身素质、能力、品质的最好时机。面试发挥出色，可以弥补先前笔试或是其他条件如学历、专业上的一些不足。在应聘的几个环节中，面试也是难度最大的。尤其是对于应届毕业生来说，由于缺乏经验，面试常常成为一道难过的坎儿，有很多毕业生顺利通过了简历关、笔试关，最后却在面试中铩羽而归。因此，要重视学习面试的基本知识。

赢得面试资格和面试顺利通过是高校毕业生就业过程中两场关键性的战斗，因此，通晓面试技巧，掌握面试要点是高校毕业生求职择业时面临的新课题。

一、面试的原则、形式、种类及内容

（一）面试的原则

要成功面试，需要掌握以下原则。

①你是公司未来的有利资产。你需要传递给企业这样的信息：你拥有帮助企业实现预期目标的潜在能力，你是公司的宝贵资产而非包袱。

②明确的人生目标。具有积极自我成长信念，努力进取，并充满旺盛的事业心与斗志，能迅速进入工作状态的人，更易为企业赏识和任用。

③强烈的工作意愿。面试时要随时保持对工作的高度热诚与兴趣。

④与同事、团体合作的能力。一个容易与人沟通协调的求职者可以说已有一半成功的希望。如果你曾有社团活动的工作经验，可尽量举例说明，以争取主考官的青睐。

⑤掌握诚恳原则。在录用标准上，"才能"是永恒不变的第一原则，"诚恳"则是重要的辅助因素。面试前准备充分，心情镇定，仪容大方整洁，临场充分表现自我，便是诚恳的最好表现。

（二）面试的形式

随着科学技术的迅速发展和信息化程度的提高，面试的形式在原有的基础上不断进化，逐渐增多。现主要介绍以下几种。

1. 口试

面试时，由招聘者提出若干问题，让求职者逐一回答，在相互交流的过程中，招聘单位对求职者的口才和应变能力有一个大体的了解。大多数高校毕业生往往笔试文化课时能应付自如，而面对几位考官的提问便会惊慌失措、答非所问。口试是高校毕业生就业过程中常见的面试形式。因此，这一基本功的训练，一方面，大学生可以通过在校期间的校园文化活动以及社会实践培养；另一方面，学校可以通过改革文化学习的考核方式，采用笔试与口试相结合的方法，努力提高高校毕业生的口试应变能力，使之适应就业面试的需要。

2. 笔试

面试时，招聘单位为了测试求职者的综合素质，设计了各种问题供求职者进行笔试，这种笔试包括英语水平的测试、心理承受能力、到艰苦岗位工作的思想准备、如何应对挫折等若干问题，用以检测求职者真实的内心世界。因此，求职者在做笔试题目时，务必学会运用唯物辩证法，分析问题的两面性。

3. 互联网交流

面试过程中，求职者对招聘单位的有关问题可通过互联网来了解，或发 E-mail 咨询对方，必要时对某些不清楚的地方还可以进行多次的沟通，通过多次沟通会给招聘单位留下初步印象。招聘单位通过互联网与求职者接触交流，对其为人、做事的能力、信誉等方面有一个初步的了解，这些不见面的形式，会使招聘单位对求职者做出一定的评价。

4. 电话交流

求职者接到面试通知后，在准备面试的过程中，对一些不清楚的问题可以通过电话进行了解。电话联系牵涉问话方式、讲话态度、礼仪等一系列问题，这些都是求职者的基本能力，都会给招聘单位留下初步印象。因此，对求职者来说，每一个细小环节都要仔细考虑，注意提高语言表达艺术与效果，尽量给招聘单位留下良好的印象。

5. 潜在的面试——毕业实习

教学环节中的毕业实习，为高校毕业生在就业过程中提供了难得的就业机会。到单位实习是招聘单位和求职者的双向交流，真正体现"双选"自愿原则。这种面试形式可以对求职者进行系统的、真实的、全面的了解，它克服了凭一时一事选择对方的弊端，使彼此的选择更趋于合理与理智。

（三）面试的种类

1. 情景式面试

情景式面试是指根据工作岗位的一些情节设计问题，让求职者面对一定数量的考官有针对性地发表个人看法，这种面试通常分以下几种类型。

（1）主题式提问

为了缓解求职者的紧张情绪，面试开始时，招聘者引出与面试内容关系不大的话题与求职者交谈，让求职者自由发表看法，尽量使求职者情绪放松，待其自我调节到正常状况之后，再进入主题提问。

（2）模式化提问

由招聘者围绕选拔人才的要求预先准备好若干题目，当求职者进入正常面试状态时，逐一提问。招聘单位这样做的目的是获得求职者全面、真实的材料，观察求职者的知识面、能力、谈吐和行为、仪表风度等。

（3）问题式提问

由招聘者对求职者提出一个问题或一项计划，请求职者完成解答。其目的是观察求职者在特殊情况下的表现，判断其解决问题的能力。

（4）随机式面试

招聘者与求职者海阔天空、漫无边际地进行交谈，气氛轻松活跃、无拘无束，招聘者与求职者自由发表言论、各抒己见。此方式的目的为：于闲聊中观察应试者谈吐、举止、知识、能力、气质和风度，对其做全方位的综合素质考察。

2. 能力式面试

能力式面试是指招聘者通过多种方式综合考察求职者多方面的才能，通常采取以下几种方式。

（1）任意写一段话

招聘者不加任何限制，让求职者任意写一段话。这样做的目的是观察求职者的字写得是否工整、流利，同时也考察求职者的临场发挥能力。

（2）分析一段文章

为了考察求职者的口头表达能力和分析判断能力，招聘者让求职者分析一段文章，现场观察求职者分析、归纳、综合演讲的能力。

（3）现场计算机操作

为了了解求职者的计算机操作水平，招聘者请求职者当场用计算机进行一些演示或文档处理，有时会进行软件设计，现场考察求职者的计算机操作能力。

还有一种综合式全方位能力的面试，招聘者通过多种方式考察应聘者的综合能力和素质，如用外语与其交谈，要求即时作文，或即席演讲，或要求写一段文字，甚至操作计算机等，以考察其外语水平、文字能力、书面及口才表达等各方面的能力。

3. 压力式面试

招聘者有意识地对求职者施加压力，针对某一问题开展一连串的提问，不仅详细，而且追根求源，直至无法回答，甚至有意识地刺激求职者，看求职者在突如其来的压力下能否做出恰当的反应，观察其机智程度和应变能力。

4. 问卷式面试

招聘单位为了掌握求职者的全面素质，包括个人兴趣爱好、处世能力、合作精神、个人利益、吃苦精神、战胜困难的勇气等方面的内容，往往采用书面的素质测试卷，让每个求职者在规定时间内，处在毫无戒备的状态下完成问卷答题工作。素质测试卷通常分以下几类。

（1）心理测试卷

招聘单位选拔过程中使用智力和个性测试，了解求职者的性格（外向型或内向型）、道德素质、敬业精神、耐挫力等有关内容。所有这些内容在心理测试卷上都是隐含的，求职者在规定时间内必须完成所有测试内容。

（2）英语水平测试

英语水平测试分为笔试和口试两种：笔试是当场完成一定数量的翻译和写作练习，考察求职者的英语能力。口试即当面用英语对话，考察求职者的口语表达能力。我国加入世界贸易组织以后，招聘单位更注重英语口语人才的选拔。因此，求职者去招聘单位面试之前，应先做如下准备：①写一篇英语文章。内容包括自己的兴趣爱好、学业背景、社会活动等，然后背下来，因为面试中一般都会涉及此类问题。②有针对性地准备几个问题。如为什么选择我们单位等。③参加英语口语面试时，多做笔记，记些时兴的单词和表达法。④英语面试时，一定要大胆讲，只要意思表达准确，发生一点小错误无关大局。

5. 被邀请实地考察

招聘单位为了扩大对外宣传，有时会免费邀请求职者到单位实地考察。在实地考察期间，招聘者与求职者进行双向交流，考察求职者的内在素质和综合能力。有些招聘单位将企业的发展蓝图展示在求职者面前，考察求职者对新事物的接受能力；还有些单位将工作中的疑难问题提出来，请求职者献计献策。实地考察是将求职者放到现实环境中加以考察，招聘单位和求职者对彼此的情况都了解得更详细、具体、全面，如果彼此双方都有好感，就给协议书的签订增添了几分踏实感。

以上是根据面试类型所做的大致划分，在实际面试过程中，招聘者可能采取一种或同时采取几种面试方式，也可能就某一方面的问题对求职者进行更广泛、更深刻（即深层次）的考察，其目的在于能够选拔出优秀的应聘者。

（四）面试的内容

面试的内容比较广泛，招聘单位会从各个侧面了解求职者的业务水平、道德素质以及综合能力，这些内容都是选拔人才的基本内容，有些内容求职者可以做一些准备，有些内容却是难以预测的。面试内容大体分为以下几部分。

1. 自我介绍

面试时，求职者应事先准备好中、英文两套书面自我介绍，作为面试时脱稿进行口头自我介绍的基础，英文版的自我介绍要事前做好充分的准备。面试过程中，即使是通过国家四六级、托福、雅思考试的毕业生，在用口语进行自我介绍时也会吞吞吐吐讲不了几句，这是求职者必须引起高度重视的问题。中文自我介绍时切忌盲目夸大，因为招聘者都是该领域的专家，在展示特长时，表达的清晰性和逻辑性是求职者需要重视的地方。要让招聘单位在较短的时间内了解你，对你产生兴趣，在自我介绍时就必须善于把握重点。如介绍荣誉特长时，若得奖较多的话，就讲层次高的，力求简明扼要，切忌报流水账。

2. 应聘动机

面试时，招聘单位往往要向求职者提出"为什么你要应聘这份工作"的问题，通过求职者的表述，招聘单位能了解求职者来本单位工作的目的和动机，考察求职者的工作态度是否端正、是否有培养前途、能否在本单位长期工作。为了考察应聘动机，招聘单位有时也会实事求是地反映本单位的问题，如福利待遇偏低、工作辛劳程度较高、工作责任较大等，试探求职者是否真心诚意来本单位工作。有些求职者应聘动机不端正，经受不住考验，听到这些情况就开始退却，这样会被招聘单位看出来，从而使得面试成功率大大降低。

3. 综合素质

面试时，考察求职者的综合素质已成为每个招聘单位选人的首要任务。根据人才使用总体要求，综合素质面试内容主要分以下几个方面。

（1）良好的思想政治素质

高尚的道德情操是一切工作的可靠保证，在同等条件下，招聘单位更注重毕业生的思想政治素质。品行端正、待人诚恳、诚实守信的高校毕业生往往得到招聘单位的器重。学生党员、学生干部在就业过程中普遍受欢迎的根本原因，在于毕业生的思想道德素质是过硬的，很容易得到招聘单位的认可和信赖。

（2）宽广的专业素质

招聘单位比较看重基础扎实、知识面广、文理兼通的毕业生。招聘单位很注重人才解决实际问题的能力，动手能力强的学生往往格外受欢迎。成绩单招聘单位固然要看，但如果拥有更多的等级证书和获奖证书，将会加大应聘成功的概率。

（3）崇高的敬业精神

招聘单位需要毕业生具有强烈的事业心和责任感，那种以个人为中心，以待遇为中心的毕业生招聘单位不敢引进。只有能与单位同甘共苦、以事业发展为己任的高校毕业生，成才的路才会越来越宽。

（4）和谐的团队精神

招聘单位在选择人才时更注重团队精神。要使研究开发的水平达到科学前沿水平，就需要各类专业人才在一起合作，在这个过程中，团队成员就必须配合默契，相互学习、相互沟通。

（5）良好的心理素质

招聘单位要求选拔的人才具有承受失败打击的心理能力，能在艰苦或不利的环境中迅速调整好自己状态的能力，并且能较快适应工作和生活的环境。

二、面试前的准备工作

求职者在面试时将自己最佳的一面充分发挥，全靠个人的专业知识、人格、气质及临场应变能力的有机组合。为了获得面试成功，每个求职者必须在面试前对面试单位、语言能力、自我介绍、模拟面试题、面试心态等方面做好充分准备。

（一）对面试单位的调查

求职者在面试前必须对面试单位进行摸底调查，全面了解面试单位，做到心中有数，调查的思路从以下几方面考虑。

1. 面试单位概况

单位的性质、规模、产品、发展前景、待遇、主管部门等问题要详细地了解。

（1）性质

性质指面试单位的类型，主要有政府部门、国有企业、事业单位、民营企业、私营企业、股份制企业、有限责任公司、中外合资企业、独资企业、跨国公司等。

（2）规模

规模指面试单位的注册资金、资产总值、职工人数、专业技术人员数、企业建立时间、总公司地点、子公司或分公司地点等情况。

（3）产品

产品指面试单位的主要产品、经营范围、国内经销产品、国外经销产品、合作开发产品等内容。

（4）发展前景

发展前景指面试单位近期产品的生产量、销售量、利润额为多少，运用这些数据分析面试单位是属于朝阳企业还是夕阳企业。

（5）待遇

待遇指面试单位的人事制度、初级工资、奖金情况、加薪时间，现阶段的失业保险、养老保险、医疗保险、公积金，每周工作总时数、休息日，交通工具、住宿情况及教育培训等。

（6）主管部门

主管部门指面试单位的上级主管部门。了解其有无进人审批权，这是为签订协议做准备。

2. 实地考察

如果面试单位确实是你想去的工作单位，那么有必要去实地考察，进一步增加自己的感性认识。主要了解一下该单位所处的地理环境、员工的工作环境以及企业文化和企业精神，为参加面试打下扎实的基础。

3. 了解招聘人

收集主考人的有关情况，要尽可能打听主考人的姓名，要能正确地说出他们的职务、姓名或更多情况。这一点在很多情况下不容易做到，但是如果做到了，就会使自己在知己知彼的情况下，顺利地与对方交流，取得意想不到的效果。

（二）基本能力训练

对求职者来说，流利自如、文雅幽默的谈吐，书面表达的能力，交流协调能力以及综合归纳能力是面试成功的必备条件。求职者在面试前应做好如下准备。

1. 表达能力训练

（1）口头表达能力训练

大学生在校期间就要积极参加各种集体活动，课堂讨论要大胆发言，有意识地加强语言表达能力的训练，逐渐养成与陌生人自如交谈的习惯。口头表达能力的训练不能等到面试时才去锻炼，否则会因为紧张而失去摆在面前的就业好机会。

（2）书面表达能力训练

招聘单位会对求职者的文学水平、书法水平进行考察，也就是说，会考察求职者是否具备一定的人文素质，对文字的理解能力如何。同时，也能考察求职者的字写得如何。字相当于一个人的外表，也是工作过程中最基本的能力。如果这方面能力欠缺，往往会给招聘单位留下文学修养不高、字也写得不怎么样的印象，直接影响面试结果。

2. 交流协调能力训练

在面试中招聘者可能会出一道工作难度较大、人事关系较复杂的问题让求职者解决，即在复杂的人际关系中如何协调工作中的各种矛盾，其目的是直接考察求职者交流、沟通、协调能力如何。因此，作为高校毕业生，应该善于处理好在校期间学习、工作、生活中的各种矛盾，遇到问题不要回避，久而久之，这方面的能力就会提高。

3. 问题归纳能力训练

在面试中表达一件事或做自我介绍时，如果讲了半天，对方也不知道你在讲什么，就说明你缺乏问题归纳能力，表达没有抓住重点，思路比较乱。因此面试前，求职者要将需要表达的问题进行重点和一般分类，按前后次序加以整理归纳，以此来提高面试效果。

（三）自我介绍准备

面试时，自我介绍只能脱稿进行口头表达。在口头自我介绍时，应注意以下几点。

1. 重点突出

把在大学里最擅长的内容表达出来，也就是说把一个人最为得天独厚的才能表达出来。如果荣誉称号很多，就讲层次最高的。

2. 语言精练

在作自我介绍时，语言应简短、清楚、准确，不要漫无边际地瞎扯。

3. 一分为二

在介绍自己时，不能光讲优点，不讲缺点，有时把缺点说得恰到好处，会起到事半功倍的效果。例如，某毕业生在介绍自己时，先介绍自己的缺点，然后介绍自己的优点，扬长避短，掌握得很好，一下子赢得了招聘者的好感，产生了该毕业生诚恳、谦虚、实事求是的面试效果。

4. 用词恰当

在自我介绍时，讲话要严谨，用词要恰当。如果讲话不切实际，则易被面试考官质疑，几个问题下来就会把自己的整个思路全部搞乱，从而慌了手脚，影响面试结果。

（四）面试时的状态准备

1. 建立自信

做好面试前的心理准备，是消除紧张与恐惧的关键。高校毕业生应懂得，找工作、参加面试时，不要抱过多的得失观念，寻找一份理想的工作需要时间和经验的积累，一般需要参加好几家单位的面试才能获得一份理想的工作。只有展现自己的自信与保持良好的心理素质，才能在面试过程中应付自如。

2. 保持常态

所谓面试保持常态，也就是说，既不要人为地装出过于轻松的感觉，也不要为了严谨庄重而过于紧张，尽量掌握好适度。

由于面试结果关系到求职者的前途，因此大学生面试时往往容易产生紧张情绪。有些大学生可能由于过度紧张而面试失败，因此必须设法消除过度的紧张情绪。这里介绍几种消除过度紧张的技巧，供同学们参考。

①面试前可翻阅一本轻松活泼、有趣的杂志书籍。这时阅读书刊可以转移注意力，调整情绪，克服面试时的怯场心理，避免等待时产生紧张、焦虑的情绪。

②面试过程中注意控制谈话节奏。进入面试场致礼落座后，若感到紧张先不要急于讲话，而应集中精力听完提问，再从容应答。

③回答问题时，目光可以对准提问者的额头。有的人在回答问题时眼睛不知道往哪儿看。经验证明，魂不守舍、目光不定的人，使人感到不诚实；眼睛下垂的人，给人一种缺乏自信的印象；两眼直盯着提问者，会被误解为向他挑战，给人以桀骜不驯的感觉。如果面试时把目光集中在对方的额头上，既可以给对方以诚恳、自信的印象，也可以鼓起自己的勇气，消除自己的紧张情绪。

3. 应试策略准备

打有准备之仗是保证面试成功的基础，机遇总是留给有准备的人。在收集面试单位基本信息的同时，要在专业知识、口头表达、性格描述、人际关系、团队合作、敬业精神等方面逐项做好充分准备。以最佳面试效果为最终目的来研究战略战术，预测各种可能，为面试的成功奠定基础。

4. 体能状态准备

面试前要保证充分的睡眠和愉快的心情，以保持良好的精神状态，还应注意修饰自己的仪表，使穿着打扮与年龄、身份、个性等相协调，与应聘的职业岗位相一致。因此，面试前一晚应尽量放松，可以听一些轻松的音乐，保证充足的睡眠和休息；也可以翻阅一些轻松、活泼、有趣的杂志，以转移注意力、稳定情绪，克服面试时的紧张心理，从而以饱满的精神状态参加面试。

（五）基本礼仪准备

①一旦和用人单位约好面试时间，一定要提前5~10分钟到达面试地点，以表示求职者的诚意，给对方以信任感，同时也可调整自己的心态，做一些简单的仪表准备，以免仓促上阵，手忙脚乱。为了做到这一点，一定要牢记面试的时间地点，有条件的同学最好能提前去一趟，以免因一时找不到地方或途中延误而迟到。如果迟到了，肯定会给招聘者留下不好的印象，甚至会丧失面试的机会。

②进入面试场合时不要紧张。如门关着，应先敲门，得到允许后再进去。开关门动作要轻，以从容、自然为好。见面时要向招聘者主动打招呼问好致意，称呼应当得体。在用人单位没有请你坐下前，切勿急于落座。用人单位请你坐下时，应道声"谢谢"。坐下后保持良好体态，切忌大大咧咧，左顾右盼，满不在乎，以免引起反感。离去时应询问"还有什么要问的吗"，得到允许后应微笑起立，道谢并说"再见"。

③对用人单位的问题要逐一回答。对方给你介绍情况时，要认真聆听。为了表示你已听懂并感兴趣，可以在适当的时候点头或适当提问、答话。回答主试者的问题，口齿要清晰，声音要适度，答话要简练、完整。一般情况下不要打断用人单位的问话或抢问抢答，否则会给人留下急躁、鲁莽、不礼貌的印象。问话完毕，听不懂时可要求重复。当不能回答某一问题时，应如实告诉用人单位，含糊其词和胡吹乱侃会导致面试失败。对重复的问题也要有耐心，不要表现出不耐烦。

④不要有这些小动作。面试时一定注意以下细节。

手：这个部位最易出毛病。如双手总是不安稳，忙个不停，做些玩弄领带、挖鼻、抚弄头发、掰关节、玩弄考官递过来的名片等动作。

脚：神经质般不停晃动、前伸、跷起等，不仅人为地制造紧张气氛，而且显得心不在焉，相当不礼貌。

背：弯腰弓背，犹如泰山压顶一般，考官如何对你有信心？会对你的形象大打折扣。

眼：或惊慌失措，或躲躲闪闪，该正视时却目光游移不定，会给人留下缺乏自信或有不可告人的秘密的印象，极易使考官反感；另外，若死盯着考官的话，又难免给人压迫感，招致考官不满。

脸：或呆滞死板，或冷漠无生气等，如此僵尸般的表情怎么能打动人？一张活泼动人的脸很重要。

行：其动作有的手足无措，慌里慌张，明显缺乏自信，有的反应迟钝，不知所措，不仅会自贬身价，还会给考官留下不好的印象。

总之，面试时这些坏习惯一定要改掉，并自始至终保持斯文有礼、不卑不亢，大方得体。此举不仅可大大提升求职者的形象，而且往往使成功机会大增。

三、面试中的技巧
（一）面试中的应答技巧
1. 确认提问内容

招聘者向求职者提出问题时，求职者应该面带微笑、全神贯注，目光跟随着招聘者的提问做出相应的反应。虽然未回答问题，但是你的眼神与招聘者已经在直接进行交流，你在关注对方的提问，对方也在关注你是否听懂需要回答的问题。如果对招聘者提出的问题一时摸不到边际，不知从何答起或难以理解对方问题的含义时，求职者要保持冷静，可将问题复述一遍，并先谈一下自己对这一问题的理解，请教对方以确认内容。对不太明确的问题，一定要问清楚，这样才会有的放矢，不至于答非所问。

2. 表达把握重点

例如，在进行一分钟自我介绍时，求职者忽视了时间限制，没有将自己最擅长的部分重点叙述，而是滔滔不绝地报流水账，抓不住招聘者的心，这样就会导致面试失败。又如，求职者在分析自己优缺点时，采取倒叙法，先分析自己的缺点，再谈自己的优点，简明扼要，这样会给招聘者留下谦虚坦诚、不回避缺点的印象。招聘者本来就想了解求职者能否一分为二地看待自己，此时若能勇于分析存在的不足，一下子就抓住了招聘者的心，只要求职者能抓住自己主要的优缺点，进行简单扼要的回答，就能提高面试成功的概率。

3. 答题实事求是

在遇到自己不能回答的问题时，不应闪烁其词、默不作声、牵强附会、不懂装懂。应坦诚面对，以给招聘者留下一个诚实的印象。例如，求职者面对自己不太熟悉的问题，能够坦言知之甚少，虚心向招聘者请教，这显然比那种不懂装懂、乱侃一气的做法高明许多。

4. 凸显个人特色

例如："我是一个大胆开拓者，在学校老师的指导下，我曾经为企业组织、调查、策划了一项市场营销计划。""我是一个专业思想比较活跃的人，曾与校内其他专业的学生共同设计创业大赛，参加校级、省级的比赛。""我是一个最佳辩手，曾经在校、院辩论大赛中多次获得嘉奖。"这些简短的例子都能引起招聘者的注意，从某一侧面留下动手能力和口头表达能力比较强的印象。要凸显自己的特长，一定要结合具体的例子来充实自己，这样才能让招聘者加深印象。如果只是讲学习认真、成绩优良、工作负责、乐于助人之类的话，就难以体现特色，因为这些套话不管在谁的头上都能使用，在面试过程中就显得空洞平庸。

综上所述，具体应作好以下几个方面。

（1）把握重点，简洁明了，条理清楚，有理有据

一般情况下，回答问题要结论在先，议论在后，先将自己的中心意思表达清晰，然后再做叙述和论证。否则，长篇大论会让人不得要领。面试时间有限，如果多余的话太多，容易走题，反倒会将主题冲淡或漏掉。这一点在面试的时候尤其需要注意。

（2）讲清原委，避免抽象

用人单位提问总是想了解一些应试者的具体情况，切不可简单地仅以"是"和"否"作答。应针对所提问题的不同，有的需要解释原因，有的需要说明程度。不讲原委，过于抽象的回答，往往不会给主试者留下具体的印象。

（3）确认提问内容，切忌答非所问

面试中，如果对用人单位提出的问题一时摸不到边际，以致不知从何答起或难以理解对方问题的含义时，可将问题复述一遍，并先谈自己对这一问题的理解，

请教对方以确认内容。对不太明确的问题，一定要搞清楚，这样才会有的放矢，不至于答非所问。

（4）有个人见解，有个人特色

用人单位有时接待应试者若干名，相同的问题问若干遍，类似的回答也要听若干遍。因此，用人单位会有乏味、枯燥之感。只有具有独到的个人见解和个人特色的回答，才会引起对方的兴趣和注意。

（5）知之为知之，不知为不知

面试遇到自己不知、不懂、不会的问题时，回避闪烁、默不作声、牵强附会、不懂装懂的做法均不可取，诚恳坦率地承认自己的不足之处反倒会赢得主试者的信任和好感。

（二）面试中的语言技巧

面试时，语言表达技巧标志着一个人的成熟程度和综合素养。对求职者来说，掌握语言表达的技巧是很重要的。因此，面试中在语言方面还应注意以下细节。

1. 口齿清晰

面试交谈时，口齿清晰，语言流利，文雅大方。交谈时要注意发音准确，吐字清晰。应注意修辞美妙，以免磕磕绊绊，影响语言的流畅。忌用口头禅，更不能为了增添语言的趣味性，出现不雅、不当、不文明的语言。

2. 速度放慢

面试过程中，要控制讲话的速度。一般来讲，人在精神紧张的时候，讲话速度会不自觉地加快。如果讲话速度过快，不利于对方听请讲话内容，又会给人一种慌张的感觉。讲话速度过快往往容易出错，进而强化自己的紧张情绪，导致思维混乱。当然，讲话速度太慢，易给人一种缺乏激情、气氛沉闷的感觉。可以有意识地放慢讲话速度，使自己进入状态后，再适当调整语气和语速。这样，既能稳定自己的紧张情绪，又可以扭转面试的沉闷气氛。

3. 声调适中

面试时，要注意语气、语调的正确运用。语气是说话的口气，语调是指语音的高低轻重，要掌握语气平和、语调恰当的表达技巧。如打招呼问候时宜用上语调，加重语气并带拖音，以引起对方的注意。自我介绍时，最好用平缓的陈述语气，不宜使用感叹语气或祈使句。声音过大令人厌烦，声音过小则难以听清，音量的大小要根据面试现场情况而定。两人面谈且距离较近时声音不宜过大，群体面谈且场地开阔时声音不宜过小，以每个招聘者都能听得清你的讲话为原则。

4. 语言幽默

说话时除了表达清晰以外，适当的时候可以插进幽默的语言，给讲话增加轻松愉快的气氛，也会展示自己的优雅气质和从容风度。尤其是遇到难以回答的问题时，机智幽默的语言会显示出自己的聪明才智，有助于化险为夷，并给人良好的印象。

5. 关注反应

求职面试不同于演讲，而是更接近于一般的交谈。交谈中，应随时注意听者的反应。比如，招聘者心不在焉，可能表示他对自己这段话没有兴趣，你得设法转移话题；侧耳倾听，可能说明因为自己音量过小使对方难以听清；皱眉、摆头可能表示自己言语有不当之处。根据对方的这些反应，就要适时地调整自己的语言、语调、语气、音量、修辞，包括陈述内容。这样才能取得良好的面试效果。

（三）面试中的心态

作为应届毕业生初次参加招聘，如何摆正自己的心态在很大程度上关系着招聘的结果。

1. 展示真实的自己

面试时切忌伪装和掩饰，一定要展现自己的真实实力和真正的性格。有些毕业生在面试时故意把自己塑造一番，比如明明很内向，不善言谈，面试时却拼命表现得很外向、健谈。这样的结果既不自然，很难逃过有经验招聘者的眼睛，也不利于自身发展。即便是通过了面试，人力资源部也不会根据面试时的表现安排适合的职位，这对个人的职业生涯也是有害的。

2. 以平等的心态面对招聘者

面试时如果能够以平等的心态对待招聘者，就能够避免紧张情绪。特别是在回答案例分析问题时，一定要抱着我是在和招聘者一起讨论这个问题的心态，而不是觉得他在考自己，这样就可能做出很多精彩的论述。

3. 态度要坦诚

招聘者一般都认为做人优于做事。所以，面试时求职者一定要诚实地回答问题。一位企业的人事主管说，他以前曾经面试过一个女孩，面试时她说自己有男友，进入公司后又说没有男友。问她原因，她说曾在一些书里看到，如果说有男友就会给人稳重、有责任感的印象。实际上这样做非常不好，面试时的欺骗行为是不利于以后发展的。

4. 适时告辞心态

面试不是闲聊，也不是谈判。从某种意义上讲，面试是陌生人之间的沟通。谈话时间的长短要视面试内容而定。招聘者认为该结束面试时，往往会说一些暗示的话语：

——我很感激你对我们公司这项工作的关注。

——谢谢你对我们招聘工作的关心，我们一作出决定就会立即通知你。

——你的情况我们已经了解了。你知道，在作出最后决定之前我们还要面试几位申请人。

应聘者听了诸如此类的暗示语之后，就应该主动客气告辞，且表明期待着贵方的决定。

特别提示：面试结束时的礼节也是公司考察录用的一个砝码。成功的方法在于，首先不要在招聘者结束谈话前表现出浮躁不安、急欲离去的样子。其次，告辞时应感谢对方花时间同你面谈。走时，如果有秘书或接待员接待过你或招待过你的话，也应向他们致谢告辞。一位毕业生来到深圳求职，面试时一番锋芒毕露的自我介绍，结束时抛下声"再见"，连握手也免了，扬长而去。接待他的招聘者苦笑着摇头：如果说有个性、有锋芒可以容忍的话，那么连基本礼节都不懂的人则"养不起"，也无法与之合作。

（四）面试中的应变技巧

在面试过程中，用人单位一般处于主动位置，尤其是面谈没有固定的模式，有时可能会发生你意想不到的情况，这时就需要你随机应变，恰当处理意外情况：

比如在面谈中，你可能会出现紧张感，把事先准备的表述内容扰乱了，此时，你或许可以向主考官坦率地说"对不起"，或"太紧张了，是否能暂停一下"，一般主考官会给予谅解，此时你便可稳定情绪，重新组织你的表述内容。

在面谈中还可能会碰到双方沉默、尴尬的情况，这也许是应试人故意设置的，看你能否沉得住气，此时你得善于寻找恰当的策略来应付，比如找一些主考官感兴趣的话题，以恰当的方式来继续会谈，或者顺着刚才的话题，继续谈话。你同时也保持沉默，这也是一种有效的策略。

如果你讲错了话，切勿紧张失态，保持镇定。若是小错，可以忽略不予计较，继续你的讲话；若是大错，则应当面纠正致歉。

对主考官所提出的问题，你若不懂，切勿装懂卖弄，可以坦率承认，并可虚心请教，这样可显出你的诚实好学的品质。

对面试者来说，还要注意以下细节问题：

①第一印象很重要。和主考官握手一定要有力，以说明你的自信和热情；要两眼平视主考官，注意和考官们目光交流，不要环顾四周。

②面试时要集中注意力。对主考官提出的任何问题都不要忽略。

③少说话。要避免滔滔不绝、夸夸其谈的陈述，回答问题时要具体明了。

④按相关要求准时抵达面试地点，准时到达说明你重诺守信。

⑤不要在面试中表现出你非常迫切地希望得到这份工作，但也不要表现出你对这份工作毫无兴趣。

⑥着装要得体。

⑦要注意礼貌，多使用"请""谢谢""很荣幸"之类的话语。

⑧不要有过多的小动作。面试中任何一个不经意的小动作，如不停地摸头发、玩圆珠笔、不停地舔嘴唇等，都会让主考官对你的印象大打折扣，因为这些行为反映了面试者的紧张情绪。

⑨让主考官更好地认识你。应向主考官简明扼要地介绍你的才能以及你打算怎样在工作岗位上发挥作用。

⑩在面试之前一定要仔细了解用人单位的特点和工作范畴。

（五）应试禁忌

1. 忌好高骛远，不切实际

找到一份理想的工作是每个求职者的愿望，这无可厚非。但美好的愿望应根植于自身素质和客观现实之上。审时度势，准确定位是求职成功的关键。眼高手低，这山望着那山高是求职的大忌。

2. 忌妄自菲薄，患得患失

招聘单位所聘岗位和专业很可能与自己所学专业或原从事职业不同，这时你切不可把自己禁锢于原有小天地中守株待兔。只有增强自信，勇于挑战和超越自我，及时调整自我心态，适应环境，才能到达成功的彼岸。

3. 忌盲目应试

要分清单位的性质和对求职者的要求，如切不可以应聘企业、公司的准备去进行公务员或教育岗位的面试。

四、面试经验要领提示

面试是你整个求职过程中最重要的阶段。成败均决定于你面试时的短短一瞬间的表现。学会出色地面试，避免绝大多数可以预期的错误，了解下面这 24 条面试经验提示将给你带来成功的契机。

①多带几份简历前往面试，面试你的人可能不止一个，预先料到这一点并准备好会显得你做事正规、细致。

②留心你自己的身体语言，尽量显得精练、有活力、对主考人全神贯注。用眼神交流，展现出你对对方的尊重。

③第一印象和最后印象。最初和最后的五分钟是面试中最关键的，在这段时间里，你的表现决定了你留给人的第一印象和临别印象以及主考人是否欣赏你。最初的五分钟内应当主动沟通；离开的时候，要确定你是否已经被记住了。

④完整地填完公司要求填写的表格。即使你带了简历来，很多公司还是会要求你填一张表。你需要表现出愿意并且有始有终地填完这张表，这会传达出你做事正规、做事善始善终的信息。

⑤记住每次面试的目的都是获聘。你必须突出地表现专业能力以获得聘请。面试尾声时，要确保你知道下一步怎么办，和招聘者什么时候会做决断。

⑥清楚招聘者的需要，表现出自己对公司的价值，展现你适应环境的能力。

⑦要让人产生好感，富于热情。人们都喜欢聘请容易相处且为公司自豪的人。要表现出你的务实和稳重，也要表现你的专注和热情。

⑧要确保你有适当的技能，知道你的优势。谈些你做得十分出色的事情，那

是你获得一份工作的关键。

⑨展示你勤奋工作、追求团体目标的能力，大多数主考人都希望找到一位有创造力、性格良好，能够融入团体之中的人。你要通过自己能给对方带来的价值来说服对方。你的创造力及性格两者皆优。

⑩将你所有的优势推销出去，营销自己十分重要，包括你的技术、一般能力和性格优点。招聘者只在乎两点：你的资历和你的个人性格。谈一下你性格中的积极方面并结合例子告诉对方你在具体工作中是怎么做的。

⑪给出有针对性的回答和具体的结果。无论你何时说出你的业绩，举具体例子来说明更有说服力。告诉对方当时的实际情况、你所用的方法，以及实施之后的结果，一定要有针对性。

⑫不要害怕承认错误，招聘者希望知道你犯过什么错误以及你有哪些不足。不要害怕承认过去的错误，但要坚持主动地强调你的长处，以及你如何将自己的不足变成优势。

⑬过去的成绩是你未来成绩最好的脚注。如果你在一个公司取得成功，也意味着你可以在其他公司成功。要准备好将你的独有之处推销出去。

⑭面试前要弄清楚你应聘单位的一切，尽量为其需要量身定做你的答案，关于公司的、客户的，以及你将来可能担任的工作。

⑮面试前先自己预演一下，尝试回答你可能会被问及的各种问题，即使你不能猜出所有你可能被问的问题，但思考它们的过程会让你减轻紧张，同时在面试时心里有底。

⑯知道怎么回答棘手的问题，大部分的问题事前都可以预料到。但是，总会有些让你尴尬的问题用来考察你在压力下的表现。应付这类问题的最好办法就是有备而战，冷静地整理好思路并尽量从容回答。

⑰将你的长处转换成有关工作业绩和效益以及招聘者需要的用语。如果你对自己和工作有关的长处深信不疑的话，重点强调你的专业能力，在任何可能的情况下举出例子。

⑱说明你的专长和兴趣。对招聘者最有利的事情之一就是你热爱自己的工作，面试之前要知道你最喜欢的工作是什么，它会给单位带来什么利益。

⑲清楚自己的交际用语，对大部分的招聘者而言，交际的语言技巧十分有价值，是受过良好教养和有竞争力的标志。清楚你自己是如何交际的，从最好的方向努力去展现自己。

⑳不要准时到达——要提早到！不管你的主考人对你多么谅解，要克服负面的第一印象很困难。

㉑把你碰到的每一个人看成面试中的重要人物，一定要对每一个你接触的人都彬彬有礼，不管他们是谁以及他们的职务是什么，每个人对你的看法都可能是重要的。

㉒用完整的句子和实质性的内容回答问题。谨记你的主考人都想判断出你能为公司带来什么实质性的东西，不要只用"是的""不是"来回答问题。给出完整的答案让人知道你和公司的要求有什么联系，让他们知道你是什么样的人。

㉓用减轻紧张的技巧来缓解你的不安，学习舒缓压力的方法会帮助你顺利进行面试。在临近面试时练习一下如何放松自己，譬如放慢语速、深呼吸以使自己冷静下来。你越放松越会觉得舒适自然，也会流露出更多的自信。

㉔一定要准备好问题及答题思路，准备几个和工作、招聘单位以及整个机构有关的问题，这些问题应该能够获取有效信息，表达你对工作的兴趣和热情。

［思考题］将全班同学分为三个小组，每小组分成考官组和考生组，教师根据学生专业为每一小组设计面试题目来模拟常见的三种面试方式，模拟完后学生互相点评，教师最后做点评。

【拓展阅读】
黑龙江省 2017 年高校毕业生"三支一扶"计划招募公告
（来源：黑龙江工业学院就业工作处）

根据中共中央组织部、人力资源社会保障部等九部门《关于实施第三轮高校毕业生"三支一扶"计划的通知》和《关于做好黑龙江省"十三五"期间高校毕业生"三支一扶"计划实施工作的通知》等文件精神，2017 年，全省将选拔招募高校毕业生到基层从事支教、支农、支医和扶贫工作（简称"三支一扶"）。现将有关事项公告如下：

一、岗位需求、招募对象和基本条件

（一）岗位需求

今年全省共设"三支一扶"岗位411个，具体岗位信息见黑龙江省2017年"三支一扶"计划岗位需求表（略）。

（二）招募对象

2017届省内全日制普通高校毕业生和黑龙江省生源的省外全日制普通高校毕业生，2015年、2016年离校未就业且未参加过"三支一扶"的毕业生也可报名参加；年龄在25周岁以下（1992年6月12日以后出生），硕士研究生可放宽至28周岁以下（1989年6月12日以后出生）。

（三）基本条件

1.政治素质好，志愿到基层服务，接受服务单位安排和管理；

2.具有招募岗位所需的文化程度及专业知识；

3.遵纪守法，品行端正，有敬业奉献精神；

4.具备正常履行岗位职责的身体条件；

5.报考支教岗位须具有相应教师资格证（报考小学教学岗位的须具有小学及以上教师资格证；报考中学教学岗位的须具有中学及以上教师资格证，且专业与岗位所需学科相符），报考支医岗位一般应为医疗卫生类专业高校毕业生；

6.具备报考岗位要求的其他条件。

（四）服务期限

服务期两年。

二、招募程序

（一）网上报名

1.报名时间。6月16日9:30—6月23日15:30。

2.报名方式。报考人员登录黑龙江省人才评价网，按要求进行注册并填写各项信息，提交报名申请，每人限报一个岗位，资格审查通过后不能改报其他岗位。本次考试在各市地设立考点，考生在报考岗位所属市地考点（报考农垦总局岗位的在农垦总局考点）参加考试。

3. 网上资格审查。各市地"三支一扶"工作办公室对报考本地岗位的人员资格条件进行初审，初审通过者报名状态将显示为"审核通过"，可按规定时间和地点参加现场资格审查。在此期间，考生登录报名网站查询资格审查结果。资格审查通过的，不能再改报其他岗位；资格审查未通过的，可以在规定时间内改报其他岗位。对审查结果有异议的，可在报名时限内提请网络仲裁，仲裁由省"三支一扶"工作办公室负责。

4. 其他事项。报考人员未如实提供个人信息、弄虚作假的，一经查实即取消资格。在网络报名系统上传的本人照片，应为近期免冠蓝底或红底证件照片，艺术照等不符合要求。

（二）现场审核

通过网上初审的人员，须在规定时间持有关证明材料到各市地"三支一扶"工作办公室指定地点参加现场审核。未参加现场审核或现场审核未通过者不能参加考试。

1. 时间地点安排。6月28日前，各市地"三支一扶"工作办公室将分别组织现场审核。具体时间、地点可于6月20日左右登录省人力资源和社会保障厅官网"三支一扶"栏目查看。

2. 有关要求。持本人有效身份证、毕业证（2017届毕业生除外）、户口、《全国普通高等学校本专科毕业生就业报到证》（《全国毕业研究生就业报到证》）等原件及复印件，《高校毕业生"三支一扶"计划登记表》（略）；此外，报考支教类岗位的还应提供教师资格证，已通过教师资格考试但尚未领取教师资格证的人员，须提供相关部门证明材料。

3. 报考本人户籍所属市地岗位的，笔试成绩加5分，考生须提供本人户口本原件及复印件，否则不予加分。

（三）统一笔试

1. 打印准考证。7月4日9:30—7月7日16:00，考生可登录报名网站查询考试时间、地点，并打印准考证。

2. 笔试安排。7月8日，考生按准考证上的具体时间、地点参加全省统一笔试。笔试重点测试综合知识与能力水平（不指定辅导用书、不委托任何培训机构进行考前培训），满分为100分。

（四）录取工作

1.公布笔试成绩。考生可于7月13日左右登录网络报名系统查询成绩。

2.首批录取。笔试成绩公布后，省"三支一扶"工作办公室将根据整体成绩划定最低分数线，按照各岗位报名考生成绩从高到低进行首批录取。低于最低分数线者不予录取。

3.择优调剂。对空余或需调整的服务岗位，在不突破已下达岗位数量并征得用人单位和考生本人同意的前提下，在本市地考生范围内按"先本乡镇、再本县区、最后本市地"的优先顺序，从符合岗位条件的考生中择优调剂。

4.体检。各市地"三支一扶"工作办公室组织拟录取人员进行体检，各地体检时间、地点及有关要求另行公布。体检标准参照公务员体检相关规定执行，体检不合格者不予录取。体检时出现个人放弃或体检不合格情形时，市地"三支一扶"工作办公室按同岗位笔试成绩从高分到低分依次等额递补调剂。

5.公示。对拟录取人员进行公示，公示期5天。公示期满无异议的正式录取。

（五）岗前培训

新招募的"三支一扶"人员持准考证、身份证在各市地参加岗前培训。岗前培训重点围绕政治思想、岗位知识、地域文化等方面内容开展。

（六）报到上岗

岗前培训结束后，各市地"三支一扶"工作办公室统一安排新招募的"三支一扶"人员到服务单位报到，由服务单位安排上岗服务。

三、政策待遇和管理服务

"三支一扶"人员服务期两年，服务期满后自主择业、自主创业。有关政策待遇和管理服务事项如下：

（一）"三支一扶"人员在岗服务期间享受工作生活补贴，参加社会保险。有关问题按《关于提高"三支一扶计划"和"村村大学生计划"等志愿者生活补贴标准等有关问题的通知》（黑财教〔2009〕96号）和《关于"三支一扶"人员参加社会保险有关问题的通知》（黑人保发〔2009〕93号）等执行。

（二）对新招募且在岗服务满6个月以上的"三支一扶"人员，给予每人2 000元的一次性安家费补贴。

（三）服务单位负责为"三支一扶"人员安排工作岗位，制定岗位职责和考核标准，提供必要的工作生活条件，承担日常管理服务工作。其他单位不得借用"三支一扶"人员。

（四）服务期内，"三支一扶"人员因个人原因不能正常履行职责的，取消其服务资格。

（五）服务期间，"三支一扶"人员人事档案统一转至服务单位所在地的县（市、区）政府人事部门所属人才服务机构，党团组织关系转至服务单位。

（六）"三支一扶"人员在岗期间实行年度考核和期满考核，考核材料存入本人档案。服务满1年且考核合格后，可按规定参加职称评定。

（七）服务期满且考核合格的"三支一扶"人员，可享受以下政策：

1.三年内参加省内市地级以上、县级、乡镇级事业单位公开招聘的，笔试成绩分别加5分、10分、15分，期满考核为优秀等次的再加2分。

2.我省在考录公务员时，制定专门计划定向考录服务期满考核合格的"三支一扶"人员等服务基层项目人员。

3.三年内报考硕士研究生的，初试总分加10分，同等条件下优先录取。

4.两年内，在参加机关事业单位考录（招聘）、各类企业吸纳就业、自主创业等方面同等享受应届高校毕业生的相关政策。

5.国家和我省规定的其他扶持政策。

四、报名和政策咨询

各市地"三支一扶"工作办公室接受政策咨询，监督本地工作落实情况。

黑龙江省"三支一扶"工作协调管理办公室

2017年6月12日

【课后深化】

1.你已经收集到了哪些就业信息，根据自己将来的职业定位，按照信息的有用性整理一下，并分享给同学们。

2.两人一组，自设场景，互换位置扮演一下招聘考官和应聘者，并展示给同学们。

3. 沟通表达技巧训练。

要求：

（1）同学们分成若干小组，每组 6 人左右。

（2）下列在沟通中不太妥当的语言，你觉得不妥的原因是什么？怎么表达会更好一些？请把你的答案写下来，并用清晰、缓慢的语调反复朗读几遍，仔细体会它们的细微差别。

（3）写完以后，以小组为单位进行讨论，确定最合适的表达方法。

（4）小组代表发言，教师点评。

［题例］ 这件事确实对你有些不公平，但既然这是公司的规定，我也没有办法帮你。

不妥的原因：尽管表示了同情，但用公司的规定去回绝，欠妥。

更好的表达：这事对你确实有些不公平，尽管公司已有规定，但我们可以再看看是否还有其他的办法。

题一：我很想帮你这个忙，但是我现在实在太忙了，我恐怕暂时还做不到。

不妥的原因：

更好的表达：

题二：你这套新西装真是太有型了，但是袖口这里如果能再讲究一点就更好了。

不妥的原因：

更好的表达：

题三：我很赞成你的这个提法，但是我不同意你的最后一句话。

不妥的原因：

更好的表达：

题四：你的工作热情是大家有目共睹的，但是我觉你应该更细致一点。

不妥的原因：

更好的表达：

4.阅读下面的资料：

被动等待就是坐失良机

某招聘单位向学校发布了要来校招聘大量人才的信息，校就业指导中心迅速公布并用电话通知了各学院，各学院反应不一：有的学院书记亲自打电话与对方联系，推荐自己学院符合条件的毕业生；有的学院则主动邀请对方到学院来选毕业生；有的学院则用特快专递寄出了学生的推荐材料。而与此同时，也有部分院系却在等待通知，认为反正该单位要来校招聘，等来了再投材料也不迟。后来，这家单位真的来了，其人事部门负责人却非常抱歉地说："真对不起，其实，我们几天前就已到贵校，但刚跨进贵校校门，就被贵校某学院盛情'拦截'而去，晚上住在贵校招待所，闻讯而来的毕业生一拨又一拨，结果我们的计划提前录满了。"坐等的院系及毕业生后悔不已，机会就这样在等待中错过了。

在求职择业过程中，机会对每个人都是均等的，就看你如何把握它。各种招聘人才的信息，每时每刻经过各种渠道在发布、在传递，好比一条河流，而信息是一朵朵浪花。你抓住了，就归你所有；你错过了，就无法回头。因此，只要你认准这条信息对你有用，你感兴趣，就必须主动以最快捷的方式向发出信息方作出反应，让对方知道你、了解你，才有可能看中你。机会往往就是这样被主动者拥有。

试讨论：如果你是坐等院系的学生，遇到此类问题，你会怎样做？

附　录

附录1　就业常识问答（十六问）

1. 毕业生求职前应做好哪些方面的准备？

（1）目标准备。树立高尚的职业理想和正确的就业观，全面、客观、准确地认识自我和评价自我，了解国家、社会的有关职业问题和就业政策，适时调整就业期望值。其实，很难说确立什么样的目标就一定好，关键在于什么样的工作适合自己。没有最好的工作，只有最适合自己的工作。

（2）知识准备。了解社会职业对知识结构的要求，围绕选择的就业目标，合理组合、恰当调配，在自己的头脑中形成层次分明、相互协调的知识系统。

（3）能力准备。大学生应具备一定的适应能力、开拓创新能力、实际动手能力、社交能力、组织能力及语言能力。在找工作的过程中，实力永远是最重要的东西，扎实的专业知识和丰富的实践技能，都是用人单位最为看重的东西。

（4）心理准备。培养良好的心理素质，转换角色，适应社会需要。在求职过程中，保持一颗平衡、乐观的心有助于求职者正常甚至超常地发挥自己的水平，败而不哀、锲而不舍的精神是成功的推动力。

（5）信息准备。广泛收集信息，有选择地进行信息处理，若有意向单位，更要尽可能多地搜集与该单位相关的信息。

（6）材料准备。书面材料包括毕业生推荐表、求职信、简历、成绩单及各种证书，以及发表的文章、论文，取得的成果等。"工欲善其事，必先利其器"，充分的材料准备是求职者成功的有力武器。

2. 毕业生获取就业信息的途径有哪些？

（1）学校大学生职业生涯发展指导中心、各院系获得的就业信息，应及时公布给毕业生。

（2）通过参加校内招聘活动获取信息。

（3）通过新闻媒介上发布的招聘信息了解用人单位的需求。

（4）社会实践与毕业实习。毕业生通过毕业实习及平时的各种课外实践活动了解用人单位，并让用人单位了解自己，这是毕业生在求职过程中，加深彼此了解的最好途径。

（5）网上获取招聘信息。目前，教育部和各高校已经开通了毕业生就业信息网，其他许多网站也为毕业生就业提供了很大方便。网络已成为双选活动的重要途径。

（6）同专业或相近专业的师哥、师姐所在单位的就业信息通常是比较有价值的信息。

（7）社会举办的各类招聘会上用人单位的信息；各类人才市场提供的信息。

3. 如何利用人才市场选择就业机会？

政府人事部门举办的各级人才市场已经成为用人单位招聘人才和毕业生选择用人单位的主要场所，人才市场提供的服务包括"发布用人单位提供的招聘信息，发布毕业生的求职信息，为到现场求职的毕业生和用人单位建立联系、举办招聘会等项目"，毕业生到各地求职，必须首先到这类人才市场考察，收集用人信息，选择符合自己情况的服务项目。

除政府部门举办的公益性人才市场外，很多地区还有经政府有关部门批准的民营人才中介机构（如就业服务中心、人才服务公司等），这类机构是在就业市场上对政府举办的公益性人才市场的补充，在大学生就业中能够在毕业生和用人单位之间起到桥梁的作用，可以作为求职的途径。求职者应如何判断和利用这类人才市场求职信息呢？

最好进行现场考察：

①可以通过营业执照（经营许可证）判断该机构是否是政府有关部门审核批准的、合法的机构。

②可以通过观察是否有固定的场所以及现场办公情况进行判断。

③考察推荐的单位是否真实。这类机构通常是推荐成功后再收取费用，对收费的标准要查看有关收费的规定，事先谈清楚，并签订必要的协议。

4. 如何选择和充分利用招聘会就业？

招聘会有多种，对大学生来说，由学校或教育主管部门举办的招聘会无疑是最重要的。准备参加外地招聘会的同学，从每年11月开始就要经常在网上收集在各地召开的招聘会的时间、地点，要以政府举办的公益性人才市场毕业生专场招聘会为主，这类招聘会规模比较大，提供的岗位比较适合毕业生。选择招聘会还需要了解意向城市的特点及当地就业政策，将具体要求和自己的意愿结合起来，以确定自己是否参会。

参加招聘会的注意事项：会前要明确自己的条件、做好简历和求职信，一定要注明联系方式；保证良好的精神面貌，相信自己；及早进入会场，了解情况，确定重点单位；充分利用大会相关资料；善咨询、问明白，了解用人单位情况；多小心、防受骗，树立自我保护意识；注意举止形象；留下必要的资料、积极联系，争取面试机会；签约要谨慎；会后要总结。

5. 网上求职是否是大学生就业的重要途径？

根据网上发布的招聘信息，发送求职意向；在网上发布求职信息，等待用人单位选择，是目前大学生求职的重要途径。

中央电视台名牌栏目《东方时空》曾报道：关于"现在求职者主要通过哪种渠道找工作"的调查结果显示，在各种信息渠道中，网络被更多求职者青睐，50%的大学生被调查者主要通过网络来获取招聘信息，这个人数是选择其他途径人数的总和。关于"主要采用哪种渠道招聘员工"的调查结果是，网络招聘已经成为用人单位招聘员工的最主要的渠道，比例为87%，远远领先于其他招聘渠道。

同学们要充分利用网络这种现代化的工具。在网上收集信息更方便快捷，如可以查阅有关就业网站；可以选择一些大学的就业信息网，这些网址经常链接着比较好的就业网，并有关于就业指导方面的内容；可以查阅各级人才市场的网站；还可以通过搜索有目标的信息［按地区搜索、按专业搜索（如英语类、销售类人才需求），按求职职位搜索等］来获得相关招聘信息。

6. 如何筛选及处理就业信息？

要从大量的就业信息中选出对自己有用的信息，必须学会鉴别与处理招聘信息。一般来讲，以下几个方面应引起注意。

①用人单位的准确全称，单位性质，主管部门。

②用人单位的联系方式，如人事部门联系人、电话、通信地址、电子邮箱、邮政编码等。

③用人单位需要的专业、提供的具体工作岗位。

④用人单位对所需要人才的具体要求。

⑤用人单位的综合规模、整体规划、发展前景、地理环境、企业文化等。

⑥用人单位的福利待遇（包括工资、保险、奖金、住房等）。

⑦收集信息要注意其时效性，并在有效的时间内处理。

⑧在与用人单位签订协议之前，应对其资质情况做充分翔实的调查和了解，如果对用人单位的情况有疑问，请咨询辅导员或学院就业指导办公室，他们可以帮助求职者考核鉴定。

⑨要根据自己的就业目标有针对性地收集信息，同时要注意信息的广泛性和全面性。

7. 为什么有些企业要组织笔试？笔试有什么内容？

笔试是用人单位对求职者的专业知识、文字表达能力和书写态度等综合能力的一次有据可查的测试，是人力资源招聘流程中一个基本的筛选环节。笔试主要用于应聘人数较多、需要考核知识面较广或需要重点考核文字能力的招聘。

有些专业的特殊性要求应聘者将参加以下内容为主体的笔试：

①英语笔试。英语笔试考查的重点是阅读理解能力、写作能力及表达能力。英语作为一种较常使用的语言，大多数在华外企都会考查应聘者的英语能力。

②逻辑推理测试。逻辑推理测试也是求职笔试中出现频率比较高的，其题型包含图形推理、语言类推理、数学推理、条件推理、智力推理等，其中以图形推理题出现频率最高。

③语言能力测试。语言能力测试包括语言理解及表达能力，具体内容涉及词语、成语、句子、段落等，并有结合上下文进行词语的替换、选择、病句判断及歧义辨析等题型。

④数学能力测试。此类测试以计算能力测试为主。

⑤图表分析能力测试。根据一组数据表或各种数据图，分析数据间的关系。这类测试在商业企业、管理类岗位、银行金融行业中被广泛采用，要求工作者具备解读行业报告、商业信息统计的能力，并对数字信息有一定的敏感性。

⑥案例分析写作能力测试。这类测试是一种考核综合能力的题型，常作为压轴题放在考卷末尾，也称为写作报告。这类题通常提供大段背景资料和案例资料，要求应试者对其进行分析、论证并提出看法以及解决方案。

⑦知识域测试。知识域测试也称为综合能力测试，主要测试应聘者涉猎知识的广泛性，这类测试通常是一些常识类、时事类题目。

8. 面试考核主要有哪些内容？

面试是用人单位通过面对面的交流来了解应聘者的素质、能力和求职动机的一种选拔方式，是求职过程中非常重要的一个环节，这个环节决定着应聘者是否可以进入复试或签约录用。面试考核的主要内容分为以下四个方面：知识水平、个人行为能力、人际交往能力和职业心理。

9. 面试归来后应该做什么？

面试过后，可以写一封感谢信。感谢信是所有求职战略的必要工具。应聘公司如果是通过电子邮件与你约见，那你面试回来后应立即用 E-mail 发送感谢信，并一定要在结尾处说明你并非不速之客。电子邮件感谢信较之传统的寄信方式有其独特的优势：你可以在面试的当天，有时是在几小时之内，把你的名字再次置于主考官面前。

如果你面试的是一家正规、传统的公司，请用传统寄信方式寄出打印好的感谢信。感谢信不仅能表示喜欢的业务，也能证明你会正确使用称谓、格式和签名。也许为你的领导书写信件是你工作的重要组成部分。

一封标准的感谢信应包括如下一些内容：感谢某单位为你提供了面试的机会；概括一下面试内容；最重要的是说明你的技能。在最后一段要写上："这个工作因为 ×× 而非常适合我，我过去有过 ×× 经验。"面试主考官的记忆是短暂的。感谢信是你最后的机会，它能使你显得与其他想得到这个工作的人不一样。

10. 毕业生就业协议书的作用是什么？

毕业生就业协议书是明确毕业生、用人单位和学校在毕业生就业工作中权利和义务的书面表现形式。毕业生就业协议书一般由教育部或各省、市、自治区就业主管部门统一制表。

毕业生就业协议书是毕业生在校时，由学校参与见证的，与用人单位协商签订的，是编制毕业生就业计划方案和毕业生派遣的依据。毕业生就业协议书一式三份，复印无效。

11. 《毕业生就业协议书》与《劳动合同》是不是一回事？

毕业生就业协议书与劳动合同均为用人单位与劳动者确立劳动关系的协议。但它们是两种不同类型的协议。其主要区别如下所述。

（1）两者的作用不同。毕业生就业协议书专指为维护国家就业计划的严肃性，明确毕业生、用人单位、学校三方在毕业生就业工作中的权利和义务的书面表现形式，可作为办理报到、接转档案和户口关系的依据；而劳动合同是指劳动者与用人单位确立劳动关系、明确双方权利与义务的协议，是劳动者从事何种岗位、享受何种待遇等权利和义务的依据。

（2）两者的主体不同。毕业生就业协议书由毕业生、用人单位、学校三方协商签订；而劳动合同由劳动者与用人单位签订。

（3）两者的内容不同。毕业生就业协议书是高校毕业生与用人单位签订的初次工作协议，其主要意义在于将毕业生与用人单位双方互相选择的关系确定下来，在一般情况下并没有详细规定双方具体的权利与义务；而劳动合同则指用人单位在劳动者确定工作关系之后签订的关于双方权利与义务的协议。因此，毕业生与用人单位签订了就业协议不能等同于签订了劳动合同，毕业生与用人单位在签订就业协议之后，还应该签订劳动合同，以保护自己的合法权益。

（4）两者的法律效力、效力时段不同。毕业生就业协议书是依据1989年3月2日国家教委颁布的《高等学校毕业生分配制度改革方案》和1997年国家教育委员会制定的《普通高等学校毕业生就业工作暂行规定》，而劳动合同则依据1995年1月1日实施的《中华人民共和国劳动法》。前者属部颁规章，后者属于国家基本法律，部颁规章的法律效力低于国家基本法律的。毕业生就业协议书的效力始于签订之日，终于学生到工作岗位报到之时。一般就业协议书的作用仅限于对学生就业过程的约定，一旦毕业生到用人单位报到，就业协议书的使命也就完成了。就业协议书不能替代劳动合同，不是确定劳动关系的凭证。

（5）两者发生问题，处理的部门不同。在毕业生就业协议书发生问题、需要处理时，一般首先由毕业生和用人单位进行协商，如果取得一致意见，则报送毕业生所属的学校主管部门，由学校主管部门审查认可后，报上级主管部门批准，予以调整。而若劳动合同发生问题，则毕业生和用人单位需要向劳动争议调解委员会或劳动仲裁机构报送，请求处理，还可以根据《中华人民共和国劳动法》处理劳动纠纷。

12. 毕业生就业协议书填写须知

（1）毕业生情况部分：要如实填写，其中专业名称必须和学校设置的专业名称完全一致，不能简写：家庭地址应为毕业生入学前生源所在地，如有变动，以生源地为准。应聘意见一般应写明本人意愿，如"愿意到贵单位工作""同意"等字样。不应漏填毕业生签名和日期。

（2）用人单位情况部分：用人单位名称应与用人单位的有效印鉴上的名称一致；档案转寄地址请填写清楚用人单位的人事档案保管部门的全称和地址。

（3）双方协商达成的条款：双方应对毕业生就读研究生、专升本、出国留学、未获得学位证书、体检的特殊要求、违约责任及违约金以及其他有关事项进行协商，请双方慎重考虑，填写清楚（如"毕业生如考取研究生，本协议自动解约"等）。

13. 毕业生就业协议书破损、丢失怎么办？

毕业生就业协议书若不慎破损，毕业生可凭破损的协议书到学院就业办换取新的协议书。协议书丢失分为两种情况：

（1）未签约的空白协议书丢失，可由本人提出申请，经所在学院（系）学工办主任和辅导员签署意见后交就业办，由学院就业办审核后决定是否补发。

（2）已与用人单位签约的协议书丢失，需用人单位出具说明情况的公函，毕业生到就业指导办公室办理有关手续，领取新协议书与原单位补签新协议书。

毕业生就业协议书丢失后，要及时上报学校，不得私自挪用他人的就业协议书。一经发现将对当事人双方进行严肃处理。对毕业生因违约等原因而谎称协议书丢失的，将给予处分；对给学校声誉造成恶劣影响的，将给予严肃处理。

14. 派遣有什么意义？

派遣就是教育行政部门向毕业生签发"普通高等学校毕业生就业报到证"（以下简称"就业报到证"），报到证是目前我国唯一合法办理毕业生就业报到手续和办理落户的有效证明。只有列入国家统招的毕业生才能持有就业报到证，是区别于"五大"毕业生（非计划内招生）的重要标志，是毕业生的学历证明之一。所以，原则上就业报到证要求学生在毕业离校前必须办理，用人单位也以就业报到证为依据，接收安排毕业生工作；学校以就业报到证为依据办理毕业生户口迁移手续和档案转交手续；毕业生凭就业报到证到公安部门办理落户等手续。

按照国家政策，毕业生毕业后应及时派遣，首次派遣由学校统一到各相关大学生就业中心办理；学校集中派遣结束后，需要派遣的学生可自己到就业中心办理；特殊情况暂缓派遣的，应由本人提出申请，院系审核，学校就业办批准。

15. 报到证丢失怎么办？

毕业生对报到证要妥善保管，不论什么原因，凡自行涂改、撕毁的报到证一律作废。报到证不慎丢失的，本人应马上在公开发行的报纸上刊登遗失声明，然后持相关报纸到学校就业指导中心办理补发手续。

16. 什么是违约，违约应如何办理？

就业协议一经签署，三方即存在协议关系，在学生就业之前，任何一方提出解约，均视为违约，需履行协议书上所规定的违约条款。毕业生应该诚实守信、认真履约，原则上不允许违约，如遇特殊情况需违约的，应由毕业生本人提出书面申请，经所在学院（系）审核后，提出意见，并由原协议单位出具退函，毕业生履行协议书所签订的本人应承担的违约条款后，报学院就业指导办公室批准，学生可以与原协议单位解除协议关系。

附录2　面试常见问题及答题思路（十七则）

问题一：请你自我介绍一下。

①由于主考官喜好不同，要求自我介绍的时间也就不等，所以应聘者最明智的做法应是准备一分钟、三分钟、五分钟的介绍稿，以便面试时随时调整。

②要开门见山，简明扼要。

③介绍内容要与个人简历一致，善于用具体生动的实例来证明自己，说明问题，不要泛泛而谈。

④实事求是，不可吹得天花乱坠，表述方式上尽量口语化。

⑤突出与申请的职位有关的长处。

⑥条理清晰，层次分明。

⑦事先最好以文字的形式写好，背熟。用外语介绍的一定要熟练、流利。

⑧说完之后，要诚恳询问考官还想知道关于自己的什么情况。

问题二：谈谈你的家庭情况。

①家庭情况对了解应聘者的性格、观念、心态等有一定的作用，这是招聘单位问该问题的主要原因。

②不要简单地罗列家庭人口，要介绍重点成员，用简单精练的语言，强调家庭对自己的良好影响和对自己工作的支持。

③适当强调温馨和睦的家庭氛围、强调各位家庭成员的良好状况。

④适当强调父母对自己教育的重视、强调自己对家庭的责任感。

问题三：你有什么业余爱好？

①业余爱好能在一定程度上反映应聘者的性格、观念、心态，这是招聘单位问该问题的主要原因。

②不要说自己没有业余爱好或者说些庸俗的、令人感觉不好的爱好。

③最好不要说自己仅限于读书、听音乐、上网，否则可能会令面试官怀疑应聘者性格孤僻。

④最好能有一些户外的业余爱好来"点缀"你的形象。

⑤爱好人人都有，只是不同而已，比如，"收藏"的爱好。

问题四：你为什么选择我们单位？

①面试官试图从中了解你求职的动机、愿望以及对此项工作的态度。

②建议从行业的意义、企业的前景和岗位的发展三个角度来回答。

③参考答案："我十分看好贵公司所在的行业，我认为贵公司十分重视人才，而且这项工作很适合我，我相信自己一定能做好。"

问题五：我们为什么要录用你？

①应聘者应站在招聘单位的角度来回答。

②切记，招聘单位一般会录用这样的应聘者：基本符合条件、对这份工作感兴趣、有足够的信心。

问题六：你是应届毕业生，缺乏经验，如何能胜任这项工作？

①如果招聘单位对前来应聘的应届毕业生明确提出这个问题，说明招聘单位并不真正在乎"经验"，如果那样，他们就不会在应届毕业生中去选择。关键是要看应聘者怎样回答（建议回答：因为本人喜欢这份工作，在工作中会积累丰富的经验）。

②对这个问题的回答最好体现出应聘者的诚恳、机智、果敢及敬业，因为"经验"必须是在工作中积累的。

问题七：谈谈你的一次失败经历。

①不宜说自己没有失败的经历。

②注意不要把那些明显的成功说成失败。

③不宜说出严重影响所应聘工作的失败经历。

④所谈的经历必须是失败的经历。

⑤最好能说出失败的原因，并且说明自己在失败后能很快振作起来，以更加饱满的热情面对以后的工作。

问题八：你的朋友是怎样评价你的呢？

回答要诚实，切合实际地从自己的闪光点进行陈述。

问题九：你认为你的工资应该是多少？

①用人单位一般都会有统一的工资标准，你个人的要求对单位来说并没有更大的实际意义，只是用人单位对你的考察和判断你是否能够签约的一个因素。所以，如果你不是很在意工资，又特别中意这个用人单位，可以回答"相信贵单位会按照同等学力和能力的其他员工的标准给予我劳动薪酬"。

②你可以提出自己心目中的标准，但是这个标准应该是自己经过对当地和应聘单位该岗位的初步了解后确定的、比较合理的标准。如果太离谱，容易使招聘人员对你产生不好的印象。

问题十：如果我录用你，你将怎样开展工作？

①如果应聘者对于应聘的职位缺乏足够的了解，最好不要直接说出自己开展工作的具体办法。

②可以尝试采用迂回战术来回答，如"首先听取领导的指示和要求，然后就有关情况进行了解和熟悉，接下来制订一份近期的工作计划并报领导批准，最后根据计划开展工作"。

③即使你对所应聘职位比较了解，也只能就一两点用简练的语言来回答，不可以展开说得太多。

问题十一：与上级意见不一致，你将怎么办？

①一般可以这样回答："在这种情况下，我会服从上级的意见，同时我也会给上级以必要的解释和建议。"

②"对非原则性问题，我会服从上级的意见；对涉及公司利益的重大原则问题，我希望能和上级进行及时的交流和沟通，以免给公司利益带来损失。"

问题十二：你希望与什么样的上级共事？

通过应聘者对上级的"希望"，可以判断出应聘者对自我要求的意识，这既是一个陷阱，又是一次机会。最好回避对上级具体的"希望"，多谈对自己的要求，或者用回避语言："我希望与喜欢我的上级共事。"

问题十三：你认为自己最大的弱点是什么？

回答这种问题的秘诀在于不接受这种否定暗示。不要否认你有缺点，没人会相信世界上有完美的人；相反，你应该承认一个微不足道的弱点或者一个小小的缺点，然后表明自己正在努力克服这个缺点，并说出你的计划。

问题十四：你认为自己的哪项技能需要加强？

你不可能宣称自己无所不能，但如果你简单地承认自己在哪方面需要改进，有高压倾向的面试主考官就会像嗜血的鲨鱼一样一口咬住你。回答这类问题时，你该重新定义一下这个问题以便躲开这一点："既然谈到这里，我想说我已经具备了这份工作所要求的基本技能，这也是我对这个职位感兴趣的原因。"你可以借机再把自己简历中的闪光之处表现一番。

问题十五：你认为什么样的决定特别难做？

如果你用其他问题中的某些词来回答，就只能对自己不利了。面试官会针对你的漏洞大做文章。回答时，建议摒弃那些否定性的词汇："我没发现有什么决定特别难做，但确实有时做一些决定要比做其他决定多费一些脑筋，多做一些分析。我想，这也正是公司雇用我，让我拿工资的原因。"

问题十六：我很不满意你今天的面试，你知道你有哪些回答是不符合我们用人需求的吗？

类似的质疑问题还有很多，如：

"你认为你刚才的回答正确么？我觉得似乎不太正确。你为什么那么肯定？"

"这就是你的简历么？明显没有很好的准备和修改，漏洞百出。"

"我觉得你今天的穿着不适合我们公司的文化和要求。"

"我对你今天的面试表现非常失望。"

......

遇到这样带有"刺激性"言语的时候，首先要清楚，你是否真的在哪方面有非常大的缺陷，如果没有，说明这是面试官给你的"心理陷阱"。遇到这种陷阱时，要清楚面试官是在故意向你施压，是在考验你面对压力时的状态。首先，要保持镇定，不要被突如其来的质问吓倒，保持自信和微笑（微笑，非常重要）。然后，针对面试官所提出的问题进行耐心解释，不要失态地据理力争或急于表现，要保持沉着和冷静。如果对自己特别有自信的话，还可以适当地提出反问，如："在您心目中，刚才的问题最佳的回答是什么？"提出反问时，应该保持平和的语音语调，将问题抛回给面试官时不要显得咄咄逼人，而应该让人感觉是在探讨问题或虚心请教。

问题十七：你觉得什么人在工作中最难与之相处？

如果你已经学会了千方百计避免作否定回答的技巧，那么你很可能会简单地回答："我觉得没什么人在工作中会难以相处"或"我会努力适应任何难以沟通的同事"，这几种答案虽然较为圆滑，但可信度都不是很高。遇到这样的问题，你应该借机会表达你是一个有集体协作精神的人，"在工作中唯一不容易相处的是那些没有集体协作精神的人，他们不实干却经常抱怨，这样的同事会伤害到团队的凝聚力和战斗力。但如果团队需要，我会尽我所能配合团队来改变这一切"。

REFERENCES / 参考文献

［1］黄赤兵．大学生就业指导［M］．厦门：厦门大学出版社，2012.

［2］江洵．大学生就业与创业指导［M］．厦门：厦门大学出版社，2009.

［3］李花，陈斌．大学生就业指导与创业教程［M］天津：南开大学出版社，2014.

［4］斯蒂芬·M.波伦马克．职场沟通艺术［M］．北京：中信出版社，2003.

［5］郑晓明．"就业能力"论［J］.中国青年社会科学，2002，21（3）：91-92.

［6］王仁伟．大学生就业与创业指导［M］．机械工业出版社，2012.

［7］杨军．大学生全程就业指导教程［M］．北京：北京师范大学出版社，2009.

［8］陈美松．大学生心理健康教育教程［M］.合肥：中国科学技术大学出版社，
    2007.

［9］司岩，何少涛．大学生就业指导教程［M］．大连：东软电子出版社，
    2012.

［10］权锡哲．7步，做好面试准备［M］．北京：人民邮电出版社，2009.

［11］戴志强．劳动权益保护法律常识［M］．昆明：云南人民出版社，2011.

［12］胡志强．大学生职业生涯规划与就业指导［M］.北京：中国传媒大学出版社，
    2009.

［13］麦可思研究院．2015年中国本科生就业报告［M］．北京：社会科学文献
    出版社，2015.

［14］蔡文伯，马杰．我国高校毕业生就业制度改革30年的回顾与反思［J］.现
    代教育管理，2009（8）:111-114.

［15］刘静．我国高校毕业生就业制度的变迁与完善［J］.知识经济，2010（4）：
    64-65.

［16］杨树．我国普通高校毕业生就业制度优化研究［D］.西安：长安大学，

2008.

［17］赵世奎，文东茅.三十年来高校毕业生就业制度变革的回顾与现行制度的分析［J］.中国高教研究，2008（8）:2-5.

［18］安锦.高校毕业生就业促进政策与促进机制研究［D］.武汉：武汉大学，2011.

［19］朱家德，胡海青.建国以来我国高校毕业生就业政策的变迁逻辑——基于历史制度主义的分析［J］.中国高教研究，2010（4）:66-70.

［20］邓峰，孙百才.高校扩招后毕业生就业影响因素的变动趋势研究:2003—2011［J］.北京师范大学学报：社会科学版,2014,2（2）:132-138.

［21］王志刚.高校毕业生就业政策分析［J］.现代商贸工业，2008,20（8）:249-250.

［22］刘斐.简评我国高校毕业生就业制度的阶段特征［J］.经济研究导刊，2011（8）:66-67.

［23］夏仕武.试论中国高校毕业生就业政策的价值变迁［J］.国家教育行政学院学报，2012（1）:48-52.

［24］刘永君，李宇遐.我国高校毕业生就业形势、影响因素及对策分析［J］.经济师，2007（6）:120-121.

［25］朱红艳.大学毕业生就业影响因素探究［J］.学校党建与思想教育，2012（11）:83-85.

［26］李卫衡，陈晚云.当前大学毕业生就业的影响因素及破解对策［J］.人力资源管理，2015（4）:178-179.

［27］刘永君，李宇遐.高校毕业生就业影响因素分析及对策探讨［J］.中国大学生就业，2007（16）:21-23.

［28］李晓婷.新形势下地方高校毕业生就业影响因素分析［J］.现代企业教育，2012（18）:59-60.

［29］罗修玲，何苗.浅析国家促进高校毕业生就业政策对大学生的影响［J］.
　　　扬州大学学报：高教研究版，2010，14（2）:65-69.

［30］郝伟韦.高校毕业生就业问题与思想政治教育的作用［D］.石家庄：河北
　　　师范大学，2012.

［31］冯阳.中国高等院校毕业生就业政策效果研究［D］.沈阳：东北大学，2009.

［32］李文君.高校毕业生就业政策解读［J］.教育与职业，2012（25）:58-60.

［33］吴庆.中国大学生就业政策的历史演变、现实定位及具体类型［C］.中国
　　　青少年研究会，2004.

［34］刘志敏.残疾人大学生就业的问题与对策［C］//全国青年就业问题与对策
　　　研讨会暨中国青少年研究会 2004 年学术年会，2004.

［35］万茗.当前我国大学生就业政策述评［J］.黑龙江高教研究，2008
　　　（5）:129-131.

［36］致远.国家出台鼓励高校毕业生服务西部新政策［J］.河南科技，2003
　　　（7）:6.

［37］丁昌春，宋森，李伯枫.浅析高校毕业生到基层就业［J］.现代企业教育，
　　　2007（6）:131-132.

［38］韩跃清.鼓励师范毕业生到基层和西部就业［J］.科技创新与品牌，2010
　　　（4）:18.

［39］《中国劳动保障》编辑部.基层就业天地宽——高校毕业生基层就业政策
　　　导读［J］.中国劳动保障，2009（6）:25.

［40］姚丽娜.关于大学生创业的思考与探索［J］.内蒙古科技与经济，2009
　　　（21）:55-56.

［41］陈亚红.高校毕业生灵活就业现状分析及建议［J］.湖南税务高等专科学
　　　校学报，2010，23（5）:61-62.

［42］吴燕.灵活就业——大学生就业的新选择［J］.中国大学生就业，2008

（2）:46-47.

［43］赵瑞雪，纪淳.我国高校大学生就业能力现状及提升策略分析［J］.商业故事，2016（6）.

［44］杨定全，李霞玲，叶绍忠，等.中小企业招聘风险及原因分析［J］.中小企业管理与科技：下旬刊，2014（4）:11-12.

［45］蔡龙年.中小企业招聘问题研究［J］.经营管理者，2014（6）:162.

［46］黎虹.当前我国中小企业招聘问题及策略分析［J］.人力资源管理，2017（8）:117-118.

［47］张小鑫，陈柯均.中小企业招聘问题研究［J］.科技风，2017（6）:267.

［48］杰尔·文森.大学生应聘被莎士比亚考蒙了［J］.职业，2009（10）:54.

［49］桂桢.就业形势：四大矛盾和三项有利条件［J］.职业，2013（4）:14-15.

［50］俞发仁.新形势下高校毕业生就业现状与思考［J］.福建高教研究，2006（4）:5-7.

［51］明旭.政府搭建桥梁　企业践行责任——民营企业扩大就业主渠道作用充分发挥［J］.中国就业，2010（1）:8-9.

［52］吴开胜，张翠萍.影响大学生就业的不利因素及对策分析［J］.法制与社会，2008（3）:233-234.

［53］周琦.我国人才市场发展浅议［J］.合作经济与科技，2016（23）:134-136.

［54］覃志鸿.浅谈入世后我国人才市场的发展趋势［J］.经济与社会发展，2003,1（8）:42-44.

［55］刘佳音.我国人力资源信息网站的现状与发展——基于人才招聘网站的调查分析［J］.情报科学，2004,22（6）:728-733.

［56］邱佺.浅析我国企业人力资源管理信息化建设的发展趋势[J].经营管理者，2011（8）:165.

［57］闵功勋.试论我国人力资源信息化管理的发展趋势［J］.经营管理者，

2013（1）:173.

［58］李南.新时期拓宽高校毕业生就业途径的探索［J］.药学教育，2013，29（5）:21-23.

［59］岳昌君，程飞.人力资本及社会资本对高校毕业生求职途径的影响分析［J］.中国高教研究，2013（10）:21-27.

［60］洪磊.探析大学生的择业心理和就业观念［J］.教育与职业，2006（21）:117-118.

［61］朱林，徐卫.发挥优势,引导学生树立正确的就业观［J］.江西教育，2011（z1）:50.

［62］徐真.引导大学生树立正确的就业观［J］.就业与保障，2015（8）.

［63］梁红静，韩苏芸，杨晓彤，等.浅谈高校如何引导90后大学生树立正确的就业观［J］.中国市场，2015（1）:134-135.

［64］刘胜洪，王德培，谢谊芬.高等教育中从精英教育向大众教育的观念转变［J］.韶关学院学报，2004，25（7）:113-115.

［65］丁亚金.开放与转型:中国高等教育从精英向大众转变的组织变革［J］.江汉大学学报:社会科学版，2013，30（6）:114-118.

［66］鲍硕来，许磊.树立全新的就业观念——以安徽省2007届本科师范专业毕业生为例［J］.安庆师范学院学报:社会科学版，2007，26（5）:121-123.

［67］李帆.从当前大学生就业供需矛盾分析就业观念的转变［J］.黑龙江高教研究，2003（4）:129-131.

［68］陈石清，熊道陵.新形势下如何从思想上转变大学生的就业观［J］.中国大学生就业，2007（16）:125-126.

［69］欧阳伦四，辛均庚.关于转变当代大学生就业观念的思考［J］.怀化学院学报，2010，29（4）:124-125.

［70］白晓雪.略论大学生就业观念的"三个转变"［J］.东方企业文化，

2014（20）:135.

［71］张蓉．从被动就业到自主创业——浅谈当前大学生就业观念的转变［J］.
福建高教研究，2010（1）:30-32.

［72］马力，赵修文．从"自主择业"到"自主创业"：大学生就业观转变［J］.
继续教育研究，2016（4）:93-95.

［73］李磊，王进．大学生就业观念探析——以北京科技大学2011—2014级材
料科学与工程学院学生为样本［J］.北京科技大学学报：社会科学版，
2015（6）:104-108.

［74］王木林．社会转型期大学生就业道德问题透析［J］.中国轻工教育，2011
（6）:72-74.

［75］陆若然．论大学生就业道德缺失［J］.中国德育，2014（4）:11-14.

［76］李镜．高校学生就业观与职业道德意识教育的有效性研究［J］.商场现代化，
2010（14）:115.

［77］林力．要进一步加强大学生就业观念教育［J］.北京城市学院学报，2009
（5）:90-94.

［78］邓雯雯．端正就业心态明确就业目标——如何正确引导毕业生的就业工作
［J］.东方青年·教师，2013（12）:2.

［79］重庆市教委毕业生就业指导中心．重庆市认清就业形势　明确就业目标
［J］.中国大学生就业，2005（2）:25.

［80］邓杰．浅谈大学生在就业中如何自我定位［J］.商，2015（12）:46.

［81］王祥．浅谈SWOT分析法在职校生职业定位分析中的运用［J］.装备制造
与教育，2011，10（1）:93-97.

［82］顾雪英．职业价值结构初探［J］.心理学探新，2001，21（1）:58-63.

［83］金盛华，李雪．大学生职业价值观：手段与目的［J］.心理学报，2005，
37（5）:650-657.

［84］凌文辁，方俐洛，白利刚．我国大学生的职业价值观研究［J］．心理学报，1999，31（3）:342-348.

［85］蔺桂瑞．职业自我概念与大学生职业指导［J］．首都师范大学学报：社会科学版，2002（s3）:107-109.

［86］赵丽霞，单联娟．关于大学生就业观念转变与创业意识形成的思考［J］．中国科教创新导刊，2008（5）:2-3.

［87］孙绪柱．论大学生就业需要转变的几种观念［J］．中国大学生就业，2004（z2）:22-24.

［88］陈友放．论大学毕业生就业后的角色转换［J］．江苏高教，2010（6）:125-126.

［89］毛尚华．试论大学生就业后社会角色的转换［J］．中国大学生就业，2007（14）:35-36.

［90］曹和平．大学生村官职业适应性影响因素研究——基于组织社会化的视角［D］．武汉：华中科技大学，2013.

［91］罗竖元，毛璐．高校毕业生职业适应性的影响因素及其应对策略［J］．菏泽学院学报，2011，33（1）:116-119.

［92］陈建文，王滔．关于社会适应的心理机制、结构与功能［J］．湖南师范大学教育科学学报，2003，2（4）:90-94.

［93］曹晖，莫利拉．大学生职业定位的原则、方法和策略初探［J］．当代教育论坛，2005（9）:92-93.

［94］李忆华．大学生职业定位误区分析［J］．职业圈，2007（22）:177.

［95］范小青，孙莹莹．心理调适对大学生职业生涯规划的作用［J］．科教导刊：上旬刊，2011（5）:229.

［96］欧阳智超，张徐源．心理调适在大学生职业规划中的应用研究［J］．高考，2015（12）.

［97］王美琐，李俊杰．大学生的职业生涯规划与心理健康问题研究［J］．中国

校外教育，2011（8）:28-29.

［98］ 李莉.大学生就业指导实训教程［M］.北京：北京理工大学出版社，
2015.

［99］张福珍.大学生择业心理分析及指导［J］.江苏高教，2003（6）:82-84.

［100］慕祎.当代大学生择业心理问题及对策研究［D］.西安：西安科技大学，
2010.

［101］陈荣.大学毕业生在应聘求职过程中应具备的心理素质［J］.辽宁师专
学报：社会科学版，2004（2）:91-92.

［102］曹月秋.大学生择业过程中健康的心理素质与择业能力培养［J］.科教文
汇：下旬刊，2017（4）:151-152.

［103］姜南.大学生心理素质与择业教育［J］.考试周刊，2008（32）:153-155.

［104］孟大虎.从专业选择到职业定位——专用性人力资本视角下大学生就业
行为分析［J］.中国青年研究，2005（7）:48-51.

［105］程玮.大学生职业定位影响因素分析与职业生涯辅导策略［J］.黑龙江高
教研究，2013，31（11）:88-90.

［106］李桃.当代大学生职业定位与人生价值观调查研究［J］.文存阅刊，2017
（13）: 44-45.

［107］刘平.高校有效促进研究生就业指导的措施［J］.出国与就业：就业版，
2011（7）:41-42.

［108］徐丽超.高职院校就业指导工作措施和策略探讨［J］.职教探索与研究，
2010（2）.

［109］高金华.大学生职业生涯规划与职业素质培养［M］.大连：东北财经大
学出版社，2009.

［110］朱慧.从用人单位对毕业生的要求谈大学生职业素质教育［J］.中国高教
研究，2003（4）:68-69.

［111］徐冬蓉，严晓兰.论大学生职业素质的培养［J］.南昌大学学报：人文社会科学版，2007，38（5）:148-151.

［112］董跃进.大学生职业素质培养的前瞻性思考［J］.现代教育科学，2004（1）:91-92.

［113］蔡敏，李超.情商培养课程：美国提升大学生职业素养的新途径［J］.教育科学，2014，30（3）:85-89.

［114］蔡婧，邓水平，陈华平.大学生核心职业能力的构成要素及培育方略研究［J］.高教学刊，2018（3）:154-156.

［115］张兰云.提高人文素质，追求全面发展［J］.内蒙古电大学刊，2006（5）:67.

［116］宋唯一.浅谈理工科大学生人文素质的培养［J］.教育探索，2011（7）:93-94.

［117］王慧霖，张平宽，马鸽昌，等.论大学生心理素质与成才［J］.山西高等学校社会科学学报，2002，14（7）:88-90.

［118］张姝婧.大学生心理素质影响因素及对策研究［J］.当代教研论丛，2016（9）.

［119］杜鹏娟.支撑大学生创业的关键心理素质［J］.中国大学生就业，2012（22）:60-64.

［120］胡其军，张翔.浅析心理素质教育对大学生文化素质教育的重要性［J］.全国流通经济，2011（8）:99-100.

［121］谢元锡.大学生职业素质修养与就业指导［M］.北京：清华大学出版社，2007.

［122］何晓丽.大学生就业力培养探析［J］.职业技术教育，2010，31（4）:20-23.

［123］江岩，张体勤，耿新.大学生就业力：概念、维度与测量［J］.山东大学学报：哲学社会科学版，2013（5）:83-86.

［124］林萍，吴贵明.心理资本培育：大学生就业能力提升的应有之题［J］.福

建论坛：人文社会科学版，2011（12）:215-218.

［125］荆秋慧.大学生就业能力提升的条件与途径［J］.沈阳师范大学学报：社会科学版，2008，32（4）:32-34.

［126］林辉.大学生就业能力提升的思考与对策［J］.黑龙江高教研究，2011（9）:122-124.

［127］李宪.论大学生就业能力及其提升途径［J］.教育探索，2012（10）:149-150.

［128］周奔波，姜美英.大学生就业困境与就业能力提升［J］.中国人力资源开发，2009（11）:100-101.

［129］刘益阳.敢于竞争，善于竞争——高校毕业生求职的心理准备［J］.人事天地，2009（17）:10.

［130］黄玮，金爱国，陈熔.做好求职健康心理的准备［J］.中国职业技术教育，2001（7）:60-61.

［131］唐仁春，贺云龙.论大学生知识结构的优化［J］.现代大学教育，2004（4）:42-43.

［132］李岩.论知识经济时代大学生知识结构的模式和建构［J］.科学大众：科学教育，2012（8）:134.

［133］王增德.重构现代职业体系下大学生知识结构的新框架［J］.太原理工大学学报：社会科学版，2002，20（s1）:55-57.

［134］赵任凭.论大学生合理知识结构的建立［J］.长春理工大学学报，2007（4）:73-75.

［135］刘晓勇，孙学斌.浅析大学生合理知识结构的构建［J］.中共太原市委党校学报，2007（2）:61-62.

［136］王丽平，李振武.论优化个体知识结构的路径［J］.太原学院学报：社会科学版，2008，9（4）:64-67.

［137］郑芳.从职业生涯规划看大学生知识结构的构建［J］.中国科技信息，

2008（7）:251-252.

［138］朱丽叶.知识结构对大学生就业能力和就业信心的影响——基于广东九所高校的实证研究［J］.高教探索，2017（3）:118-122.

［139］王姗.浅析当代大学生应具备的基本能力及其培养途径［J］.太原城市职业技术学院学报，2012（2）:80-81.

［140］吕新.当代大学生社会适应能力的培养［J］.江西青年职业学院学报，2006，16（2）:10-11.

［141］侯绍军.求职定位与择业技巧［J］.中国大学生就业，2013（23）:51-52.

［142］贺孝忠，张友福，李伦舟.对独立学院学生个性特征与就业走向的思考［J］.新西部，2010（5）:154.

［143］傅翔.基于性格理论的90后高职生择业过程质性分析及对策研究［J］.湖北成人教育学院学报，2016，22（4）:83-88.

［144］傅涛.当代大学生择业中个性因素刍议［J］.卫生职业教育，2012，30（1）:21-22.

［145］张丽琼.如何做好大学生职业生涯规划的兴趣探索［J］.青年文学家，2016（14）.

［146］卜繁强.论大学生职业生涯规划兴趣探索的重要性［J］.财讯，2016(17):68.

［147］高树娟.基于霍兰德理论的职业生涯规划课程设计一例——探索职业兴趣［J］.知识文库，2017（21）.

［148］王美娟.基于创新创业教育的高职生职业心理素质培养研究［J］.教育现代化，2017（47）.

［149］张建奎，王美婷.高职院校学生就业创业心理素质养成研究［J］.职大学报，2012（2）:118-120.

［150］张远秀.试论新时期大学生自主创业应具备的心理素质［J］.出国与就业:就业版，2011（21）:27-28.

[151] 于建秀. 谈大学生创业应具备的素质 [J]. 教育教学论坛，2011（3）:83.

[152] 宋荣绪. 大学生就业心理分析 [J]. 教育与职业，2005（23）:45-47.

[153] 杨国栋，姚佳亮，李婷婷，等. 大学生"创业就业所需潜质"部分共性探究——基于六家企事业单位的调研报告 [J]. 现代交际:学术版，2017（4）:135-136.

[154] 许晓辉，郭安宁，刘伟. 高校毕业生就业信息的搜集、整理、利用及有效性控制 [J]. 高等农业教育，2006（6）:77-79.

[155] 许昆铭. 浅析如何利用求职信息做好从业人员的职业指导 [J]. 数字化用户，2017，23（25）.

[156] 肖静. 试论做好职业信息采集工作对促进大学生就业的重要性 [J]. 河南农业，2013（10）:6-7.

[157] 沈曦. 大学生求职择业中的自荐艺术与技巧 [J]. 浙江工商大学学报，2003，59（2）:92-95.

[158] 成华. 大学生求职技巧的训练与指导 [J]. 西北成人教育学院学报，2012（2）:49-51.

[159] 张金秀，王学臣. 大学生求职技巧指导 [J]. 教书育人，2009（27）:98-99.

[160] 张衡. 把握求职面试技巧　实现顺利就业 [J]. 河南农业，2009（6）:12-13.

[161] 许曼琳，杨金广. 大学生求职应聘的基本礼仪 [J]. 文教资料，2010（6）:222-224.

[162] 何川. 浅论当代大学生求职礼仪在求职就业中的重要性 [J]. 云南社会主义学院学报，2013（2）:136-137.

[163] 许海丽. 大学生应聘面试的基本礼仪 [J]. 中国市场，2006（44）:64-65.

[164] 潘建红，高栋. 大学生求职礼仪及礼仪教育 [J]. 学习月刊，2008（19）:48-49.

[165] 刘云. 大学生在求职面试中的礼仪问题及建议 [J]. 北京工业职业技术学

院学报，2010，9（3）:82-85.

［166］杜跃东.如何在求职中脱颖而出——浅谈大学生应聘面试技巧［J］.中国

成人教育，2007（13）:70-71.

［167］张璐.大学生求职面试技巧［J］.西部经济管理论坛，2008（3）:55-56.

［168］许奎杰，于东阳.浅谈大学生求职面试技巧［J］.管理学家，2012（9）.

［169］李文欢.大学生求职面试实战技巧［J］.环球市场信息导报，2014（33）:96.